Intellektuelle in der Frühen Neuzeit
Herausgegeben von Luise Schorn-Schütte

WISSENSKULTUR UND GESELLSCHAFTLICHER WANDEL

Herausgegeben vom Forschungskolleg 435
der Deutschen Forschungsgemeinschaft
»Wissenskultur und gesellschaftlicher Wandel«

Band 38

Intellektuelle in der Frühen Neuzeit

Herausgegeben von
Luise Schorn-Schütte

Akademie Verlag

Gedruckt mit Unterstützung der Deutschen Forschungsgemeinschaft, des Landes Hessen und der Stiftungsgastprofessur »Wissenschaft und Gesellschaft« der Deutschen Bank AG.

Abbildung auf dem Einband: Robert Fludd, Utriusque cosmi maioris scilicet et minoris metaphysica, physica atque technica historia: Tomus 2, De supernaturali, naturali, praeternaturali ... (1619), Sächsische Landesbibliothek – Staats- und Universitätsbibliothek Dresden.

Bibliografische Information der Deutschen Nationalbibliothek
Die Deutsche Nationalbibliothek verzeichnet diese Publikation in der Deutschen Nationalbibliografie; detaillierte bibliografische Daten sind im Internet über http://dnb.d-nb.de abrufbar.

ISBN 978-3-05-004924-3

Satz: Martin Stelte, Frankfurt/M.
Druck und Bindung: Druckhaus »Thomas Müntzer«, Bad Langensalza
Einbandgestaltung: Dorén + Köster, Berlin

Printed in the Federal Republic of Germany

Inhalt

LUISE SCHORN-SCHÜTTE

Einleitung: „Gelehrte" oder „Intellektuelle" im Europa des 16./17. Jahrhunderts? Untersuchungen zur Geschichte des frühneuzeitlichen Bürgertums

I. Vorbemerkung

Die Verwendung von zeitgenössischen Begriffen zur Charakterisierung vergangener Strukturen ist ein Dauerproblem, ja das methodische Hauptproblem der Historiker. Vergangenheit kann nur mit der eigenen zeitgebunden Sprache beschrieben werden, es bleibt deshalb ein Wagnis solche Begriffe einzusetzen, die die Zeitgenossen etwa des 16./17. Jahrhunderts selbst nicht verwendet haben.

Das gilt auch für den Begriff des „Intellektuellen"!

Vor rund 50 Jahren hat der französische Mediävist Jacques Le Goff den Typus eines mittelalterlichen Intellektuellen kreiert, den er als Bewohner einer Stadt beschrieb, der zugleich einer schreibenden und/oder lehrenden Tätigkeit nachging. Für den französischen Historiker gab es allerdings von dieser mittelalterlichen Sozialgruppe keinen direkten Weg in die Frühe Neuzeit. Der für das 20./21. Jahrhundert gängige Begriff des Intellektuellen habe sich erst im 19. Jahrhundert unter bestimmten Zeitumständen mit klaren inhaltlichen Zuordnungen geformt.[1]

Im Unterschied dazu behauptete Roger Chartier 1986 auch für die Frühe Neuzeit die Existenz des Typus Intellektueller; diesen setzte er aber einfach gleich mit dem Typus des Gelehrten, des akademisch Gebildeten, ja sogar des Graduierten.[2] Diese Zuordnung ist problematisch, denn sie ist inhaltlich unpräzis. Um eine exaktere Bestimmung bemühte sich 2002 in einem von ihr herausgegebenen Sammelband die Kunsthistorikerin Jutta Held. Ihr Ziel war es, „die Figur des modernen Intellektuellen oder Züge moderner Intellektualität historisch zu identifizieren."[3] In ihrer Definition hatte der Intellektuelle der Frühen Neuzeit die Fähigkeit, „über die Grenzen sozialer und ideologischer Gruppierungen hinaus zu denken", Traditionen nicht unhinterfragt fortzusetzen; in diesem Sinne habe der frühneuzeitliche Intellektuelle in die Politik hineingewirkt.

---

1 Jacques Le Goff, Die Intellektuellen im Mittelalter, Stuttgart 1986, 15-19.

2 Roger Chartier, Die Zeit, um zu begreifen. Die frustrierten Intellektuellen des 17. Jahrhunderts, in: ders. (Hg.), Die unvollendete Vergangenheit. Geschichte und die Macht der Weltauslegung, Berlin 1989, 120-139.

3 Jutta Held, Intellektuelle in der Frühen Neuzeit, in: dies. (Hg.), Intellektuelle in der Frühen Neuzeit, München 2002, 9-17, hier 10.

Auch diese Bestimmung erscheint problematisch, geht sie doch von einem Verständnis der Frühen Neuzeit aus, das diese Epoche nur als Vorläufer, als „Durchlauferhitzer" der Moderne interpretiert. Damit aber wird der Charakter der Frühen Neuzeit als eigenständige Epoche verkannt; darüber hinaus missversteht Held die spezifisch frühneuzeitliche Verzahnung von Religion und Politik, in der es eine Trennung zwischen Politik und „Ideologie" (so Helds Bezeichnung für Religion) zumindest für das 16./17. Jahrhundert nicht gegeben hat.

An diese Entwürfe anknüpfend soll in den folgenden Überlegungen jüngerer Historiker, Kunsthistoriker und Sprachwissenschaftler versucht werden, mit Hilfe begrifflicher Präzisierung und anschaulicher Beschreibung das Problemfeld etwas schärfer zu konturieren. Die hier versammelten Beiträge bieten eine gute Basis, um einerseits die Kategorien zu schärfen, die der Charakterisierung des „Intellektuellen" in der frühen Neuzeit dienen, mit deren Hilfe andererseits die Unterschiede oder Parallelen zum Typus des frühneuzeitlichen Gelehrten bestimmt werden können.

II. Intellektuelle – Gelehrte: begriffliche Differenzierungen

Eine Fülle von Definitionsversuchen lässt sich in den letzten Jahren konstatieren. Ihren Ansatzpunkt haben sie alle in den aktuellen zeitgenössischen Diskussionen. In unterschiedlicher historischer Reichweite beziehen sie das 16. bis 18. Jahrhundert als Vorgeschichte in diese Debatte mit ein, wobei der Entwicklung im 18. Jahrhundert zumeist besondere Aufmerksamkeit geschenkt wird.

Aus diesem Blickwinkel definierte jüngst auch der Historiker Kirill Abrosimov: „Als Intellektueller agiert [...] jemand, der seine im autonomen wissenschaftlich-künstlerischen Feld erworbene Autorität für Interventionen im politischen Feld im Namen universeller Werte einsetzt."[4] Damit verbunden sind, so Abrosimov weiter, zwei wichtige Formen der Praxis, die die Rolle des Intellektuellen festigen: es lassen sich a) bestimmte Netzwerke des intellektuellen Austauschs identifizieren, in denen sich die Intellektuellen als Sozialgruppe verbinden, und es gibt b) bestimmte Kommunikationsformen, unter denen die Intellektuellen wählen können (z.B. Briefwechsel, Buchdruck, Presseöffentlichkeit).[5]

Eine diese Definition ergänzende Beschreibung gibt die Romanistin Isabella von Treskow.[6] Mit dem nordamerikanischen Historiker Stefan Collini[7] unterscheidet sie in der gegenwärtigen Forschungslandschaft einen *engen* von einem *weiten* Allerweltsbegriff des Intellektuellen. Nur der enge Begriff sei präzis genug, um die Forschung zur Frühen Neuzeit weiter zu führen. Er wird, so v. Treskow, getragen von drei

---

4 Kirill Abrosimov, Die Genese des Intellektuellen im Prozeß der Kommunikation, in: Geschichte und Gesellschaft 33, 2007, 163-197, hier 163.

5 Ebd., 165.

6 Isabella von Treskow, Geschichte der Intellektuellen in der Frühen Neuzeit, in diesem Band, 15-32.

7 Stefan Collini, Absent minds. Intellectuals in Britain, Oxford 2006, bes. 46-52.

Verwendungsweisen: einer *sozialhistorischen* in Gestalt der Unabhängigkeit der sozialen Gruppe von Institutionen und einer betonten Distanz zur politischen Herrschaft; einer *funktionalen*, die als Kritikbereitschaft beschrieben wird; schließlich einer *inhaltlichen*, die als das Eintreten für bestimmte Werte auch und gerade im öffentlichen Raum beschrieben wird.[8] Die politische Funktion und Wirkungsabsicht des Intellektuellen wird unter der zweiten und dritten Gebrauchsform des Begriffs subsumiert.

Eben diesen Akzent unterstreicht auch Albert Schirrmeister 2003 in seiner Arbeit zu den gekrönten Dichtern, er betont deren Autonomieanspruch gegenüber weltlicher Obrigkeit und verweist auf die Tragfähigkeit des Intellektuellenbegriffes bereits für das 16. Jahrhundert: „Mit einer entschlossenen und reflektierten Historisierung des Begriffs des Intellektuellen lassen sich aber gerade die Besonderheiten [...] in ihren sozialen und kulturellen Zwängen und der Suche nach Autonomie analytisch erfassen."[9]

Fasst man diese Versuche der Präzisierung des (engen) Intellektuellenbegriffs zusammen, so sind unter dem Aspekt ihres Wirkens in der frühneuzeitlichen Gesellschaft drei Dimensionen wichtig:
- Intellektuelle können ein soziales Netzwerk ausbilden, das sich nicht an die Regeln traditionaler Ordnungen in der Frühen Neuzeit halten muss, es aber kann.
- Intellektuelle verfügen über neue, in ihrer Zeit noch kaum genutzte Kommunikationsformen untereinander, aber auch zur Wirkung über diesen Kreis der Gleichen hinaus; inhaltlich lässt sich dies nachvollziehen an der Entwicklung „neuer Denkstile".[10]
- Intellektuelle haben die Absicht über den ihnen ohnehin zuerkannten geistigen Rang hinaus in die Gesellschaft hinein zu wirken; das kann als Anspruch auf Autonomie bezeichnet werden. Dieser Anspruch wird in den Begriffsbestimmungen als politische Funktion des Intellektuellen, als seine politische Wirkabsicht in eine wie immer geartete Öffentlichkeit hinein charakterisiert.

Angesichts dieser Zuordnungen ist es nicht verwunderlich, dass der Intellektuellenbegriff gerade für die sozial- und ideengeschichtliche Forschung zum 16. und 17. Jahrhundert weiterführend erscheint. Denn aufgrund der reformatorischen Bewegung stand im Zentrum dieses Zeitraums die Neubestimmung des Verhältnisses von Religion und Politik, das Ergebnis war deren neuerliche Verzahnung. Die Grenze zwischen Kirche und Welt wurde deshalb seit der Mitte des 16. Jahrhunderts zum zentralen Konfliktfeld der politischen Ordnungen im frühneuzeitlichen Europa. Die neue Sozialgruppe evan-

---

8 Siehe v. Treskow, wie Anm. 6, 20 in diesem Band; die Einteilung hat auch aufgenommen Markus Friedrich, Politikberatung durch „Intellektuelle"? Das Verhältnis des Jesuitenordens zu den frühneuzeitlichen Fürstenhöfen, in diesem Band, 175-209, bes. 182f.

9 Albert Schirrmeister, Triumph des Dichters. Gekrönte Intellektuelle im 16. Jahrhundert, Köln/Weimar/Wien 2003, 4. I. v. Treskow allerdings kritisiert die Verwendung des Begriffs durch Schirrmeister als nicht präzis genug, die Benutzung durch ihn gehöre in den Bereich des weiten Intellektuellenbegriffs, dazu passe dessen „aktuelle Unschärfe", siehe in diesem Band, 22.

10 Siehe dazu v. Treskow, wie Anm. 6, in diesem Band, 24.

gelische Geistlichkeit entfaltete ein eigenes Selbst- und Amtsverständnis, das als Wächteramt gegenüber weltlicher Obrigkeit (dem status politicus) einerseits, gegenüber der
Gemeinde (dem status oeconomicus) andererseits, beschrieben werden kann. Es ist gerade deshalb eine sehr anregende Frage, ob dieser Anspruch, in die Welt und gegenüber
der Obrigkeit zu wirken, den Kriterien des skizzierten „Intellektuellenbegriffs" entspricht. Einiges spricht dafür, unter anderem der Hinweise darauf, dass sich eine neu
entstehende Sozialgruppe in einem sozialen Netzwerk auch quer zu den vorhandenen
etabliert und dass diese Gruppe über neue Formen und Medien des Austausches verfügt.
Wie aber steht es mit der ebenfalls als Kriterium benannten Absicht des Wirkens in die
Welt?

Mit der Frage nach den Begriffen verbinden sich zwei für die Bewertung dieser Jahr-
zehnte entscheidende Probleme. *Zum ersten*: wie sind die neuen akademisch gebildeten
Gruppen zu charakterisieren, die zunächst in den protestantisch gewordenen Regionen
entstehen, zwei Generationen später aber auch im katholischen Raum anzutreffen sind
und zu denen neben den Theologen v.a. gelehrte Juristen und Mediziner schließlich
auch Militärs hinzugehören. *Zum zweiten*: wie ist diese sozial- und bildungshistorische
Differenzierung in die neuerliche Verzahnung von Religion und Politik einzuordnen?
Ein Wirken in die Welt ist den akademisch geschulten Theologen und Juristen konfes-
sionsübergreifend kaum abzusprechen, welche theologiepolitischen und herrschaftsthe-
oretischen Normen lagen dem, wenn überhaupt, zugrunde?

Die Antworten der Autoren auf diese Fragen sind keineswegs einhellig! In ihrem
Aufsatz, der die gesamte Frühe Neuzeit einbezieht, zeichnet v. Treskow Forschungswe-
ge verschiedener Disziplinen nach, für die der Intellektuellenbegriff aussagekräftig ist.
Eine Abgrenzung zu den Gelehrten des 16./17. Jahrhunderts ist dabei ohne Relevanz.
Ihr Plädoyer, die Rolle der Kritik, die Aktualität der Resonanz, die die Äußerungen und
Handlungen der „Intellektuellen" hervorrufen, für die Forschung nutzbar zu machen, ist
anregend, muss aber, wie v. Treskow selbst betont, in Einzelstudien auf ihre Tragfähigkeit hin untersucht werden.[11]

III. Fallstudien

Solche Einzelstudien bieten mit Blick auf die protestantische Geistlichkeit des 16. und
frühen 17. Jahrhunderts im Alten Reich und in England die Beiträge von Anja Kürbis,
Maciej Ptaczyński und Elisabeth Natour. In ihrer Skizze zur „Gelehrtenkultur" des 16.
Jahrhunderts, der sie die Debatte um das Wächteramt des status ecclesiasticus zugrunde
legt, wie sie der gebildete Nürnberger Superintendent und Reformator Andreas
Osiander d. Ä. (1496-1556) mit dem Rat der Stadt Nürnberg während seiner Amtszeit
1524-1548 immer wieder führte, beschreibt Kürbis die Praxis politischer Theologie in
der ersten Hälfte des 16. Jahrhunderts. Das Wächteramt, so das Resumee, „korrespon-
diert durchaus mit der Auffassung des Intellektuellen als kritisches Gewissen der

---

11 Von Treskow, wie Anm. 6, 28 in diesem Band.

Macht.“[12] Dies sei aber Ausdruck des Amtes, die dadurch erreichte Nähe zur politischen Herrschaft erst habe die kritische Distanz ermöglicht. Kürbis sieht darin den entscheidenden Unterschied zum Intellektuellen, der durch individuelles Handeln eine kritische Position einnimmt. Osiander, der gebildete Theologe müsse deshalb im Sinne der formalen Definition (Bildung) als Gelehrter bezeichnet werden.

Zu einem entgegen gesetztem Urteil kommt Natour in ihrer Untersuchung der Rolle, die die protestantischen Theologen als politische Berater und theologische „Wächter“ im Umkreis Elisabeths I. gespielt haben. Auch für Natour ist das Verhältnis zur Macht entscheidendes Kriterium, wenn sie fragt, „inwiefern dieses spezifische Verhältnis [...] als Ausdruck der Intellektualität der Theologen verstanden werden kann.“[13] Die seit der Mitte des 16. Jahrhunderts auch in England intensiv geführte Debatte darüber, wieweit das Recht der Geistlichkeit zur Obrigkeitskritik gehen kann, bietet eine sehr gute Quellenbasis für die Untersuchung. Die Distanz zur Macht war zwar, so das Ergebnis der Verfasserin, nicht immer gewollt, aufgrund der Ausbildung eines eigenen theologischen Selbstverständnisses hatten aber gerade führende Geistliche die Möglichkeit, sich bewusst zu politisch-theologischen und rechtstheologischen Fragen zu äußern, sie überschritten damit die Grenze zum Gelehrtentum.[14] Die Theologen verstanden ihre öffentlichen Positionen nicht als Aufkündigung des Gehorsams, sondern als Ausdruck ihres geistlichen Selbstverständnisses, das in die Welt wirkte; gerade deshalb könnten sie durchaus als Intellektuelle charakterisiert werden.

Waren es nur die gut ausgebildeten Theologen, die in Führungspositionen die Nähe zur Macht gestalteten, die deshalb zwischen Gelehrtentum und intellektuellem Bewusstsein wanderten? Ptaczyński befasst sich in seinem Beitrag über die Ausbildung eines geistlichen Amts- und Selbstverständnisses unter den evangelischen Pfarrern im Herzogtum Pommern des ausgehenden 16. Jahrhunderts mit dem Bildungsstand und dem Verhältnis vor allem der Landpfarrer zur politischen Herrschaft. Insbesondere in den Kontroversen, die diese Pfarrer mit den adligen Patronatsherren auszutragen hatten, zeigt sich deutlich, wie fest sich das geistliche Selbst- und Amtsverständnis bereits in der zweiten und dritten Generation verankert hatte. Es äußerte sich in strikter Distanz zur politischen Herrschaft, zugleich in auch sozialer Distanz zur ländlichen Gemeinde. Aufgrund ihrer stetig wachsenden Bildung waren auch die pommerschen Landpfarrer selbstbewusste Fachleute, sie standen zwischen einem in sich gekehrten Gelehrtentum und einem Geistlichen-Intellektuellen, der auch als Individuum in die Welt wirken will.

Aus dem Blickwinkel der Kunsthistorikerin befasst sich mit dieser Zwischenstellung auch Margit Kern, indem sie die Rolle des Gelehrten in den zeitgenössischen bildlichen

---

12 Anja Kürbis, „Die Theologen ... die Gelehrten“: Ein Beitrag zur Gelehrtenkultur des 16. Jahrhunderts in diesem Band, 33-52, Zitat 51.

13 Elisabeth Natour, Die frühen elisabethanischen Theologen und ihr Verhältnis zur Macht, in diesem Band, 53-68, Zitat 53.

14 Ebd., 68.

Darstellungen untersucht. Diese lässt sich als Spannung zwischen erwarteter geistiger Autonomie gegenüber politisch-theologischen Interessen und erwarteter sozialer Nähe zu den Zeitgenossen charakterisieren. In eben dieser Spannung stand auch der Intellektuelle. In der Phase des Überganges zwischen beiden Lebensformen der frühneuzeitlichen Gebildeten, die zudem eingebunden war in einen Wandel dessen, was als Öffentlichkeit bezeichnet wurde, war auch die zeitgenössische Wahrnehmung nicht immer eindeutig. Bemerkenswert ist deshalb, so Kern, dass der Gelehrte seit dem 16. Jahrhundert mit einer Erwartung der Nützlichkeit konfrontiert wurde, die es immer weniger zuließ, sich in ein kontemplatives Innenleben zurück zu ziehen; geistig-intellektuelle Tätigkeit musste sich an ihrer „Anwendbarkeitsorientierung" messen lassen.[15] Das deutet einerseits den Weg zum Selbstverständnis des Intellektuellen an; andererseits setzte mit der Abkehr vom antiken Weisheitsideal, so das Ergebnis der Autorin, die Entwicklung eines neuen Wertes in der stadtbürgerlichen Gesellschaft der Reformationszeit ein. Das auf den Nutzen auch der Gelehrsamkeit ausgerichtete Stadtbürgertum erwartete eine Verzahnung der vita solitaria und der vita activa, eine Verzahnung also von Einsamkeit und Gemeinschaft; damit war auch ein neues Verständnis von Öffentlichkeit seit dem ausgehenden 16. Jahrhundert möglich.

Der Nutzen der Gelehrsamkeit war auch für das Tätigkeitsprofil gelehrter protestantischer *Juristen* seit der ersten Hälfte des 16. Jahrhunderts von besonderem Gewicht; die internationale Forschung zum Thema bezeichnet dies, wie erwähnt, bei allen Universitätsabsolventen als Expertenwissen. Das erwies sich vor allem für die gelehrten Juristen aller Konfessionen als unverzichtbare Voraussetzung, um eine juristisch-politische Beraterfunktion erfüllen zu können. Dass Expertenwissen in den Debatten um die Legitimation von Not- und Gegenwehr im 16. Jahrhundert nicht nur für die protestantischen Theologen wichtig war, sondern in vergleichbarer Intensität auch für gelehrten Juristen, hat Patrizio Foresta in seiner Detailstudie zum Nürnberg des frühen 16. Jahrhunderts skizziert. Auch die Juristen, so der Verfasser, entwickelten ein fachbezogenes Selbstverständnis; daraus leitete sich die erklärte Absicht der juristischen Berater des Stadtrats ab, auf die politischen Entscheidungen Einfluss zu nehmen, mit Hilfe juristischer Gutachten auch die ratsinterne Meinungsbildung zu formen. Foresta weist darauf hin, dass die italienische Forschung in der gelehrten Bildung, dem Interesse an der Teilhabe an politischen Entscheidungen und in einem ausgeprägten sozialen Ansehen der gelehrten Juristen hinreichende Belege dafür sieht, sie als Intellektuelle zu charakterisieren.[16] Der Aspekt einer bewussten Distanz zur Macht ist für die italienischen Historiker im Unterschied zur englisch- und deutschsprachigen Debatte fast ohne Belang.

---

15 Margit Kern, „Omnia mea mecum porto". Soziale Interaktion und Autonomie – die Rolle des Gelehrten in bildlichen Darstellungen des 16. Jahrhunderts, in diesem Band, 105-134, hier 109.

16 Patrizio Foresta, Ein protestantischer Jurist aus dem Nürnberger Gelehrtenumfeld um 1530 als frühneuzeitlicher Intellektueller?, in diesem Band, 135-156; zur italienischen Forschungsliteratur besonders ebd., 136 Anm. 3.

Diese Distanz fehlte auch den württembergischen Juristen, die Sabine Holtz in ihrer Studie als Funktionselite charakterisiert; die Absicht aber, in die politische Entscheidungsebene hinein zu wirken, die schon für die Nürnberger Juristen beschrieben wurde, war für die württembergischen gelehrten Räte ein wichtiges Element ihres Selbst- und Amtsverständnisses. In Anlehnung an die Definition Gangolf Hübingers, der drei für den Intellektuellen des 19. Jahrhunderts konstituierende Aspekte unterscheidet[17], betont Holtz: Die gelehrte Kompetenz ebenso wie die angesehene soziale Stellung und die politische Resonanz der Politikberatung sind Kennzeichen dafür, dass die gelehrten Juristen der frühen Neuzeit als Intellektuelle charakterisiert werden können. Was fehlte, war eine geistige Unabhängigkeit, war ihre intellektuelle Freiheit. Die Verfasserin schlägt deshalb vor, die württembergischen Juristen als frühneuzeitlichen *Prototyp* des Gelehrten-Intellektuellen zu beschreiben; sie ordnet ihnen jene Zwischenstellung zu, die in anderen Beiträgen schon den protestantischen Theologen zugewiesen wurde.

Das „Sonderbewusstsein" protestantischer Theologen hat, wie skizziert, deren Distanz zur Macht begründen helfen; das gilt auch und gerade für die protestantischen Hofprediger, die in besonderer Nähe zur politischen Obrigkeit standen. Hat sich das Selbstverständnis auch der *katholischen Geistlichkeit* in diese Richtung entwickelt? Markus Friedrich hat diese Frage in seinem Beitrag zur Rolle der katholischen jesuitischen Hofprediger aufgenommen und sie eingebunden in die Frage nach den Aspekten, die diese Gruppe zu Intellektuellen am Hof gemacht haben könnten. Seine Antwort ist eindeutig negativ; das zeigt die Unterschiede im Amtsverständnis der Hofprediger beider Konfessionen. Natürlich sahen auch die Jesuiten am Hof ihre Aufgabe in der Mahnung und der Kritik am Fürsten, am unchristlichen Hofleben. Niemals aber hätten sie diesen Anspruch als aktives politisches Handeln in die Welt beschrieben. Für die hier skizzierten Überlegungen zum Intellektuellen als Phänomen der Frühen Neuzeit bedeutet dies: Die katholische Hofgeistlichkeit hatte ein eigenes Selbst- und Amtsverständnis, sie bestand zudem aus gebildeten, gelehrten Experten und konnte auf soziale Anerkennung durch die Zeitgenossen rechnen; dies waren Aspekte eines frühneuzeitlichen Intellektuellenprofils. Die bewusste politische Wirkung über den Kreis der Hofgesellschaft hinaus aber wiesen sie zurück, ausdrücklich reduzierten sie ihren Wirkungskreis auf ihre seelsorgerliche Aufgabe; diese erklärten sie für nicht politisch.

IV. Ausblick

Ein einheitliches Fazit ist angesichts der Vielschichtigkeit der Befunde zurzeit nicht möglich. Soviel aber ist sicher: Ein modernisierungstheoretischer Ansatz, der die Gelehrten des 16./17. Jahrhunderts zu Noch-Nicht-Intellektuellen gemessen am Ziel des 19. Jahrhunderts erklärt, ist nicht weiterführend. Die hier betrachteten sozialen Gruppen, Konfessionen und Regionen zeigen: An der Wende vom 16. zum 17. Jahrhundert veränderte sich das Selbst- und Amtsverständnis gelehrter Theologen und Juristen, der

---

17 Gangolf Hübinger, Gelehrte, Politik und Öffentlichkeit. Eine Intellektuellengeschichte, Göttingen 2006.

Gebildeten. Eine Wirkung über den begrenzten Raum eines zurückgezogenen Gelehr-
tenlebens hinaus war nicht nur das Anliegen der Gruppen selbst, es wurde auch vom
städtischen Bürgertum erwartet. Eine veränderte Aufgabenbeschreibung ließ sich zunächst im Gewand des Vorhandenen bewältigen, zu den Aspekten der geistlich-
geistigen Unabhängigkeit, des Expertenwissens, der sozialen Anerkennung und der
wertbezogenen Vorbildlichkeit kam die Hoffnung auf ein Wirken mit breiterer Resonanz hinzu. Dass dies ein Wirken in eine frühneuzeit-spezifische Öffentlichkeit sein
konnte, haben die Fallstudien gezeigt. Öffentlichkeit war dann die Debatte über religiöse Deutungskonflikte, die zugleich politische Legitimationskonflikte, Fragen der Ver-
fassungsform und schließlich Machtfragen waren.

    Nicht alle gelehrten und/oder gebildeten Gruppen haben dieses veränderte Verständ-
nis angenommen. Es scheint hilfreich, das Neue zunächst im alten Gewande mit Hilfe
eines Doppelbegriffes zu benennen: weder Gelehrter noch Intellektueller allein, sondern
der Gelehrte–Intellektuelle. Diese Charakterisierung hat für die große Gruppe gelehrter
Amtsträger, die im frühneuzeitlichen Europa zum überwiegenden Teil dem Bürgertum
entstammte, den Weg in ein Wirkungsfeld geöffnet, das Kritik an der Obrigkeit und
Distanz zur Herrschaft nicht sogleich als Ungehorsam oder Illoyalität verstand.

Isabella von Treskow

Geschichte der Intellektuellen in der Frühen Neuzeit. Standpunkte und Perspektiven der Forschung

Die Leitbegriffe „Intellektuelle" und „Intellektueller" haben seit einiger Zeit in der historischen und philologischen Frühneuzeitforschung Konjunktur. In Schriften und auf Tagungen wird immer häufiger von einer Begrifflichkeit Gebrauch gemacht, die offensichtlich anachronistisch ist. Welches Interesse und welche neuen Sichtweisen sind damit verbunden? Was ist der Sinn der Ersetzung oder Ergänzung eingeführter Bezeichnungen wie „Gelehrte" und „Wissenschaftler", „Schriftsteller" und „Schriftstellerinnen", „Dichterinnen" und „Dichter", *femmes de lettres*, *philosophes* und Aufklärer? Was nützt einerseits die Versammlung von Individuen oder Gruppen unter dem gemeinsamen Dach „Intellektuelle", was andererseits die Kennzeichnung einzelner Personen mit diesem vieldeutigen Begriff?

Halten wir zunächst fest, dass die Ausdehnung des Terminus unbestimmt ist. Unbestimmt, im positiven Sinne „offen", ist auch der Sektor, auf dem mit ihm operiert wird. Diese pauschale Feststellung wird im Folgenden anhand einer Bestandsaufnahme neuerer, vor allem deutscher und französischer Forschungsarbeiten belegt. Dem chronologisch-systematischen Überblick folgt eine kurze Entfaltung von Kriterien für eine mögliche Inanspruchnahme der heuristischen Kategorie „Intellektuelle" bzw. „Intellektueller". Die Kriterien orientieren sich auf der Basis der sozialhistorisch ausgerichteten Forschung an der Idee des modernen, engagierten Intellektuellen. Die Methode, der Moderne bzw. der zeitgenössischen Intellektuellenforschung funktionale, transhistorische Komponenten abzugewinnen und sie mit historisch-spezifischen Komponenten intellektueller Aktivität zu korrelieren, erhebt dabei nicht den Anspruch, den einzig denkbaren Zugang zum Thema zu erschließen, noch behauptet die Zusammenstellung der Kriterien Vollständigkeit oder unerschütterliche Systematik. Vielmehr sollen Anregungen vermittelt, sollen über die Diagnose des Bestehenden hinaus Wege für künftige historische Untersuchungen zu medialem und im weiten Sinne politischem Handeln vor 1800 angedeutet werden.

1. Die Geburtsstunde des Intellektuellen

In den letzten Jahren steigt in Deutschland die Tendenz, Personen der Frühen Neuzeit als Intellektuelle zu bezeichnen und historische Arbeiten, philologische Studien und Sachpublikationen zu veröffentlichen, die „Intellektuelle" im Titel tragen. Zu nennen sind *Denkwelten um 1700 – Zehn intellektuelle Profile* (2002), herausgegeben von Richard van Dülmen und Sina Rauschenbach, der von Jutta Held herausgegebene Sammelband *Intellektuelle in der Frühen Neuzeit* (2002), Karlheinz Stierles *Francesco Petrarca – Ein Intellektueller im Europa des 14. Jahrhunderts* (2003) und Albert Schirrmeisters *Triumph des Dichters — Gekrönte Intellektuelle im 16. Jahrhundert* (2003). In Frankreich verstärkte sich die Forschung über Intellektuelle genannte Personen der Zeit zwischen Mittelalter und Moderne in den neunziger Jahren. Ein fernes Signal hatte Jacques Le Goff 1957 noch einzelgängerisch mit *Les intellectuels au Moyen Âge* gegeben, worin er provokativ den modernen Begriff auf historische Gestalten applizierte – einen Begriff, dessen Verkörperung man allerdings während des Algerien-Konflikts in Frankreich buchstäblich auf der Straße bei Demonstrationen und auf Schienen bei Gleisblockaden finden konnte. In den frühen achtziger Jahren setzte in Frankreich dann eine gezielte Intellektuellen-Forschung ein, die sich 1985 mit der Gründung der *Groupe de recherche sur l'histoire des intellectuels* teilweise institutionalisierte, von Soziologen, Historikern und soziologisch orientierten Literaturwissenschaftlern betrieben wird und sich wesentlich auf die Zeit ab 1900 bezieht.[1]

Die französischen Studien über Intellektuellenmilieus, -karrieren und -generationen des 20. Jahrhunderts wurden in der Folge ausgefeilter, man suchte nach Vorstadien, es stellte sich genealogisch die Frage nach der Herkunft der modernen Intellektuellen. Christophe Charle verlegte 1990 die „Geburt" ans Ende des 19. Jahrhunderts, knapp vor die intellektuelle Ur-Szene, die Dreyfus-Affäre.[2] Diese Datierung ist jedoch nicht unangefochten. Nachdem Jacques Le Goff die Emergenz des Intellektuellen als einer urbanen, universitären Gestalt auf die Wende vom 12. zum 13. Jahrhundert festgesetzt, allerdings auch sein Verschwinden im 14. Jahrhundert verkündet hatte[3], behauptete ihm folgend Giovanni Santini in einer Untersuchung über die Universität Modenas die „Geburt des ,Intellektuellen' als eines neuen soziologischen Typus"[4] im 12. Jahrhundert.

---

1 Vgl. zu dieser Entwicklung François Dosse, La marche des idées. Histoire des intellectuels, histoire intellectuelle. Paris 2003; Michel Trebitsch, „L'Histoire des intellectuels en France: Nouvelles approches", in: François Beilecke/Katja Marmetschke (Hg.), Der Intellektuelle und der Mandarin. Für Hans Manfred Bock. Kassel 2005, 23–48.

2 Vgl. Christophe Charle, Naissance des ,intellectuels' (1880–1900). Paris 1990.

3 Vgl. Jacques Le Goff, Les intellectuels au Moyen Age. Paris 1985 (1957).

4 Vgl. Giovanni Santini, Università e società nel XII secolo: Pillio da Medicina e lo Studio di Modena. Tradizione e innovazione nella scuola dei Glossatori. Modena 1979, 112: „nascita dell',intellettuale' come tipo sociologico nuovo". Vgl. die Ausführungen von Le Goff in der Neuausgabe von Les intellectuels au Moyen Age.

Die klassische Philologie wurde im Altertum bzw. in Griechenland fündig.[5] Quantitativ aber finden sich die Anfänge am häufigsten im 18. Jahrhundert. Die Festlegung von Christophe Charle auf die Jahre 1880 bis 1900 um zweihundert Jahre, die von Pierre Bourdieu um immerhin noch hundertfünfzig Jahre überschreitend[6], erklärt Jean-Marie Goulemot, der „Intellektuelle modernen Typs" erscheine mit dem 18. Jahrhundert.[7] Bourdieu sieht im *homme de lettres* nur den Vorläufer des modernen Intellektuellen, wogegen Pierre Lepape viel forscher das erste Auftreten zur Aufklärungszeit beobachtet: Lepape untertitelt seine Voltaire-Biographie von 1994 *Naissance des intellectuels au siècle des Lumières*. Im selben Jahr verhandelt Didier Masseau die „Erfindung" des Intellektuellen im Europa des 18. Jahrhunderts, das vor allem aus Frankreich und seiner Ausstrahlung zu bestehen scheint, und bezeichnet Hubert Bost Pierre Bayle als Intellektuellen „avant la lettre". Georg Jäger spricht 2000 in Rekurs auf Karl Mannheims sozial freischwebende Intelligenz davon[8], dass im 18. Jahrhundert als „Musterfall eines freischwebenden Intellektuellen" der „freie Schriftsteller"[9] entstand. Die emphatischen Nachkriegs-Überlegungen eines modernen Intellektuellen *par excellence*, Jean-Paul Sartre, zum *écrivain engagé*, dem politisch engagierten Schriftsteller, dem Vertreter der Menschenrechte und Kämpfer für die Freiheit, dürften hier Pate gestanden haben, ebenso die kurzen Bemerkungen von Michel Foucault 1976 zur politischen Funktion des In-

---

5 Vgl. Istituto di filologia classica dell'Università di Genova (Hg.), Il comportamento dell'intellettuale nella società antica. Atti delle 7. giornate filologiche genovesi, tenute a Genova nel 1979. Genova 1980; Nicole Loraux/Carles Miralles (Hg.), Figures de l'intellectuel en Grèce ancienne. Paris 1998.

6 Pierre Bourdieu setzt die „invention" des Intellektuellen als „intervenant" im „champ politique" um die Mitte des 19. Jahrhunderts an, man vgl. Les règles de l'art. Genèse et structure du champ littéraire. Paris 1992, 185ff. Ähnlich argumentiert Andreas Gipper, Der Intellektuelle. Konzeption und Selbstverständnis schriftstellerischer Intelligenz in Frankreich und Italien 1918–1930. Stuttgart 1992.

7 Jean-Marie Goulemot, „L'intellectuel est-il responsable (et de quoi)?", in: Pascal Ory (Hg.), Dernières questions aux intellectuels et quatre essais pour y répondre. Paris 1990, 52–104, 61: „L'intellectuel de type moderne apparaît avec le XVIIIe siècle, parce qu'il se définit alors comme un producteur autonome de modèles politiques et sociaux, apte donc à juger, sans autre référence que lui-même, de la validité des formes sociales ou des modes de penser existants." Eher auf Vorgängerschaft als Identität setzt Goulemot an anderer Stelle, vgl. Art. „Philosophe", in: ders./Didier Masseau/Jean-Jacques Tatin-Gourier (Hg.), Vocabulaire de la littérature du XVIIIe siècle. Paris 1996, 155–159, 159: „Et pourtant, cette définition du philosophe-écrivain, attentif aux problèmes de son temps, en lutte contre les pouvoirs établis, connaîtra une postérité bien vivante: de Victor Hugo dressé contre Napoléon III à Sartre combattant aux côtés des opprimés en passant par Emile Zola mettant sa plume au service de Dreyfus. L'écrivain engagé que l'existentialisme sartrien propose aux lendemains de la guerre est proche, dans sa perspective générale, du philosophe des Lumières."

8 Zur Intellektuellen-Geschichte und -Definition von Karl Mannheim vgl. Essays on the Sociology of Culture. London – New York 1992. (Part Two: The Problem of the Intelligentsia: An Enquiry into its Past and Present Role, 91–170). Vgl. auch ders., Ideologie und Utopie. Frankfurt a. M.[3] 1952, 128ff.

9 Georg Jäger, „Der Schriftsteller als Intellektueller. Ein Problemaufriß", in: Sven Hanuschek/Therese Hornigk/Christine Malende (Hg.), Schriftsteller als Intellektuelle. Politik und Literatur im Kalten Krieg. Tübingen 2000, 1–25, 13.

tellektuellen.[10] Aus der Sicht von Karlheinz Stierle jedoch hat die „Figur des europäischen Intellektuellen" im 1304 geborenen Francesco Petrarca ihr „Urbild".[11] Nicole Racine und Michel Trebitsch sehen drei Geburtsmomente, den ersten im 16./17. Jahrhundert, den zweiten Ende des 19. Jahrhunderts, den dritten nach 1945.[12] Erstaunt stellt man also fest, dass Intellektuelle zu allen Zeiten auf die Welt kamen und es in der Geschichte Europas Dutzende „erste" Intellektuelle gibt.

2. Prämissen der retrospektiven Applikation

Womit können sich die Vorverlegungen des gemeinhin anerkannten Geburtsmoments um 1900 rechtfertigen? Der Anachronismus wirft notwendig die Frage nach der methodischen Vorgehensweise im Fall der retrospektiven Applikation von modernen Bezeichnungen auf.[13] Denn unverkennbar wird die Anwendung des Terminus für die Frühe Neuzeit dadurch nicht erleichtert, dass es sich auch für die Gegenwart um einen ausgesprochen schillernden Begriff handelt. Sowohl die Bewertung von „Intellektuellen" als auch ihre soziale Einordnung unterliegen keinem Konsens. Das Verständnis von Intellektuellen ist unklar, umkämpft und Ziel polemischer Attacken.[14] Implizite oder explizite Definitionen sind stets an das je individuelle, wiederum national-kulturell geprägte Vorverständnis derjenigen gekoppelt, die über Intellektuelle sprechen.[15] Wir

---

10 Vgl. Jean-Paul Sartre, Qu'est-ce que la littérature? Paris 1948, 124–139, und Plaidoyer pour les intellectuels. Paris 1972 (Kap. Qu'est-ce qu'un intellectuel), sowie Michel Foucault, „La fonction politique de l'intellectuel", in: Politique 247, 1976, 31–33, 32: „Ce qu'on appelle aujourd'hui ‚intellectuel' [...] est né, je crois, du juriste, ou en tous cas de l'hommme qui se réclamait de l'universalité de la loi juste, éventuellement contre les professionels du droit (Voltaire, en France, prototype de ces intellectuels)." – Vgl. auch die Rezeption der Intellektuellen-„Geschichte" von Jean-Paul Sartre durch Roland Barthes in den Essais critiques (Paris 1964).

11 Karlheinz Stierle, Francesco Petrarca. Ein Intellektueller im Europa des 14. Jahrhunderts. München 2003, 9.

12 Vgl. Nicole Racine/Michel Trebitsch: „Présentation", in: dies. (Hg.), Intellectuelles. Du genre en histoire des intellectuels. Paris 2004, 13–40, 22.

13 Vgl. hierzu Meinrad v. Engelberg, „Intellektuelle: Rollenbilder, Interventionsformen, Streitkulturen (1500–1800)" (http://www.ahf-muenchen.de/Tagungsberichte/Berichte/pdf/2006/120-06.pdf).

14 Laut Ingrid Rademacher wurde der Begriff durch Claude-Henri de Saint-Simon im ersten Drittel des 19. Jahrhunderts eingeführt (Legitimation und Kompetenz. Zum Selbstverständnis der Intelligenz im nachrevolutionären Frankreich 1794–1824. Frankfurt a. M. 1992, 129ff.). In der heutigen Bedeutung fand er in Frankreich zu Beginn der Dreyfus-Affäre Eingang in den Sprachgebrauch (vgl. Dosse, La marche des idées, 62f.). Zur Wortgeschichte im Deutschen vgl. Dietz Bering, Die Intellektuellen. Geschichte eines Schimpfwortes. Stuttgart 1978.

15 Auf die Definitionsproblematik verwies schon Rainer M. Lepsius in seiner Analyse des begrifflichen Gebrauchs des „Intellektuellen", vgl. „Kritik als Beruf. Zur Soziologie der Intellektuellen", in: Kölner Zeitschrift für Soziologie und Sozialpsychologie 16, 1964, 75–91, 77. Vgl. außerdem Helene Harth, „Les intellectuels. Zur Rollendefinition eines modernen Sozialtypus", in: Jürgen Sieß (Hg.), Widerstand, Flucht, Kol-

müssen die unterschiedlichen nationalgeschichtlichen Entwicklungen in Europa zur Kenntnis nehmen, was die Bewertung und Funktion von Intellektuellen, was schließlich auch Benennungen wie „universelle Intellektuelle", „engagierte Intellektuelle", „Experten-Intellektuelle", „Arbeiter-Intellektuelle", „Regierungs-Intellektuelle", „Revolutions-Intellektuelle" oder „spezifische Intellektuelle" betrifft.

Diese Prämissen mögen auf der Hand liegen, allein sie fließen nicht immer in die methodischen Hinweise der hier analysierten Untersuchungen ein. Diese durchkreuzen mit dem Titelwort „Intellektuelle/r" die Erwartungshaltung der Leser und bringen somit den Anachronismus und die latent politische Konnotation plakativ zum Einsatz, auch wenn sie dann ein apolitisches, stark am Profil des Gelehrten orientiertes Bild des Intellektuellen zeichnen. Die verschiedenen Definitionen bzw. vagen Konzeptionen, mit deren Hilfe Personen der Frühen Neuzeit als Intellektuelle erfasst werden, berühren sich, überlappen sich teilweise und treten zugleich miteinander in Konkurrenz. Insgesamt lassen sich ein weites und ein enges Intellektuellen-Verständnis unterscheiden.[16] Das weite Konzept umfasst alle geistig Tätigen und Kulturschaffenden. Dieser Sprachgebrauch ist implizit begriffsgeschichtlich, indem er sich zuvörderst auf *intellectus* bezieht. Das intellektuelle Charakteristikum der in Rede stehenden Gestalten ist das Verstandesmäßige, der Akzent liegt auf der Geistesarbeit im Gegensatz zur Handarbeit. Der Sammelbegriff kann sich auf Schriftsteller, Philosophen, Wissenschaftler, Theologen, Gelehrte, Humanisten und Künstler in je verschiedener Auswahl, auch auf Pfarrer, Priester, Lehrer, Journalisten, also Mediatoren, schließlich alle Gebildeten, beziehen. Für Frankreich fallen die Begriffe *savant, philosophe, écrivain, homme de lettres, docte, libertin*. Das Einbeziehen von Frauen ist die Ausnahme, wo nicht eine gezielt geschlechterspezifische Forschung am Werke ist. Auf der Basis des weiten Begriffs wird bisweilen nuanciert in 1. geistig Tätige, die gezielt Wissen verbreiten, orientierend wirken wollen und sichtbaren Einfluß auf einen kleineren oder größeren Adressatenkreis nehmen, und 2. in eine geistige Avantgarde. Beide Nuancierungen dienen der Steigerung des Prestiges der so bezeichneten Personen.

Der enge Intellektuellen-Begriff leitet sich vom Modell des zeitgenössischen kritisch-engagierten, oppositionellen, politisch involvierten Intellektuellen ab. Als kultu-

---

laboration. Literarische Intelligenz und Politik in Frankreich. Frankfurt a. M. - New York 1984, 200–218, 200f., sowie Ulrich Johannes Schneiders Ausführungen zum „auratisch verbundene[n] Zwang zur Identifizierung", der die „Tauglichkeit des Begriffs ‚Intellektueller' als historische Kategorie" beschädige („Intellektuellenverehrung", in: Martina Winkler (Hg.), WortEnde. Intellektuelle im 21. Jahrhundert? Leipzig 2001, 183–187, 184).

16 Ähnlich unterscheidet auch in „weit" und „eng" Pascal Ory, „Qu'est-ce qu'un intellectuel?", in: ders. (Hg.), Dernières questions aux intellectuels et quatre essais pour y répondre. Paris 1990, 9–51, 12. François Dosse teilt ein in „substantialistisch" und „nominalistisch" (vgl. La marche des idées, 12f.). Vgl. zu dieser Unterscheidung auch Michel Trebitsch: „L'Histoire des intellectuels en France: Nouvelles approches", in: François Beilecke/Katja Marmetschke (Hg.), Der Intellektuelle und der Mandarin. Für Hans Manfred Bock. Kassel 2005, 23–48.

relles Muster dient der „politisch intervenierende[...] Schriftsteller"[17], wenn man so will: Emile Zola. Damit verbunden werden im engen Konzept erstens soziale Kennzeichen, so entweder die Unabhängigkeit in Bezug auf Institutionen und die Distanz zur Macht (Stichwort „Autonomie") oder aber die Zusammenarbeit mit derselben – er heißt dann „Ideologe" –, zweitens das funktionale Kennzeichen Kritik, verstanden als Kritik an bestehenden Verhältnissen („Störungsfaktor")[18], wozu auch das Moment der Grenzüberschreitung gehört (die oder der Intellektuelle überschreitet die Grenzen seines eigentlichen Wirkungsbereiches)[19], drittens inhaltliche Kennzeichen der Kritik, d.h. das Eintreten für bestimmte Werte wie Meinungsfreiheit, Menschenrechte oder Gerechtigkeit, wofür viertens die Existenz einer Öffentlichkeit bzw. einer öffentlichen Meinung vorausgesetzt wird.

3. „Weites" und „enges" Intellektuellen-Konzept

Das weite, eher unspezifische Konzept wird mit Abstand von den meisten Autorinnen bzw. Autoren benutzt, begleitet häufig von der Idee geistiger Avantgarde. Intellektuelle unterscheiden sich dann von allen anderen geistig Tätigen durch ihre Exzellenz. Sie gelten als verstandesmäßig außergewöhnlich, seltener auch als sozial herausragend. Die Bedeutung des Begriffs ist in diesen Fällen meist nicht oder schwach konturiert. Nur selten wird auf die semantischen Prämissen des Wortgebrauchs eingegangen oder werden definitorische bzw. methodische Erklärungen geliefert. Damit suggerieren die Arbeiten eine Selbstverständlichkeit, die ihre Titel nicht verheißen. So vertritt beispielsweise Wolf Lepenies einen weitgreifenden, zugleich exotischen Ansatz, indem er die Intellektuellen von der Renaissance bis zur Gegenwart die „klagende Klasse" nennt und den Intellektuellen als „konstitutionellen Melancholiker" bezeichnet, „der sich die Flucht in die Utopie offenhält".[20] Ugo Dottis dreibändige Ideengeschichte Italiens schreitet chronologisch das Schaffen von meist bekannten Schriftstellern, „Denkern" (pensatori) und Philosophen ab, z.B. Dante, Boccaccio, Petrarca, Alberti, Machiavelli. Die Geschichte ihrer Schriften geht von deren Wirkmacht aus, von der Verbreitung nur wenigen zugänglichen Wissens an viele, bis es in Ausweitung der traditionellen Zuständigkeit, z.B. des Dichters für die Dichtung, zum allgemeinen Gedankengut bzw. zur „mentalità"[21] wird. Die Vorstellung der Innovation ist eng an die des Fortschritts gebunden, für den diese Geistesavantgarde zuständig ist. Resultat ist eine umfangreiche Geistes-, Mentalitäts- und Literaturgeschichte, innerhalb derer die Intellektuellen in ers-

---

17 Joseph Jurt, Das literarische Feld. Das Konzept Pierre Bourdieus in Theorie und Praxis. Darmstadt 1995, 211.

18 Joseph A. Schumpeter, Kapitalismus, Sozialismus und Demokratie. Bern München⁵1980 (1942), 235ff.

19 Vgl. hierzu z.B. Sartre, Plaidoyer, 12ff.; Schumpeter, Kapitalismus; Lepsius, „Kritik als Beruf".

20 Wolf Lepenies, Aufstieg und Fall der Intellektuellen in Europa. Frankfurt – New York – Paris 1992, 15.

21 Ugo Dotti, „Premessa", in: ders., Storia degli intellettuali in Italia. Bd. 1: Idee, mentalità e conflitti da Dante alla crisi dell'umanesimo. Roma 1997, XI–XVI, XIV.

ter Linie Problemlösungskompetenz innehaben.[22] Damit orientiert sich Dotti unausgesprochen an der Beschreibung der Rolle und Funktion, die Antonio Gramsci dem „organischen Intellektuellen" in seiner modernen reformatorischen oder revolutionären Ausprägung zuweist, als „Schöpfer" oder als „Verbreiter" einer immer gerechteren menschlichen Kultur.[23]

Auseinandersetzungen mit der Verwendung des Intellektuellen-Begriffs unterbleiben ganz oder fast ganz bei Franz Rueb, Marie Drut-Hours, Karlheinz Stierle, Albrecht Schirrmeister und in dem von Jacques Wagner herausgegebenen Sammelband *Jean-François Marmontel — Un intellectuel exemplaire au siècle des Lumières*, worin als das ein einziges Mal erwähnte Intellektuell-Exemplarische der „Ausdruck einer verführerischen Intimität" Marmontels gilt, einer Sensibilität, die typisch für die Aufklärung und wesentlicher Zug „einer modernen Persönlichkeit"[24] sei. Drut-Hours übersetzt in ihrem Aufsatz zur deutschen Aufklärung ohne weitere Erklärung das deutsche Wort „Aufklärer" mit „intellectuel éclairé", löst es dann ganz durch „intellectuel" ab. Durch diesen Kunstgriff vermeidet sie die üblichen Termini „philosophe", „philosophe des Lumières" oder „rationaliste", ohne dass sich dadurch eine neue soziologische Sicht ergäbe.[25] Für Wagner und Drut-Hours ist die Existenz des Intellektuellen im 18. Jahrhundert offenbar gemachte Sache. Franz Rueb benutzt den Terminus nur im Titel *Ulrich von Hutten — Ein radikaler Intellektueller im 16. Jahrhundert*. Indirekt verbinden sich in der Intellektualität Huttens für Rueb offenbar Witz, Wortgewandtheit, Schreibfertigkeit, humanistische Fortschrittlichkeit, Unruhe, politische Oppositionalität, Tatkraft, ein hoher Reflexionsgrad, auch in poetischen und poetologischen Belangen, sowie leidenschaftliches Engagement als Reformator.[26]

---

22 Vgl. Ugo Dotti, „Premessa", in: ders., Storia degli intellettuali in Italia. Bd. 3: Temi e ideologie dagli illuministi a Gramsci. Roma 1999, IX–XVIII.

23 Vgl. Antonio Gramsci, „Per una storia degli intellettuali", in: ders., Gli intellettuali e l'organizzazione della cultura. (Quaderni del carcere 2) Torino 1964, 1–95.

24 Jacques Wagner, „Les vois tissés de René Pomeau et de Jean-François Marmontel", in: ders. (Hg.): Jean-François Marmontel. Un intellectuel exemplaire au siècle des Lumières. Tulle 2003, 9–11, 10: „Le lecteur y entendra certes des échos de la commémoration clermontoise et bortoise mais insérés dans un ensemble autonome, propre à dresser, nous l'espérons, le portrait d'un intellectuel exemplaire des Lumières françaises. Notre Marmontel y est, en effet, peint en trois dimensions, celles qui commençaient à constituer de plus en plus nettement au 18e siècle les traits essentiels d'une personnalité moderne: la strate privée, la strate publique, et enfin la strate sensible, représentative plus qu'aucune autre des hommes des Lumières, les rendant proches de nous par l'expression d'une intimité séduisante et à la fois lointains par un goût prononcé pour les émotions larmoyantes".

25 Vgl. Marie Drut-Hours, „Les espaces de la communication intellectuelle dans l'Allemagne des Lumières", in: Christophe Duhamelle (Hg.), Les Espaces du Saint-Empire à l'époque moderne. Paris 2004 (= Histoire, Economie et Société), 69–80.

26 Franz Rueb, Ulrich von Hutten. Ein radikaler Intellektueller im 16. Jahrhundert. Berlin 1981.

Bewusster geht Karlheinz Stierle vor. Er beruft sich auf die Definition von Karl Mannheim und postuliert als Grundlagen des Intellektuellen ein Höchstmaß an Gelehrtheit, die Zugehörigkeit zur „Geistesaristokratie"[27], gesteigert durch die Freiheit des Denkens und Dichtens, emanzipiert von den „Institutionen des Wissens und der Wissenschaft".[28] Petrarca ist für ihn ein „moderne[r]" Intellektuelle[r], weil er erstmals die Idee des „selbstbestimmten Studiums, das Einsamkeit und Freiheit zur Voraussetzung hat"[29], entfaltet habe. Seine „intellektuelle Unabhängigkeit"[30] bedarf der einsamen Existenz, nicht wegen der Nähe zum „Numinosen", sondern wegen der „Steigerung [...] seiner rezeptiven" wie „produktiven Vermögen".[31] Auch die anfängliche Urbanität Petrarcas, das spätere Exil, das man im Saidschen Sinne vielleicht für das Verständnis der Schriften von Petrarca fruchtbar machen könnte[32], das heikle Verhältnis von Petrarca zu den Institutionen der politischen Macht, sein aktives Eingreifen in die italienische Bürgerkriegssituation sind Charakteristika, die im modernen Sinne, gewiss, seine „Modernität" belegen, so dass der Intellektuellen-Status nicht ausschließlich auf die dichterische und denkerische Brillanz zu beziehen ist. Das schließt nicht aus, die eigene Denk- und Dichtleistung als intellektuelles Merkmal zu erhalten, um so die besondere Qualität, vor allem Komplexität des Petrarcaschen Werkes sichtbar zu machen. Eine gewisse Unschärfe des weiten Intellektuellen-Konzepts dokumentiert Schirrmeisters *Triumph des Dichters – Gekrönte Intellektuelle*. In der Untersuchung werden die auserwählten Dichter zu Intellektuellen durch ihre Krönung, deren Ziel einerseits die „dauerhafte Bindung zwischen Patron und Poet"[33] gewesen sei und die andererseits als „Suche nach Autonomie"[34] begriffen wird. Über die Vorstellung von Autonomie, die zum Bild und vor allem zum Selbstbild der Intellektuellen des 20. Jahrhunderts zählt, schlägt Schirrmeister eine Brücke in die Zeitgeschichte, ohne die prekäre Obrigkeitsbindung als Voraussetzung der Unabhängigkeit von Dichtern oder Humanisten im 16. Jahrhundert als Ausgangsidee systematischer zu erläutern und konkreter nach Möglichkeiten, diese zu unterwandern, zu suchen.[35] Gleichwohl liefert die Arbeit gute Ergebnisse zu dem, was intellektuelles Handeln bedeuten konnte.

---

27 Stierle, Francesco Petrarca, 111. Der Rückgriff auf Mannheim findet sich ebd., z.B. 109, 396.

28 Stierle, Francesco Petrarca, 113.

29 Stierle, Francesco Petrarca, 113.

30 Stierle, Francesco Petrarca, 131.

31 Stierle, Francesco Petrarca, 113.

32 Vgl. Edward W. Said, Representations of the Intellectual. The 1993 Reith Lectures. New York 1994.

33 Albrecht Schirrmeister, Triumph des Dichters. Gekrönte Intellektuelle im 16. Jahrhundert. Köln – Weimar – Wien 2003, 21.

34 Schirrmeister, Triumph des Dichters, 4.

35 Albert Schirrmeister hat eine detailliertere Darlegung der Ambivalenz von Abhängigkeit und Autonomie der Humanisten kürzlich selbst vorgenommen; vgl. seinen Vortrag „Wodurch werden humanistische Literaten zu Intellektuellen?", Arbeitsgespräch Intellektuelle: Rollenbilder, Interventionsformen und Streitkulturen

Zwischen weitem und engem Konzept angesiedelt sind *Denkwelten um 1700* und *Intellektuelle in der Frühen Neuzeit*, beide 2002 erschienen, und Jean Mondots Aufsatz „Lichtenberg, un intellectuel des Lumières" (2001). Jean Mondot verbindet instruktiv die sozialhistorischen Merkmale des Gelehrtentums, der Kompetenz, der Reputation, der Autorität und der medialen Präsenz Lichtenbergs mit denen des „modernen" Intellektuellen, wie er selbst sagt, nämlich der Einmischung in Debatten, die sein Forschungsfeld betreffen und solche, die darüber hinausgehen, zu deren Themen sich zu äußern er sich jedoch als „intellectuel et [...] savant"[36] verpflichtet gefühlt habe. Die Beiträge des von Richard van Dülmen und Sina Rauschenbach herausgegebenen Bandes *Denkwelten* zielen zwar vorwiegend auf die lebensweltliche Einbettung der geistigen Leistungen Einzelner, wodurch indirekt die Intellektuellen-Definition wesentlich an die Außergewöhnlichkeit der Denkleistung gekoppelt wird, aber die Kriterien zur Auswahl der „Denker" sind in den Worten der Herausgeber Einmischung, Mitbestimmung des „Diskurs[es] der Zeit", relativ „unabhängiges Denken"[37], „eigenständige Positionen"[38], entstammen also dem Definitionsrepertoire des modernen Intellektuellen. Zusätzlich besteht eine Besonderheit der Wahrnehmung intellektuellen Wirkens in diesem Band darin, dass nicht nur sprachgebundene, sondern auch architektonische und musikalisch-kompositorische Aktivitäten einbezogen werden.[39] Eine explizite Auseinandersetzung mit dem Begriff „Intellektuelle" erfolgt in den einzelnen Beiträgen allerdings nicht. In Jutta Helds Einleitung zu *Intellektuelle in der Frühen Neuzeit* erscheinen Intellektuelle als Erneuerer, die zwar aus der Mitte der Gesellschaft heraus kommen, also nicht als Ausnahmegestalt wie Sartre oder Zola begriffen werden[40], ab dem 17. Jahrhundert aber (in impliziter Anlehnung an Mannheims Thesen) als soziale Außenseiter in den Raum der Politik drängen.[41] Sie hätten eine „Affinität" zu „öffentlichen Disputen und Verständigungen in den neuen Medien"[42], also zu Buchdruck und Flugschriften. Held erwähnt auch den Wandel der Handlungsbedingungen und des öffentlichen Rau-

---

(1500–1800), Organisation Rainer Bayreuther, Meinrad v. Engelberg, Hans-Jürgen Lüsebrink, Sina Rauschenbach, Isabella v. Treskow, Wolfenbüttel, 2006.

36 Jean Mondot, „Lichtenberg, un intellectuel des Lumières", in: ders. (Hg.), Lectures d'une œuvre. Les aphorismes de Lichtenberg. Paris 2001, 5–13, hier 9.

37 Richard van Dülmen/Sina Rauschenbach: „Nachwort", in: dies. (Hg.): Denkwelten um 1700. Zehn intellektuelle Profile. Köln – Weimar – Wien 2002, 209–215, 209.

38 Van Dülmen/Rauschenbach, „Nachwort", 213.

39 Vgl. Meinrad v. Engelberg, „Abt und Architekt. Melk als Modell des spätbarocken Klosterbaus", in: van Dülmen/Rauschenbach (Hg.), Denkwelten, 181–208; Annette Monheim-Semrau: „Zwischen Formstrenge und Ausdrucksvielfalt. Die Concerti grossi op. 6 von Arcangelo Corelli", in: ebd., 141–165.

40 Vgl. Jutta Held, „Intellektuelle in der Frühen Neuzeit", in: dies. (Hg.): Intellektuelle in der Frühen Neuzeit. München 2002, 9–17, 10.

41 Vgl. Held, „Intellektuelle in der Frühen Neuzeit", 14.

42 Held, „Intellektuelle in der Frühen Neuzeit", 11.

mes, die Dekonstruktion der „dominanten ästhetischen Diskurse"[43] durch die Intellektuellen sowie die Funktion der Kontroversen für die Herausbildung neuer Denkstile.[44] Mit
diesen letztgenannten Anhaltspunkten greift sie Hartmut Stenzels im selben Band präsentierte Analyse von polemischen Kontroversen um das freigeistige Denken der *liber-
tins* in den 1720er Jahren auf. Sämtliche weiteren Beiträge liefern keine oder oberfläch-
liche Begründungen für den heuristischen Wert des neuen Ansatzes. Lediglich Hans
Rudolf Velten und Wilhelm Kühlmann gehen auf Kritik als Funktion der geistig Tätigen ein, plausibilisiert bei Velten am Autodidakten, bei Kühlmann an Milieus abseits
der Institutionen. Kühlmann versteht Intellektualität als „Inbegriff eines öffentlich wirk-
samen kulturellen Habitus und Handlungstypus"[45], im 16. und 17. Jahrhundert in einer
„subversive[n] zweite[n] Öffentlichkeit"[46], z.B. im Spiritualismus, agierend.[47] In den
Beiträgen, die sich theoretisch mit dem Phänomen des Intellektuellen auseinandersetz-
en, wird folglich implizit die enge Definition favorisiert, sichtbar an Merkmalen wie
öffentliche Wirksamkeit, Subversion, medialer Einsatz, und an Wertkriterien wie Toleranz und Gedankenfreiheit.

Hier zeigt sich schon, dass die Studien, die ein enges Verständnis bevorzugen, im
Vergleich zu den „weiten" Untersuchungen mehr und detailliertere determinierende
Hinweise liefern. Lepape definiert in seiner Voltaire-Biographie mit Bourdieus Kategorien den Intellektuellen als denjenigen, der „dank der Stelle, die er in der Produktion
und Rezeption von sozialen Werten besetzt, Individuelles und Kollektives, Ästhetik und
Ethik, die Größe der monarchischen Institution und die Nützlichkeit, welche die bürgerliche Gesellschaft strukturiert, verbinden kann".[48] Gepaart mit der häufigen Verwendung des Verbes *s'engager* stößt Lepape die Leser auf den Zusammenhang zwischen
den Interventionsmöglichkeiten und Inszenierungsmethoden Voltaires und der Entwicklung der öffentlichen Meinung im Ancien Régime. Auch Didier Masseau geht u.a. von
Voltaire als Beispiel des Intellektuellen aus, nämlich als eines engagierten Schriftstellers, der überzeugt gewesen sei, eine besondere Mission zu haben, dessen neue Rolle an
Wissen und Kompetenz gebunden gewesen sei, der im Leser das kritische Denkvermö-
gen habe anstacheln wollen, auf die veränderte Öffentlichkeit angewiesen gewesen sei

---

43 Held, „Intellektuelle in der Frühen Neuzeit", 14.

44 Vgl. Held, „Intellektuelle in der Frühen Neuzeit", 15.

45 Wilhelm Kühlmann, „Wort, Geist und Macht – Unvorgreifliche Bemerkungen zu Formationen frühneuzeitlicher Intellektualität", in: Held (Hg.), Intellektuelle in der Frühen Neuzeit, 18–30, 21.

46 Kühlmann, „Wort, Geist und Macht", 22.

47 Vgl. hierzu auch Markus Friedrich, „Rezension von: Jutta Held (ed.): Intellektuelle in der Frühen Neuzeit, München: Fink 2002", in: sehepunkte 5, 2002, Nr. 1 [15.01.2005]",
(http://www.sehepunkte.historicum.net/2005/01/2728.html).

48 Pierre Lepape, Voltaire le conquérant. Naissance des intellectuels au siècle des Lumières. Essai. Paris
1994, 289: „L'intellectuel est celui qui, grâce à la place qu'il occupe dans la production et la reproduction
des valeurs sociales, peut lier l'individuel et le collectif, l'esthétique et l'éthique, la grandeur de l'institution
monarchique et l'utilité qui structure la société civile."

und dabei eine besondere „Medienmacht" besessen habe.[49] Masseau postuliert anschließend kein verallgemeinerbares Intellektuellen-Konzept, sondern differenziert in drei Typen, den organischen Intellektuellen, den Prestige-Intellektuellen und den „Mann des Wissens" und ist, soweit ich sehe, der einzige, der vom engen zum weiten Intellektuellen-Begriff schreitet. Schließlich landet er ganz beim *philosophe* als Intellektuellem. Seine Beurteilung von dessen Aktivität als einer intellektuellen funktioniert deshalb, weil er immer im 18. Jahrhundert bleibt. Den umgekehrten und üblichen Weg nimmt Hubert Bost in *Un „intellectuel" avant la lettre* (1994). Bost bezieht sich auf das Bild eines Geistesarbeiters, der beim Publikum Wirkung erzielt: Pierre Bayle gilt ihm als Intellektueller, weil er den Kompetenzbereich, in dem er einige Bekanntheit hatte, überschritten habe, von Sendungsbewusstsein erfüllt gewesen sei und sich zur Durchsetzung seiner Ideen verschiedener literarischer Gattungen bediente, in den „kulturellen, politischen und religiösen Debatten der Zeit"[50] intervenierte und seine Vorschläge auf die öffentliche Meinung messbaren Einfluss nahmen.

Die Vorstellung vom Schriftsteller-Intellektuellen des 20. Jahrhunderts auf das 17. und 18. Jahrhundert zu beziehen, ist für französische bzw. der französischen Kultur zuzurechnende Ansätze signifikant. Noch deutlicher, umfassender und daher weiterführender als bei Bost kommt der Anstoß, Personen des frühneuzeitlichen Geisteslebens als Intellektuelle zu qualifizieren und eine Geschichte der Intellektuellen nicht erst um 1800 oder 1900 beginnen zu lassen, sondern die kritische Positionierung und Meinungsäußerung in Bezug auf gesellschaftliche Belange zu interpretieren, aus der feministischen, historischen und sozialgeschichtlichen Forschung. Es ist kein Zufall, dass die Idee, die Medialität des gesellschaftlichen Engagements zu untersuchen und sich mehr auf die Handlungen und die Entfaltung des öffentlichen Lebens seit dem Mittelalter zu beziehen als auf Professionen, Bildungsgrad oder (kanonisierte) Denkleistungen, 1. aus Frankreich stammt, das „den" oder „die" Intellektuelle gewissermaßen institutionalisiert hat, und 2. aus der geschlechterorientierten Forschung, die Methoden und ein Sensorium für verdecktes und umwegiges Verhalten bereit hält und Verhaltensweisen näher beleuchten kann, die im Schatten des herkömmlichen Geschichtsbildes stehen.

So schlägt Florence Rochefort in *Intellectuelles* (2001), einem Band über weibliche Intellektuelle vom Altertum bis zum 20. Jahrhundert, vor, als Intellektuelle diejenigen anzunehmen, die Zugang zu Bildung und Wissen hatten, zur Bereicherung des geistigen Lebens beitrugen[51], eine kritische Haltung einnahmen und den Zugang zur öffentlichen Sphäre suchten. Ziel ist, die Wege jener Frauen zu analysieren, die öffentlich in den

---

49 Vgl. Didier Masseau, L'invention de l'intellectuel dans L'Europe du XVIIIe siècle. Paris 1994, 8ff.

50 Hubert Bost, Un „intellectuel" avant la lettre: Le journaliste Pierre Bayle (1647–1706). L'actualité religieuse dans les Nouvelles de la République des Lettres (1684–1687). Amsterdam – Maarssen 1994, 236.

51 Florence Rochefort, „A la découverte des intellectuelles", in: dies. (Hg.), Intellectuelles. Toulouse 2001 (=Clio – Histoire, Femmes et Sociétés 13), 5–16, 6f.: „celles qui, malgré tout, ont eu accès à la connaissance, à la science, à la culture et à l'écriture et ont pleinement enrichi la vie intellectuelle".

Debatten ihrer Zeit Position bezogen oder diese angestoßen haben und ihre Fähigkeiten in den Dienst einer Idee oder einer Streitfrage stellten.[52] Zwar folgen nicht alle Beiträgerinnen des Bandes diesem Anstoß, aber wo sie dies tun, geraten bekannte Vorkommnisse, wie etwa die Veröffentlichung der *Carte de Tendre* durch Madeleine de Scudéry, neu in den Blick. Danielle Haase-Dubosc weist nach, wie Scudéry mit ihren Schriften und ihrer berühmten, den Rahmen üblicher Kommunikationsmittel sprengenden *Carte de Tendre* von 1653 (eine Landkarte mit eingezeichneten „Affektzonen", Teil eines Gesellschaftsspiels) der *Querelle des femmes* eine andere Richtung zu geben versuchte und damit als „Intellektuelle" in die gesellschaftliche Ordnung eingriff.[53] Auch in *Intellectuelles* (2004), herausgegeben von Nicole Racine und Michel Trebitsch, geht es ausdrücklich um das im weiten Sinne „politische" Handeln, um den Zusammenhang zwischen dem Handeln der Einzelnen und der Entwicklung des öffentlichen Raums[54], auch in den spezifischen (d.h. nicht im heutigen Verständnis „öffentlichen") Erscheinungsformen des „espace socioculturel qu'on ne peut qualifier de public"[55] des 16. und 17. Jahrhunderts. Markant ist die theoretische Verbindung, die in den Studien zwischen den Aktivitäten der „Intellektuellen" und zeitgenössischen Debatten hergestellt wird, sehr wichtig übrigens auch der Hinweis auf heute als marginal eingeschätzte Debatten.[56] Und interessant sind die Bezüge zu Äußerungsformen, die jenseits traditioneller Schriftlichkeit liegen, etwa die Konversation, welche für die Kommunikation der Frühen Neuzeit z.B. in den Salons konstitutiv ist.

Der Überblick über den Stand der Forschung in Deutschland und Frankreich macht die Existenz einer intellektuellen „Wasserscheide" zwischen dem 17. und dem 18. Jahrhundert sichtbar. Sichtbar wird auch die Kraft kulturell je verschiedener sozialgeschichtlicher Strukturen und wissenschaftsgeschichtlicher Traditionen: Im deutschen Sprach- und Denkraum legt die Tradition das Bild des unpolitischen, geistig hochstehenden Intellektuellen nahe. Sehr häufig sind Max Weber und Karl Mannheim die theoretischen

---

52 Rochefort, „A la découverte des intellectuelles", 7: „Nous avons donc incité les auteures de ce numéro à analyser le parcours de femmes qui, non seulement ont eu accès au savoir, mais ont pris publiquement position dans les débats de leur époque (ou les ont impulsés) et ont mis leurs capacités au service d'une idée ou d'une cause".

53 Vgl. Danielle Haase-Dubosc, „Intellectuelles, femmes d'esprit et femmes savantes au XVIIe siècle", in: Rochefort (Hg.), Intellectuelles, 43–67. Auch Eliane Viennot geht es um das gesellschaftsorientierte Eingreifen einer Frau, vgl. „Une intellectuelle, auteure et mécène parmi d'autres: Marguerite de Valois (1553–1615)", in: Rochefort (Hg.), Intellectuelles, 125–134.

54 Vgl. Racine/Trebitsch, „Présentation", 21: „Plus profondément, en replaçant cette histoire dans une perspective de plus longue durée, nous avions déjà en tête l'idée que la question des intellectuelles, comme celle des intellectuels, ne prend tout son sens que resituée dans une recherche sur l'émergence d'un espace plublic au sens moderne et démocratique du terme."

55 Racine/Trebitsch, „Présentation", 22.

56 Vgl. Racine/Trebitsch, „Présentation", 22.

Stichwortgeber. Im französischen bzw. französisch kulturalisierten Raum bevorzugt man das „enge" Konzept, das mit der Präponderanz des politischen Intellektuellen einhergeht. Die theoretische Auseinandersetzung erfolgt zu großen Teilen mit Sartre einerseits und Bourdieu andererseits.[57]

Auffällig ist, dass die Untersuchungen auf der Grundlage des weiten Konzepts sich wenig mit der Semantik des Begriffs in Gegenwart und Geschichte oder mit der Verbindung von scheinbar neutraler Wortbildung und Werturteil beschäftigen. Von Ausnahmen abgesehen, werden die Intellektuellen, vor allem in der deutschen Forschung, bis zum deutschen Barock bzw. zur französischen Klassik voraussetzungslos als akademische geistige Elite aufgefasst, ab der Aufklärung als Gesellschaftskritiker. Der Vorteil der Arbeiten, die mit dem „weiten" Verständnis operieren, liegt darin, dass sie vielmals genauer die Verbindung von gelehrten, systematischen Schriften und literarisch-fiktionalen Schriften herausarbeiten, so etwa Stierles Petrarca-Studie. Die Idee „intellektueller" Denk- bzw. Schreibweise meint hier implizit eine besondere Komplexität, Wortgewandtheit, Kreativität, Innovationskraft. Es spielt hinein, dass geistige Beweglichkeit unausgesprochen zu den typischen Merkmalen des, seltener der Intellektuellen zählt. Sie zeigt sich u.a. in der Vielfalt der Äußerungsmodi und der Vielfalt der Gebiete, auf denen sich Intellektuelle bewegen.[58] Allerdings scheint „Intellektuelle/r" im „weiten" Konzept oft nicht nur in diesem Sinne, sondern eher als Ehrentitel in Anspielung auch auf die Avantgarde-Funktion verwendet zu werden. Damit dient er wesentlich zur Valorisierung der jeweiligen Figur. Wo die „Exzellenz" der Denkleistung oder die Präsentation von Verhaltensweisen, die die Elitenzugehörigkeit sichern sollen, den Intellektuellen-Begriff stiften, ändert der Gebrauch indes nichts an der traditionellen Sicht auf die betroffenen Personen. Ihnen wird durch die Betitelung der hohe Rang in der „Geisteswelt" bestätigt oder ein höherer zugesprochen. Entweder bleibt es bei der Konzentration auf Person und Werk und einseitiger Sicht auf den historischen Kontext oder bei der Beschreibung von Handlungen, für die die herkömmlichen Bezeichnungen „Dichter", „Gelehrte", „Schriftsteller", „Humanisten" usw. ausreichend gewesen wären.

Schließlich besteht auch die Gefahr der „Ausfransung", die schon Pascal Ory für das 20. Jahrhundert erwähnte und die z.B. am Werke ist, wenn mal Naturwissenschaftler, mal Mediziner, am Ende alle Gebildeten als Intellektuelle tituliert werden. Steuert der allgemeine Bildungsbegriff die Wahrnehmung von Literaten oder Literatinnen, werden zwar neue Erkenntnisse über Lernen und Lehren, Karrieren, Institutionen und Netz-

---

57 Es gibt Ausnahmen von dieser zugegeben sehr groben Einteilung: Georg Jäger und Wilhelm Kühlmann tendieren beispielsweise als Deutsche zum Konzept des „engagierten Intellektuellen", Marie Drut-Hours und Jacques Wagner zum „neutralen Intellektuellen".

58 Vgl. etwa Rueb, Ulrich von Hutten, 7: „deutscher Ritter [...], blendender politischer Schriftsteller, [...] Dichter [...], brillanter Polemiker, [...] führender Humanist, Reformer und Reformator, [...] geächteter Vagant"; 10: „Agitator, Ankläger, Polemiker und gefürchteter, zuweilen demagogischer politischer Schriftsteller, aber auch ein eleganter Dichter, Schöpfer witziger Dialoge und Autor einiger herrlicher Lieder". Vgl. aber auch Bost, Un intellectuel „avant la lettre"; Held, „Intellektuelle in der Frühen Neuzeit", 10.

werkbildung erzielt[59], aber die spezifische Funktion einzelner Intellektueller kann dadurch nicht neu präzisiert werden.[60] Das weite Konzept hat folglich seine Berechtigung, wenn Gebildete, Gelehrte, Künstlerinnen und Künstler als große Gruppen behandelt werden. Wenn auf einzelne Personen abgehoben werden soll, kann der unspezifische weite Begriff meines Erachtens kaum einen Weg zu neuem historischem Verständnis eröffnen.

In den Untersuchungen, die das enge Konzept zugrundelegen, werden deutlich mehr definitorische Anstrengungen unternommen, wenn auch nicht immer systematisch zusammengefasst. Angeschnitten werden Fragen des Engagements, der Rezeption durch die Öffentlichkeit, der Wertsetzung, der Ideale und des problematischen Verhältnisses von „Geist" und „Macht". Die Analysen von Danielle Haase-Dubosc, Eliane Viennot, Wilhelm Kühlmann und Hubert Bost lassen erkennen, dass sowohl der bewusste und selbstbewusste Gebrauch des Intellekts, des Wissens und der eigenen Bildung als auch, daraus folgend, die aktive Meinungsbildung in Debatten nicht zwingend an das 18. Jahrhundert und nicht zwingend an Ausnahmegestalten gebunden sind.

4. Ansätze und Kriterien einer Geschichte der Intellektuellen seit der Renaissance

Die noch heterogenen Ergebnisse der Publikationen, die mit dem so bezeichneten engen Konzept arbeiten, zeigen die Richtung, in die derzeit die soziologisch orientierte Intellektuellenforschung geht. Die Rollen einzelner Intellektueller der Frühen Neuzeit werden hier ausgehend vom Begriff des engagierten Intellektuellen des 20. Jahrhunderts analysiert. Einige Kriterien, auf die sich Theorie und Praxis dabei beziehen und die für eine weiterführende systematische Intellektuellen-Geschichtsschreibung sinnvoll erscheinen, sollen noch einmal besonders genannt werden: 1. Kritik bzw. kritische Position, 2. Aktualität der Äußerung, 3. Bezug auf schwelende oder aufgebrochene Konflikte in der Gesellschaft, 4. Resonanz. Diese Kriterien sind prinzipiell transhistorischer Art und müssen daher historisch je spezifiert, d.h. auf nationale und regionale Gegebenheiten, Epochen, Kulturen und Handlungskonstellationen bezogen werden. Sie sind zwischen dem Pol der Diskussion, der Kontroverse oder Debatte als Handlungszentren und dem Pol des kritischen, von der eigenen Bildung, dem eigenen Wissen und Kön-

---

59 Dies gilt z.B. für Masseau, L'invention de l'intellectuel, sowie Claire Lesage, „Femmes de lettres à Venise aux XVIe et XVIIe siècles: Moderata Fonte, Lucrezia Marinella, Arcangela Tarabotti", in: Rochefort (Hg.), Intellectuelles, 135–144.

60 Der Begriff „Intellektuelle" ersetzt hier den der „Intelligenz". Ertragreiche Ergebnisse der Gebildeten-Forschung, die von der Intellektuellen-Forschung zu trennen ist, zeigt die Publikation von Rudolf W. Keck/Erhard Wiersing/Klaus Wittstadt (Hg.), Literaten – Kleriker – Gelehrte. Zur Geschichte der Gebildeten im vormodernen Europa. Köln – Weimar – Wien 1996. In der deutschen Soziologie hat Karl Mannheim über die Bildung die Gruppe der Intellektuellen definiert (vgl. Ideologie und Utopie, 135f.). Der weite Intellektuellen-Begriff fällt teilweise auch zusammen mit dem „Intelligentsia"-Begriff.

nen, der eigenen Kompetenz gesteuerten Vorgehens des Einzelnen angesiedelt. Intellektualität wird also im vorliegenden Zusammenhang wesentlich aus der Perspektive von Situationen und Verhaltensweisen beobachtet.

Ziel einer mit diesen Kriterien operierenden philologischen, geschichtswissenschaftlichen bzw. allgemein geistes- und kulturwissenschaftlichen Intellektuellen-Forschung wäre, die Entwicklung der kritischen, auf die Reflexion gesellschaftlicher Probleme bezogenen Funktion Einzelner in prinzipiell statischen Systemen neu zu erhellen und die Strukturen der politisch-kritischen Auseinandersetzung unter den Kommunikations- und Mentalitätsbedingungen der Frühen Neuzeit neu aufzuschlüsseln. Eine z.B. auf Krisenmomente bezogene Forschung könnte konkret den Prozess der Meinungsbildung und – für Optimisten – den Prozess der politischen Selbst-Ermächtigung des eingreifenden Subjekts eruieren.[61] Sie müsste zugleich die Bedingungen, unter denen das kritische Handeln sich entfaltete, bzw. das Gefüge von Abhängigkeiten untersuchen, in dem sich Positionen und Wirkungsmechanismen herausbildeten.[62]

Zu den Kriterien: Kritik als erstes Kriterium meint aus meiner Sicht und im Anschluss an M. Rainer Lepsius die „kompetente" oder „quasi-kompetente Kritik".[63] Kritik ist hier eine Kritik der im Spannungskonflikt dominierenden Position bzw. Positionen. Man kann sie wie Kühlmann als Produkt einer Entwicklung von der „Textkritik über die Literaturkritik zur Sozialkritik"[64] erklären, aber auch genuiner als Kritik an sozialen Missständen in Form der „posture critique"[65] in Bezug auf angestoßene oder mitgestaltete Debatten, so Rochefort im Sinne auch von Viennot und Haase-Dubosc.

Ein wichtiges zweites Kriterium ist die Aktualität der Äußerung, die relativ schnelle Reaktion, ohne die Meinungsaustausch und kontroverse Diskussion nicht möglich sind. Für die Erforschung der Dynamik der Meinungsbildung gehört dazu die merkliche Resonanz, auf die z.B. Haase-Dubosc und Bost besonderen Wert legen. Die Tatsache, dass die Rezeptionssituation in den Quellen oft nur schlecht widergespiegelt ist, wird die

---

61 Finalistisch gedacht, kann man dies als Teil der Entwicklung der Funktion der „Selbstkritik" der „westlichen Kultur" sehen, wie Jürgen Habermas es nennt (vgl. Giovanna Borradori, „Einleitung", in: Jürgen Habermas/Jacques Derrida, Philosophie in Zeiten des Terrors. Zwei Gespräche, geführt, eingeleitet und kommentiert von Giovanna Borradori. Darmstadt 2004, 19–45, 41).

62 Zur Dialektik von Freiheit der Kritik und verschiedenen Formen der Abhängigkeit vgl. sowohl für die Moderne die „Feld"-Forschungen von Pierre Bourdieu, z.B. in „Le champ intellectuel: un monde à part", in: ders., Choses dites. Paris 1987, 167–177, aber auch Mannheims Hinweise in Essays, 140f.; vgl. dazu auch Vortrag v. Verf., „Intellektuelle im Paris des 17. Jahrhunderts. Zusammenspiel, Eigenständigkeit, Selbstauffassung" (Tagung Intellektuelle Kultur – Kultur der Intellektuellen in der Frühen Neuzeit, Saarbrücken 2003).

63 Lepsius, „Kritik als Beruf", 83ff. Von hier dürfte auch ein interessanter Anschluss an die von Gangolf Hübinger vorgeschlagene Geschichte der „Gelehrten-Intellektuellen" herzustellen sein (vgl. Gelehrte, Politik und Öffentlichkeit. Eine Intellektuellengeschichte. Göttingen 2006).

64 Kühlmann, „Wort, Geist und Macht", 22.

65 Rochefort, „A la découverte des intellectuelles", 7.

Überprüfung des Resonanzkriteriums erschweren. Gleichzeitig liegt in der Untersuchung der Kommunikationssituation eine große Chance neuerer Intellektuellengeschichte. In der Art, in der Jacques Juillard und Pascal Balmand darauf hingewirkt haben, die *moments* herauszupräparieren, die Anlässe und krisenhaften Zuspitzungen, in denen Individuen bzw. untereinander assoziierte Individuen[66] sich zu kritischen Stellungnahmen aufgefordert fühlen[67], in dieser Art ließe sich auch das Ineinandergreifen von gesellschaftlicher Krise und kritischer Positionierung in der Frühen Neuzeit untersuchen. Das Spezifikum der intellektuellen Äußerung würde damit in der Interaktion zwischen Einzelnen und Gruppen verstanden werden, im Wechselverhältnis zwischen subjektiver Position, Diskussionsformen einer Zeit und eines bestimmten „Diskussionsraumes", wie z.B. des holländischen *Refuge* im 17. Jahrhundert.

Nun ist nicht zu übersehen, dass das Merkmal der Kritik bzw. das Merkmal der Einmischung in schwelende oder aufgebrochene Konflikte gemeinhin als eine Einmischung für eine (gute) Idee oder für eine (gute) Sache aufgefasst wird.[68] Damit gewinnt der prinzipiell formale Faktor Kritik eine inhaltliche und auch moralische Dimension, die für frühneuzeitliche Verhältnisse mindestens diskutabel ist. Das für die Gegenwart übliche Charakteristikum des „universellen Intellektuellen" (Sartre), das Eintreten für die Sache der Anderen bzw. Schwächeren[69], das ja auch als Intellektuellen-Merkmal für Aufklärer dient und das im emphatischen Begriff *engagement* mitschwingt, kann nicht unverändert für die Frühe Neuzeit gelten. Für sie scheint vielmehr charakteristisch zu sein, dass die für die Interessen einer Minderheit, sozial Schwächerer, Verfolgter und Unterdrückter Eingreifenden diesen oftmals nahe stehen oder selbst zu ihnen zählen. Kühlmann spricht in dem Zusammenhang einleuchtend von der „existentiellen Erfahrung".[70] So äußern sich Pierre Bayle und Pierre Jurieu Ende des 17. Jahrhunderts zur religiösen Intoleranz als Protestanten, also als Mitglieder der verfolgten Minderheit. Madeleine de Scudéry meldet sich in ihrem Roman *Clélie* 1654 als Frau für die Sache der Frau zu Wort. Kühlmann führt entsprechend die Selbstverteidigung der Spiritualisten an. Geht man folglich davon aus, dass die Sprecher sehr oft ein Anliegen vertreten, das zwar nicht allein, aber *auch* sie selbst, ja oft wesentlich sie selbst betrifft,

---

66 Vgl. zur Assoziation von Intellektuellen Mannheim, Essays, 101 ff.; Kühlmann spricht von „Netzwerk" („Wort, Geist und Macht", 25).

67 Vgl. Jacques Juillard/Pascal Balmand (Hg.), Dictionnaire des intellectuels français. Les personnes, les lieux, les moments. Paris 1996.

68 Dieses Kriterium findet sich prominent in: Bost, Un intellectuel „avant la lettre"; Rochefort, „A la découverte des intellectuelles"; Haase-Dubosc, „Intellectuelles, femmes d'esprit et femmes savantes"; van Dülmen/Rauschenbach, „Nachwort", 209.

69 Vgl. neben Sartre, Plaidoyer, und Foucault, „La fonction politique", z.B. Michael Walzer, „Die Tugend des Augenmaßes. Über das Verhältnis von Gesellschaftskritik und Gesellschaftstheorie", in: Uwe Justus Wenzel (Hg.), Der kritische Blick. Über intellektuelle Tätigkeiten und Tugenden. Frankfurt a. M. 2002, 25-38.

70 Kühlmann, „Wort, Geist und Macht", 27.

kann auch das Kriterium der Grenzüberschreitung mit Berechtigung nur insofern bemüht werden, als es um eine Intervention in *gesellschaftlichen* Dingen geht. Möglicherweise kommt man dem Verständnis des Verhaltens und der Kommunikationsweisen und gerade auch der ambivalenten Funktion von Personen wie Pierre Jurieu näher, wenn man die Überlegungen von Antonio Gramsci zum organischen bzw. revolutionären Intellektuellen heranzieht. Denkbar ist, dass sich die Interessenlage gerade solcher schillernder Gestalten neu ausloten lässt, wenn man mit Gramsci die vielfältigen Verbindungen ihrer Aufgaben betrachtet: die Vermittlung von Werten und die Stellvertretung für die Gruppe, für die sie agieren, die Kulturschöpfung und, *cum grano salis*, die kulturrevolutionäre Praxis.[71]

Festzuhalten ist ferner, dass das moderne Merkmal der „Autonomie" für die Frühe Neuzeit nur modifiziert gilt.[72] Davon abgesehen, dass es selbst für die Gegenwart von Bourdieu, aber auch Régis Debray stark angezweifelt wurde[73], ist es selbstredend für die Zeit vor dem 18. Jahrhundert vorsichtig und flexibel zu handhaben. Deswegen kann nur danach gesucht werden, wie *relativ* eigenständig der Einzelne im Verhältnis zur nächsten *peer group*, wie *relativ* eigenständig zu politischen, ökonomischen und kirchlichen Instanzen, wie im Verhältnis zu anderen einflussreichen, institutionalisierten oder halboffiziellen Gruppen (Akademien, Salons) er seine Kritik äußert und entsprechend symbolisch handelt, wie er sich absichert, wie stark das Gruppen- oder Amtsverständnis, z.B. bei Jesuiten oder Hofdichtern, im Verhältnis zur Möglichkeit eines individuellen Selbstverständnisses ist.[74] Wie auch immer man sich in diesem heiklen Punkt z.B. zu einer Beurteilung des reformatorischen Handelns bzw. der Reformatoren äußern wird, deren „anti-autoritäre" Aktivitäten zum Teil mit streng dogmatischen Einstellungen zusammenfallen, so sollte es doch möglich sein, nach den genannten Kriterien deren Handeln im Sinne eines intellektuellen Engagements auf bestimmte Phasen und bestimmte Aktivitäten begrenzt zu untersuchen. Die Spannung zwischen persönlicher Abhängigkeit, auch persönlicher Bedrohung, und dem Potential wirkungsvoller Meinungsäußerung ist ein Signum der Frühen Neuzeit, dessen Konsequenzen stets mitzubedenken sind. Wie die Frage der Nähe und Ferne zur Macht, die der Anerken-

---

71 Vgl. Gramsci, „Per una storia degli intellettuali", und „L'organizzazione della cultura" in: ders., Gli intellettuali e l'organizzazione della cultura. Torino 1964, 95–127. Vgl. in diesem Sinne auch Held, „Intellektuelle in der Frühen Neuzeit", 10.

72 Vgl. hierzu auch Richard van Dülmen/Rauschenbach: „Nachwort". – Bei äußerster Strenge in der Anwendung des Autonomie-Begriffs wird die ablehnende Position Stenzels nachvollziehbar, der schreibt, dass der Begriff seines Erachtens „Konnotationen der Freiheit und Distanz zur politischen Macht" transportiere, „die für die frühe Neuzeit anachronistisch wären", weswegen er es nicht für „sinnvoll" hält, „hier und im folgenden" mit ihm zu operieren („Ein Gelehrter zwischen humanistischer Tradition, Politik und Öffentlichkeit. Gabriel Naudé und die Probleme des ‚Libertinage érudit'", in: Held (Hg.), Intellektuelle in der Frühen Neuzeit, 170–192, 175).

73 Vgl. Régis Debray, Le scribe. Genèse du politique. Paris 1980.

74 Vgl. hierzu den Beitrag von Markus Friedrich im vorliegenden Band.

nung und Verteidigung dogmatischer Positionen sowie die der Konditionen des vormodernen Selbstverständnisses in ein politisch-kritisches Intellektuellen-Konzept einzuarbeiten sind, ist systematisch zu überprüfen, wenn man sich ins Abenteuer einer historischen Intellektuellen-Forschung stürzt.

Von Seiten der Literaturwissenschaft sei zum Schluss angemerkt, dass angesichts der besonderen Kommunikationsbedingungen der Frühen Neuzeit – Erfindung des Drucks und der Massenvervielfältigung, repräsentative Öffentlichkeit, hierarchische und nicht-säkularisierte Gesellschaftsordnung, Zensur – das Einbeziehen von fiktionaler Prosa, Theatertexten oder Dichtung dazu beitrüge, einige Vorgehensweisen intellektuellen Wirkens transparenter zu machen, als es mit der Konzentration auf faktuale, „objektive" Texte und mit einer inhaltlichen Lektüre möglich ist. Durch die Erweiterung des Quellenspektrums können Kritiktechniken auf breiterer Basis beobachtet werden, angefangen vom Einsatz bestimmter, auch modischer Redewendungen (den „mots de passe"[75], wie Lyotard schreibt, in denen sich Ideen kristallisieren und vor allem symbolisieren) bis hin zu allen Strategien vielschichtiger Fiktion. Gerade die Fiktion ist ja Hort intellektueller Qualitäten im „weiten", geistesgeschichtlichen Sinne: Komplexität, Reflexivität, Metakritik. Diese scheinbar aktuellen, in der Intellektuellen-Forschung nur *en passant* erwähnten Merkmale von Intellektualität spielen in die derzeitige historische Wahrnehmung von Intellektuellen hinein, ohne gezielt zum erkenntnisleitenden Angelpunkt zu werden. Weil aber die Fiktion uns die Idee intellektueller Komplexität gerade plausibel macht und zugleich darüber aufklärt, was im historischen Kontext und zu einem bestimmten historischen Moment als gesellschaftlich relevant bzw. problematisch verstanden wurde, bietet sie sich als Medium zum Studium intellektuellen Handelns förmlich an. Aber auch für die Untersuchung nicht-fiktionaler Medien gilt, dass der aktuelle Stand der Forschung dazu ermutigt, die Herausforderung der neu verwendeten Begrifflichkeit anzunehmen und Intellektuelle/r als heuristische Kategorie zur Erforschung der Kommunikationsgeschichte der Frühen Neuzeit einzusetzen, nicht *obwohl*, sondern *weil* die Terminologie rund um Intellektuelle und Intellektualität so vieldeutig, modern und kontextgebunden ist.

(Stand 2009)

---

75 Jean-François Lyotard, „Les modes intellectuelles", in: ders., Tombeau de l'intellectuel et autres papiers. Paris 1984, 67–73, 69.

Anja Kürbis

„Die Theologen ... die Gelehrten":
Ein Beitrag zur Gelehrtenkultur des 16. Jahrhunderts

1. Einleitung

War der protestantische Geistliche ein Gelehrter oder ein Intellektueller? Diese Frage mag etwas naiv anmuten, doch ein Blick in die jüngere Forschungsliteratur erweist durchaus deren Berechtigung. Das gilt in Hinblick auf die Anwendung der Begriffe des Gelehrten und des Intellektuellen auf die Frühe Neuzeit im Allgemeinen und auf die protestantischen Geistlichen im Besonderen. Der Geistliche schneidet hierbei derart schlecht ab, dass ihm eine Zugehörigkeit zum Kreise der Intellektuellen schlicht verwehrt wird. Woran liegt das? Verbietet eine an modernen Maßstäben orientierte Definition der Begriffe deren Anwendung auf die Gruppe der frühneuzeitlichen Geistlichkeit? Oder werden hier längst überholte Auffassungen von der lutherischen Geistlichkeit als unkritische Agenten der Obrigkeit kolportiert? Die Geistlichkeitsforschung hat in den letzten Jahren mit sozial-, bildungs- und ideengeschichtlichen Ansätzen nicht nur jene Interpretationen widerlegt. Sie konstatiert darüber hinaus den protestantischen Geistlichen ein spezifisches Amtsbewusstsein, auf Grund dessen die Geistlichen kritische Handlungen gegenüber der weltlichen Obrigkeit legitimierten. Könnte nicht jenes „Sonderbewußtsein"[1] gerade die protestantischen Geistlichen für die Intellektuellenforschung empfehlen? Oder bietet sich grundsätzlich für die Zeit des 16. und 17. Jahrhunderts doch vielmehr der Begriff des Gelehrten an, da er weniger anachronistische Implikationen aufweist als der des Intellektuellen?

Jene Fragen können in diesem Beitrag nicht umfassend beantwortet werden. Sie sind daher als Anregung zur Diskussion im Rahmen der Forschungen zur frühneuzeitlichen Gelehrtenkultur zu verstehen. Doch soll hier am Beispiel des Nürnberger Geistlichen Andreas Osiander der Versuch unternommen werden, die Anwendbarkeit und den analytischen Wert beider Begriffe am historischen Material zu prüfen. Ein Einblick in aktuelle Begriffsdefinitionen soll zunächst die semantischen und erkenntnistheoretischen Aspekte problematisieren.

---

1 Erstmals als „Sonderbewußtsein" bezeichnet durch Luise Schorn-Schütte, Evangelische Geistichkeit in der Frühneuzeit. Deren Anteil an der Entfaltung frühmoderner Staatlichkeit und Gesellschaft. (Quellen und Forschungen zur Reformationsgeschichte, Bd. 62) Gütersloh 1996, 395–410.

2. Intellektuelle - Gelehrte

Die Forschungsliteratur präsentiert einen äußerst vielschichtigen Umgang mit den Begriffen des Gelehrten und des Intellektuellen. Wenn auch vereinzelt ein unreflektierter oder synonymer Gebrauch beider Begrifflichkeiten anzutreffen ist[2], zeigen sich doch grundsätzlich zwei Schwerpunkte, die beide wiederum eng miteinander verknüpft sind: Erstens wird das Ringen um eine Definition deutlich, die auch das Verhältnis zum jeweils anderen Begriff thematisiert. Die semantische Abgrenzung wird entweder anhand chronologischer oder inhaltlicher Kriterien vorgenommen. So konstatiert z.B. das „Handbuch Gelehrtenkultur der Frühen Neuzeit" sehr vereinfachend eine lineare Entwicklung vom mittelalterlichen Kleriker über den frühneuzeitlichen Gelehrten bis hin zum neuzeitlichen Intellektuellen.[3] Diese epochengebundene Interpretation findet sich neben jenen Auffassungen, die den Gelehrten im Gegensatz zu den Intellektuellen das kritische Potential absprechen und damit dem einst durch Heinrich Laube formulierten Vorwurf der „Leichnamsgelehrsamkeit" folgen.[4] Zweitens sucht die Forschung gerade in den letzten Jahren, die den Begriffen zugrunde liegenden Konzeptionen für die Frühe Neuzeit fruchtbar zu machen.

Der von Rainer Christoph Schwinges 1996 herausgegebene Sammelband „Gelehrte im Reich" fasst unter die Gelehrtengruppe erstens jene, die an den Universitäten oder gleichwertigen Bildungseinrichtungen einen akademischen Grad erworben haben und zweitens diejenigen, die ihre Ausbildung auf dem Wege der „außeruniversitärer Wissensvermittlung bis hin zum privaten Bereich" erhalten haben.[5] Sie zeichnen sich aus durch ihre gesellschaftlich relevanten Positionen, orientieren sich zum Hof und zur Stadt, bilden ein „Elitebewußtsein" aus und führen nach ihrem Studium „als ein dynamisches Element tiefgreifende Wirkungen in einer traditionell als statisch bezeichneten Gesellschaft" herbei.[6] Als Beispiele werden die Gruppen der Juristen und Mediziner genannt, die den Bedürfnissen des „Staates" entsprachen. Das „Handbuch Gelehrtenkultur der frühen Neuzeit" verzichtet dagegen auf jene modernisierungstheoretischen Im-

---

2 Beides z.B. bei Marcel Nieden, der die evangelischen Pfarrer als dritte Gelehrtengruppe neben den Juristen und Ärzten ausmacht und sie als Intellektuelle vom mittelalterlichen Klerus abgrenzt; Marcel Nieden, Die Erfindung des Theologen. Wittenberger Anweisungen zum Theologiestudium im Zeitalter von Reformation und Konfessionalisierung. (Spätmittelalter und Reformation. N.R., Bd. 28) Tübingen 2006, 3.

3 Herbert Jaumann, Handbuch Gelehrtenkultur der Frühen Neuzeit, Bd. 1: Bio-bibliographisches Repertorium. Berlin/New York 2004, VIII.

4 Heinrich Laube, 1833, zit. nach Jürgen Fohrmann, Der Intellektuelle, die Zirkulation, die Wissenschaft und die Monumentalisierung, in: Ders. (Hrsg.), Gelehrte Kommunikation. Wissenschaft und Medium zwischen dem 16. und 20. Jahrhundert. Wien/Köln/Weimar 2005, 325–479, hier 329.

5 Rainer Christoph Schwinges, Karrieremuster: Zur sozialen Rolle der Gelehrten im Reich des 14. bis 16. Jahrhunderts, in: Ders. (Hrsg.), Gelehrte im Reich. Zur Sozial- und Wirkungsgeschichte akademischer Eliten des 14. bis 16. Jahrhunderts. ZHF Beih. 18, Berlin 1996, 11–22, hier 11.

6 Kaspar Elm, Gelehrte im Reich. Zur Sozial- und Wirkungsgeschichte akademischer Eliten des 14. bis 16. Jahrhunderts. Ein Resümee, in: Schwinges (Hrsg.), Gelehrte (wie Anm. 6), 515–525, hier 515.

plikationen und bringt den Begriff des Gelehrten auf den kleinsten Nenner: Demnach ist der Gelehrte eine Person, die eine „Institution gelehrten Unterrichts durchlaufen" hat, die anschließend eine „bestimmte Berufs- bzw. Einflußposition" wahrnahm und mit „bedeutenden Schriften hervorgetreten" ist.[7] Beide Definitionen heben also insbesondere auf eine höhere Bildung einerseits und auf eine einflussreiche Position des Gelehrten andererseits ab, die dieser in seinen Handlungen umzusetzen vermag.

Sehr viel spezifischer fallen dagegen die Definitionen des Intellektuellen aus. Das liegt in erster Linie an der semantischen Konzeption des Begriffs, die hauptsächlich – man möge mir dieses Wortspiel erlauben – durch ihre Grenzen definiert ist. Gerade an diesem Begriff zeigt sich aber auch die Kontextbezogenheit von Ideen, von Sprache.[8] Die bekanntlich im Zuge der Dreyfus-Affäre am Ende des 19. Jahrhunderts erfolgte Konstituierung einer Gruppe der „Les intellectuels" war legitimiert durch den Konflikt und diente der Abgrenzung vom französischen Militär, dem Kabinett und der Kirche sowie der Selbstbeschreibung als ein revolutionäres kritisches Gegenüber.[9] Spätestens seit Karl Mannheims Entwurf des „freischwebenden Intellektuellen" ist die soziale und politische Autonomie eng mit dem Begriff des Intellektuellen verbunden. Mannheim hatte angesichts der ‚Krise des Historismus' in den zwanziger Jahren des letzten Jahrhunderts eine Wissenssoziologie verfasst[10], die von der sozialen Bedingtheit jeglichen, also auch des politischen Denkens ausging. Die daraus folgende Parteilichkeit und Partikularität des Denkens könne, so der Soziologe, nur aufgehoben werden durch eine „relativ klassenlose Schicht", nämlich der „sozial freischwebende[n] Intelligenz".[11] Die Gruppe der frei schwebenden Intellektuellen bilde eine „Mitte", die determiniert sei durch ein gemeinsames universales Bildungsgut, das Impulse aus allen Klassen und Schichten empfange. Nur dadurch eröffne sich dem Intellektuellen ein breiterer Spielraum, der ihn zur „Totalsynthese" aller Klassenstandpunkte und damit zum politischen Handeln befähige.[12] Das Ideal, welches Mannheim mit diesem Typus des Intellektuellen entwarf, stellte offensichtlich einen Gegenentwurf zu den politischen Kämpfen in der Weimarer Republik dar, zwischen denen gerade die geistige Elite des Landes aufge-

---

7 Jaumann, Handbuch (wie Anm. 3), VIII.

8 Vgl. hierzu v.a. Quentin Skinner, Meaning and Understanding in the History of Ideas, in: History and Theory 8, 1969, 3–53; die nicht ganz gelungene Umsetzung in: Ders., The Foundations of Modern Political Thought. 2 Vols. Cambridge etc. 1978–1979 sowie die Auseinandersetzung mit dem Konzept der Intellectual History bei James Tully (Hrsg.), Meaning and Context. Quentin Skinner and his Critics. New Jersey 1988.

9 „Aus systematischen Gründen proklamiert [der] Intellektuelle […] einen Neuanfang, der sich erst in einem Diskurs des Abbruchs herausbildet, weil er stehts sein Anderes als Überholtes mitkommuniziert." So Fohrmann, Intellektuelle (wie Anm. 4), 329.

10 Zum Hintergrund vgl. u.a. Dirk Hoeges, Kontroverse am Abgrund: Ernst Robert Curtius und Karl Mannheim. Intellektuelle und „freischwebende Intelligenz" in der Weimarer Republik. Frankfurt am Main 1994.

11 Karl Mannheim, Ideologie und Utopie. 7. Aufl. Frankfurt am Main 1985, 135.

12 Ebd., 135–140.

rieben wurde. Doch die „Wächter ... in einer sonst allzu finsteren Nacht"[13] waren längst mit Nachtblindheit geschlagen.

Diese neuzeitlich determinierten Begriffskonzeptionen[14] beschreiben den Intellektuellen als gelehrt, als sozial und politisch autonom, als eine Art kritisches Gewissen der Macht, das nach eigenen ethischen Maßstäben handelt und, so Bourdieu, die dominierenden Handlungs- und Wertmaßstäbe hinterfragt.[15] Das hierbei formulierte Selbstverständnis führt stets auch den Umbruch, das Neue, das Andere mit im Gepäck. Insofern erweist sich der Begriff in seiner Anwendung auf die Frühe Neuzeit als äußerst sperrig.

Das wird deutlich am Versuch des 2002 von der Kunsthistorikerin Jutta Held herausgegebenen Sammelbandes, den Begriff des Intellektuellen für die Epoche der Frühen Neuzeit nutzbar zu machen. Dass es dabei zu Verzerrungen kommen muss, beweisen insbesondere die beiden einführenden Aufsätze. Denn hier wird der Blick auf die Frühe Neuzeit durch die Brille der Moderne gesehen: Der Intellektuelle ist demnach ein einsamer Kämpfer, der sich ob seines kritischen Verhältnisses zur Macht in die Politik einmischt, der mit alten Traditionen bricht und Autoritäten infrage stellt, der innovativ denkt und handelt und Begriffe derart umdeutet, dass „sie der modernen Staatenbildung nicht im Wege standen, sondern sie vorantrieben"[16]. Dass bei diesem ‚Ansturm auf die Moderne' allerdings ganze Berufs- und Bevölkerungsgruppen auf der Strecke bleiben, dass auch und gerade mit den Traditionen und nicht gegen sie gedacht und gehandelt werden konnte, findet keine Berücksichtigung. Die Theologen sind hier nur insoweit präsent, wie sie konfessionelle Hürden zu überwinden vermochten und damit „handlungsfähig" blieben, z.B. durch Konversion, und „gleichzeitig die Religion oder Konfession als einziges moralisch und politisch verpflichtendes Prinzip in Frage stellten".[17] Auch der zweite programmatische Beitrag von Willhelm Kühlmann fragt nach den intellektuellen Traditionen des neuzeitlichen Pluralismus und kritischen Moralismus. Zu finden seien diese u.a. im Erbe des Humanismus, im „linksprotestantischen Spiritualismus inklusive chiliastisch-utopischer Strömungen" sowie in einem antiakademischen und antiaristotelischen Wissenschaftsverständnis.[18] Toleranz und Gedankenfreiheit, wie sie Kühlmann den frühneuzeitlichen Intellektuellen zuschreibt, lässt sich jedoch z.B. im 16. Jahrhundert nur schwer ausmachen. Zudem hat die Konfessionalisierungsforschung

---

13 Ebd., 140.

14 Zum Begriff und seiner negativen Konnotation vgl. Dietz Bering, Die Intellektuellen. Geschichte eines Schimpfwortes. Berlin 1982.

15 Die Überbetonung der politischen Dimension des Begriffs führe, so Christopher Carle, lediglich zu einer „Galerie von Ausnahmegestalten"; Christopher Carle, Vordenker der Moderne. Die Intellektuellen im 19. Jahrhundert. Frankfurt am Main 1997, 11.

16 Jutta Held, Intellektuelle in der Frühen Neuzeit, in: Dies. (Hrsg.), Intellektuelle in der Frühen Neuzeit. München 2002, 9–17, hier 11.

17 Ebd., 12.

18 Wilhelm Kühlmann, Wort, Geist und Macht - Unvorgreifliche Bemerkungen zu Formationen frühneuzeitlicher Intellektualität, in: Held (Hrsg.), Intellektuelle (wie Anm. 16), 18–30, hier 22.

in den letzten Jahrzehnten herausgearbeitet, dass die Pluralisierung konfessioneller Ansätze eben auch zu verstärkten konfessionsinternen Normierungs- und Vereinheitlichungstendenzen führte.[19] Folgt man den Thesen des Sammelbandes, wären die protestantischen Geistlichen keine Intellektuellen.

Sehr viel differenzierter näherte sich im Juli 2006 eine von der Wolfenbütteler Herzog-August-Bibliothek veranstaltete Tagung dem frühneuzeitlichen Intellektuellen.[20] Als problematisch wurden die neuzeitlichen Modifikationen der Autonomie, der Subversion und der Öffentlichkeit in ihrer Übertragung auf die Frühe Neuzeit beschrieben und damit grundsätzlich die Frage aufgeworfen, ob es sinnvoller sei, die moderne Definition des Intellektuellen in Abgrenzung zur Frühen Neuzeit beizubehalten oder ob nicht erst die Umdefinition unter Verzicht auf die neuzeitlich markierten Charakteristika eine Übertragung auf die Frühe Neuzeit ermögliche.

Die Frage nach dem frühneuzeitlichen Intellektuellen ist demnach vor allem die Frage nach der Begrifflichkeit. Eine veränderte Definition ist, so man den Begriff für die Frühe Neuzeit retten möchte, unumgänglich. Doch besteht gerade hier die Gefahr, ihn derart auszuhöhlen, dass er jeglichen analytischen Wert verliert. Was also bleibt?

3. Fallstudie

Im Folgenden soll die Brauchbarkeit beider Begriffe für das frühe 16. Jahrhundert geprüft werden am Beispiel des Nürnberger Predigers Andreas Osiander und seiner in den Jahren 1529 bis 1531 verfassten Gutachten für den Nürnberger Rat.[21] Thematisch kreist die hier herangezogene Quellengattung[22] um das Verhalten der Stadt Nürnberg und der

---

19 Zum Schwärmerdiskurs und den konfessionsinternen Pluralisierungsprozessen des Luthertums im 16./17. Jahrhundert, vgl. u.a. Thomas Kaufmann, Nahe Fremde - Aspekte der Wahrnehmung der „Schwärmer" im frühneuzeitlichen Luthertum, in: Kaspar von Greyerz u.a. (Hrsg.), Interkonfessionalität - Transkonfessionalität - binnenkonfessionelle Pluralität. (Schriften des Vereins für Reformationsgeschichte, Bd. 201) Heidelberg 2003, 179–241.

20 Der Tagungsbericht von Meinrad von Engelberg, in: http://hsozkult.geschichte.hu-berlin.de/tagungsberichte/id=1313. Die Publikation der Beiträge ist geplant.

21 Die Fallstudie entstand im Rahmen eines Forschungsprojektes zum Verhältnis von politischer Kommunikation und protestantischer Wissenskultur im 16. Jahrhundert. Vgl. hierzu Patrizio Foresta/Anja Moritz/Luise Schorn-Schütte, Forschungsbericht: „Die Zeitliche Sachen mit und neben den religion sachen zusuchen." Zum Verhältnis von protestantischem gelehrten Wissen und politisch-sozialem Wandel im 16. Jahrhundert, in: Arbeitsgemeinschaft historischer Forschungseinrichtungen in der Bundesrepublik Deutschland e.V. (Hrsg.), Jahrbuch der historischen Forschung in der Bundesrepublik Deutschland. München 2005, 69–76.

22 Vgl. hierzu u.a. Armin Kohnle, Wittenberger Autorität. Die Gemeinschaftsgutachten der Wittenberger Theologen als Typus, in: Irene Dingel/Günther Wartenberg (Hrsg.), Die Theologische Fakultät Wittenberg 1502 bis 1602. Beiträge zur 500. Wiederkehr des Gründungsjahres der Leucorea. (Leucorea-Studien zur Geschichte der Reformation und der Lutherischen Orthodoxie, Bd. 5) Leipzig 2002, 189–200; Andreas Gößner, Die Gutachten der Theologischen Fakultät Leipzig von 1540 bis 1670. Erschließung eines frühneuzeitlichen

Protestanten insgesamt gegenüber dem Kaiser und die Frage nach dem Recht auf Not- bzw. Gegenwehr. Die in den Gutachten formulierten Vorstellungen von der weltlichen Obrigkeit als christlicher Obrigkeit, deren politische Praxis sich an den Maßstäben des Naturrechts und den Schriften des Alten und Neuen Testaments messen lassen musste, führten durchaus zur Kritik an der Obrigkeit, die nicht nur mit der Forderung nach Herrschaftsbegrenzung sondern auch mit der Legitimation eines Widerstandsrechtes verbunden sein konnte.

Das Beispiel Nürnberg bietet sich für die Fallstudie aus mehreren Gründen an. Ers- tens hatte Nürnberg als süddeutsche Reichsstadt innerhalb des politischen Reichsgefü- ges eine große Bedeutung: Gastgeber einiger Reichstage, Herberge der Reichsinsignien, zeitweise Sitz des Reichsregimentes und des Reichskammergerichtes und die seit 1500 bestehende Mitgliedschaft im Schwäbischen Bund[23] führten naturgemäß zu einer be- wussten Orientierung auf das Reich und den kaiserlichen Stadtherren.[24] In dieser Kons- tellation gründete die generelle Zurückhaltung der Reichsstadt in den Verhandlungen zur Gründung eines protestantischen Verteidigungsbündnisses.

Zweitens und eng damit verbunden wies die Stadt eine äußerst interessante Sozial- und Bildungsstruktur auf. Mitte des 16. Jahrhunderts verfügte Nürnberg über ca. 50.000 Einwohner.[25] Die Geschicke der Stadt bestimmte zu dieser Zeit immer noch das Patrizi- at in Form von 42 ratsfähigen Geschlechtern, die noch 1521 ihr alleiniges Anrecht auf die Mitgliedschaft im städtischen Rat durch das so genannte Tanzstatut[26] zementieren konnten. Bis 1729 vermochte es mit einer Ausnahme im Jahre 1536 keine andere Fami- lie, die Ratsfähigkeit zu erlangen. Aufgrund der politischen Einbindung war Nürnberg Anlaufpunkt für viele Juristen, die sich in die Dienste der Stadt oder des Reiches stellen konnten. Nicht zuletzt stellte die Ausbildung zum Juristen auch bei den Nürnbergern

---

Quellenbestandes. Einführung-Übersicht-Register, in: Michael Beyer/Andreas Gössner/Günther Wartenberg (Hrsg.), Kirche und Regionalbewußtsein in Sachsen im 16. Jahrhundert: regionenbezogene Identifikations- prozesse im konfessionellen Raum. (Leipziger Studien zur Erforschung von regionenbezogenen Identifikati- onsprozessen, Bd. 10) Leipzig 2003, 189–261 sowie Thomas Kaufmann, Die Gutachtertätigkeit der Theolo- gischen Fakultät Rostock nach der Reformation, in: Ders., Konfession und Kultur. Lutherischer Protestan- tismus in der zweiten Hälfte des Reformationsjahrhunderts. (Spätmittelalter und Reformation. N.R. Bd. 29) Tübingen 2006, 323–363.

23 Vgl. hierzu Horst Carl, Der Schwäbische Bund 1488–1534. Landfrieden und Genossenschaft im Über- gang vom Spätmittelalter zur Reformation. (Schriften zur südwestdeutschen Landeskunde, Bd. 24) Leinfelden-Echterdingen 2000, 470–474.

24 Vgl. Gerhard Pfeiffer, Nürnbergs Selbstverwaltung 1256–1956, in: Mitteilungen des Vereins für Ge- schichte der Stadt Nürnberg (nachfolgend: MVGN) 48, 1958, 1–25.

25 Vgl. Gerhard Pfeiffer (Hrsg.), Nürnberg – Geschichte einer europäischen Stadt, München 1971, 195.

26 Vgl. u.a. Hanns Hubert Hofmann, Nobiles Norimbergenses. Beobachtungen zur Struktur der reichsstädti- schen Oberschicht, in: ZBLG 28, 1965, 114–150 sowie Gerhard Hirschmann, Das Nürnberger Patriziat im Königreich Bayern 1806–1918. (Nürnberger Forschungen, Bd. 16) Nürnberg 1971, 24–30.

selbst eine attraktive Karrieremöglichkeit dar. Doch fand sie ihre Schranken in der Regelung, dass keine Doktoren der Jurisprudenz Mitglied des Rates werden durften.[27]

Drittens verfügte die Stadt über gut 30 Kirchen, Spitäler, Kapellen und Klöster, die entsprechendes Personal benötigten. Nach ersten lutherischen Regungen 1522 wurde vor allem 1524 und 1525 das Kirchenwesen nach reformatorischen Maßstäben organisiert: Klöster und Kapellen aufgelöst, die Zeremonien umgestellt und die Geistlichen per Eid in den bürgerlichen Stand aufgenommen.[28] Wie es häufiger in den Städten anzutreffen war, hielt sich der Rat lange Zeit zurück und setzte sich dann an die Spitze der reformatorischen Bewegung, um im Sinne der Schadensbegrenzung weder im Schwäbischen Bund noch beim Kaiser in Ungnade zu fallen. Neue Geistliche mussten gefunden werden, wenn sie sich nicht der Bewegung anschlossen. Und so ist es nicht erstaunlich, dass die neuen evangelischen Geistlichen häufig nicht aus Nürnberg stammten. Einzig die beiden Pröpste, die jeweils an den beiden Pfarrkirchen der Stadt tätig waren, kamen aus Nürnberg und unterschieden sich in jeder Hinsicht von den übrigen Geistlichen. Sie beide waren Mitglied alter Nürnberger Geschlechter und promovierte Juristen.[29] Schon aus diesem Grunde hielt es der Rat für erforderlich, dass die Prediger an den Pfarrkirchen und großen anderen Tochterkirchen den Doktor der Theologie besaßen, was jedoch in der ersten Hälfte des 16. Jahrhunderts kaum der Fall war. Beide Pröpste bemühten sich um die Anwerbung neuer Prediger und waren die ersten, die 1524 für die Umstellung der Zeremonien eintraten. Die Organisation der Kirche sah vor, dass es mit St. Lorenz und St. Sebald nur zwei Pfarrkirchen in der Stadt gab, an denen jeweils nur ein Propst, ein Prediger und diverse Diakone beschäftigt waren.[30] Während die Prediger

---

27 „nemo doctor in consilio": In Nürnberg suchten daher die Doktoren Zuflucht in humanistischen Gelehrtenzirkeln wie die Sodalitas Staupitziana. Vgl. dazu Christine Treml, Humanistische Gemeinschaftsbildung. (Historische Texte und Studien, Bd. 12) Hildesheim/Zürich/New York 1989, u.a. 44. Zur Gruppe der Juristen vgl. Friedrich Wolfgang Ellinger, Die Juristen der Reichsstadt Nürnberg vom 15. bis 17. Jahrhundert, in: Reichsstadt Nürnberg, Altdorf und Hersbruck. Genealogica, Heraldica, Juridica. (Freie Schriftenfolge der Gesellschaft für Familienforschung in Franken, Bd. 6) Nürnberg 1954, 130–222.

28 Zur Reformation in Nürnberg vgl. immer noch Adolf Engelhardt, Die Reformation in Nürnberg, 3 Bde., in: MGVN 33, 1936, 34, 1937 und 36, 1939.

29 Georg Peßler (1490–1536) an St. Sebald und Hektor Pömer (1495–1541) an St. Lorenz. Zu Peßler vgl. Georg Andreas Will, Nuernbergisches Gelehrten-Lexicon oder Beschreibung aller Nuernbergischen Gelehrten beyderley Geschlechtes nach Jhrem Leben / Verdiensten und Schrifften ..., Teil 1, Nürnberg/Altdorf 1755 (Repr. Neustadt a.d. Aisch 1997), 102f.; Engelhardt, Reformation (wie Anm. 28), Bd. 1, 89f., 228 sowie ders., Der Kirchenpatronat zu Nürnberg, in: Zeitschrift für bayerische Kirchengeschichte 7, 1932, 1–16 und 65–80, hier 73. Zu Pömer vgl. Will, Gelehrten-Lexicon (wie Anm. 29), Teil 3, Nürnberg/Altdorf 1757, 205–207; Engelhardt, Reformation (wie Anm. 28), Bd. 1, 88f., 228; Ders., Kirchenpatronat (wie Anm. 29), 75; Andreas Würfel, Diptycha ecclesiae Laurentianae, Nürnberg 1756, 21, 38.

30 Zur Kirchenorganisation vgl. die Ausführungen bei Matthias Simon, Nürnbergisches Pfarrerbuch. Die evangelisch-lutherische Geistlichkeit der Reichsstadt Nürnberg und ihres Gebietes 1524–1806. (Einzelarbeiten aus der Kirchengeschichte Bayerns, Bd. XLI) Nürnberg 1965, 299f.

sich auf die Verkündung des Wortes konzentrieren konnten und dem Rat für die Erstellung von Gutachten zur Verfügung stehen mussten, übernahmen die Diakone die üblichen Pfarramtsgeschäfte. Alle anderen Kirchen waren Filialen der beiden Pfarrkirchen und verfügten ebenfalls über einen Prediger und einige Diakone. Soweit mir zu diesem Zeitpunkt bekannt ist, hatte die Mehrzahl der Prediger in Wittenberg oder Leipzig studiert, einige verfügten über einen Magistergrad, zwei – und gerade nicht die Prediger an den Pfarrkirchen – konnten den Doktortitel vorweisen.[31] Während von diesen über Dominikus Schleupner[32], dem St. Sebalder Prediger, die frühen biographischen Informationen schon rar gesät sind, fehlen sie für Andreas Osiander völlig.

Andreas Osiander[33] wirkte von 1522 bis 1548 als Prediger an der Pfarrkirche St. Lorenz und bestimmte wie kein Zweiter die Geschicke der Nürnberger Kirche. 1498 im fränkischen Gunzenhausen als Sohn eines Handwerkers geboren, immatrikulierte er sich 1515 in Ingolstadt als „Kleriker aus der Diözese Eichstätt". Über die Ausbildung Osianders sind kaum Informationen vorhanden.[34] Seine Bildung dagegen war äußerst gelehrt. Er verfasste exegetische Schriften zu verschiedenen Büchern der Heiligen Schrift, beschäftigte sich mit der Kabbala, der Astronomie[35] und Astrologie. 1520 erhielt er die Priesterweihe und arbeitete zwei Jahre als Hebräischlehrer im Nürnberger Augustinerkloster, bis er zum Prediger berufen wurde. Als Osiander im Zuge der Einführung des Augsburger Interims 1548 die Stadt Nürnberg für immer verließ[36], stellte er sich in die Dienste des preußischen Herzogs Albrecht und wurde sowohl Prediger an der Altstädter Kirche in Königsberg als auch Professor für das Alte Testament an der dortigen Universität. Der in diesem Zusammenhang ausbrechende Tumult unter den Königsberger Universitätsprofessoren, die einen Professor, der weder einen Abschluss

---

31 Ebd., passim.

32 Vgl. Will, Gelehrten-Lexicon (wie Anm. 29), Teil 3, Nürnberg/Altdorf 1757, 526–528 sowie jüngst Franz Machilek, Dominikus Schleupner aus Neisse (um 1483–1547). Vom Kanzler des Bischofs Jakob von Salza und Domkapitular in Breslau zum evangelischen Prediger und Ratstheologen in Nürnberg, in: Joachim Bahlcke/Karen Lambrecht und Hans-Christian Maner (Hrsg.), Konfessionelle Pluralität als Herausforderung. Koexistenz und Konflikt in Spätmittelalter und Früher Neuzeit. Winfried Eberhard zum 65. Geburtstag. Leipzig 2006, 235–262.

33 Zur Biographie Osianders vgl. v.a. Will, Gelehrten-Lexicon (wie Anm. 29), Teil 3, Nürnberg/Altdorf 1757, 89–102 und Gottfried Seebaß, Das reformatorische Werk des Andreas Osiander. (Einzelarbeiten aus der Kirchengeschichte Bayerns, Bd. XLIV) Nürnberg 1967.

34 Seebaß, Werk (wie Anm. 33), 71. Das Schriftenverzeichnis Osianders ebd., 6–58.

35 So gab er 1543 das Hauptwerk des Nikolaus Kopernikus (De revolutionibus) mit eigener Vorrede heraus, vgl. hierzu ebd., 87.

36 Zur Ablehnung des Augsburger Interims durch Osiander vgl. Martin Stupperich, Das Augsburger Interim als apokalyptisches Geschehnis nach den Königsberger Schriften Andreas Osianders, in: ARG 64, 1973, 225–245; Gunter Zimmermann, Prediger der Freiheit. Andreas Osiander und der Nürnberger Rat 1522-1548. (Mannheimer Historische Forschungen, Bd. 15) Mannheim 1999, 438–490 sowie Seebaß, Werk (wie Anm. 33), 101–110.

noch einen akademischen Grad aufweisen konnte, in ihren Kreisen nicht dulden wollten[37], scheint zu bestätigen, dass es nicht eine Frage der fehlenden Quellen ist: Osiander
hatte weder Abschluss noch akademischen Grad. Er war kein Theologe im akademischen Sinne. Gottfried Seebaß, einer der intimsten Kenner des Osiandrischen Lebens
und Wirkens, vermutet, dass der junge Osiander sich in Ingolstadt vermutlich dem Studium der Sprachen gewidmet und den theologischen Hintergrund über seine Zeit als
Kleriker erhalten hat.[38] Trotz dieser eher geringen Ausbildungsdichte hatte Osiander
über Jahre hinweg bedeutende Predigerstellen in Nürnberg und Königsberg sowie eine
Professur inne, verfasste diverse exegetische Schriften, war der erste theologische Gutachter des Nürnberger Rates und – nicht zu vergessen – Akteur und Gegenstand des
Osiandrischen Streits.[39] Selbst hinsichtlich seines Einkommens ist Osiander in expo-
nierter Stellung wieder zufinden. Während er bei seinem Amtsantritt 1522 noch freie
Wohnung und 30 Gulden sein Einkommen nennen konnte, erreichte er durch mehrfache
Gehaltserhöhungen 1534 das stattliche Einkommen von 375 Gulden und damit fast
doppelt soviel wie seine Predigerkollegen. In der Nürnberger Zeit heiratete Osiander
dreimal rasch hintereinander und in äußerst begüterte Familien ein, wie es sicher auch
zu dieser Zeit üblich war.[40] Mehrfach wurde ihm diese Heiratspolitik und monetäre Affinität zum Vorwurf gemacht, nicht nur von seinen Kollegen, sondern auch von einigen
Humanisten, wie z.B. Willibald Pirckheimer. Er gehörte zum Humanistenkreis der
Sodalitas Staupitziana[41], die einige Zeit ihre Herberge im Augustinerkloster hatte und
insbesondere einige Ratsherren, aber auch Albrecht Dürer und den Prediger Wenzeslaus
Linck[42] aufgrund seiner engen Verbindungen zu Johann von Staupitz zu ihren Mitgliedern zählen durfte. Pirckheimer nun äußerte sich in einem Gedicht sehr abfällig über
den „Pfaff on alle Erfareheit", der zusammen mit einem „stolzen Schreiber ohne Ehr-

37 Vgl. zu diesem Konflikt Martin Stupperich, Osiander in Preussen 1549–1552. (Arbeiten zur Kirchengeschichte, Bd. 44) Berlin/New York 1973, 29–33.

38 Seebaß, Werk (wie Anm. 33), 71f.

39 Zum Osiandrischen Streit vgl. Stupperich, Osiander (wie Anm. 37), passim; Emanuel Hirsch, Die Theologie des Andreas Osiander und ihre geschichtlichen Voraussetzungen, neu hrsg. von Albrecht Beutel.
(Emanuel Hirsch, Gesammelte Werke, hrsg. von Hans Martin Müller, Bd. 4) Waltrop 2003, 194–306.

40 Die Angaben bei Seebaß, Werk (wie Anm. 33), 211–216.

41 Vgl. Treml, Gemeinschaftsbildung (wie Anm. 27), passim sowie insgesamt zum Nürnberger Humanismus Berndt Hamm, Humanistische Ethik und reichsstädtische Ehrbarkeit in Nürnberg, in: MVGN 76, 1989,
65–147.

42 Wenzeslaus Linck (1483–1547), Prediger an der Heilig-Geist-Kirche, vgl. u.a. Will, Gelehrten-Lexicon
(wie Anm. 29), Teil 2, Nürnberg/Altdorf 1756, 445–445 sowie Jürgen Lorz, Das reformatorische Wirken Dr.
Wenzeslaus Lincks in Altenburg und Nürnberg (1523–1547). (Nürnberger Werkstücke zur Stadt- und Landesgeschichte, Bd. 25) Nürnberg 1978.

barkeit" (das bezieht sich auf den Ratsschreiber Lazarus Spengler[43]) die Stadt „regieren" würde. Sollte dieses Gedicht wirklich von Pirckheimer stammen[44], ist es möglicherweise ein Zeugnis gelehrten Selbstverständnisses der Humanisten, die sich von jenen Autodidakten ohne Abschluss, die doch einen solchen Einfuß in Nürnberg haben, zu distanzieren suchten.[45]

Der vierte und der letzte aber nicht weniger wichtige Grund der Attraktivität Nürnbergs für die Fragestellung betrifft die Quellenlage. Nicht nur liegen die Werke der beiden wichtigen Protagonisten, Andreas Osiander und Lazarus Spengler, bereits in hervorragenden Editionen vor bzw. werden noch ediert.[46] Zudem haben Friedrich Hortleder[47], Johann Christian Lünig[48] und Heinz Scheible[49] einige der zentralen Gutachten, die das Recht zur Gegenwehr diskutieren, veröffentlicht.

Noch eine Bemerkung zur Quellengruppe der Gutachten: Die Begriffe Gutachten, Ratschlag und Bedenken wurden in der damaligen Kanzleisprache nicht auseinander gehalten.[50] Und dennoch gab es zumindest im Herstellungsverfahren einen gravierenden Unterschied: Gutachten hießen diejenigen Stellungnahmen, die entweder ein oder alle Prediger auf Anforderung des Rates zu einer ganz konkreten Fragestellung verfassten. Wie bereits erwähnt, gehörte jene Gutachtertätigkeit zur Stellenbeschreibung der

---

43 Zu Lazarus Spengler (1479–1534) v.a. Berndt Hamm, Lazarus Spengler (1479–1534). Der Nürnberger Ratsschreiber im Spannungsfeld von Humanismus und Reformation, Politik und Glaube. (Spätmittelalter und Reformation. N.R., Bd. 25) Tübingen 2004.

44 Holzberg hält es für „sehr unwahrscheinlich", dass dieses Gedicht von Pirckheimer stammt, da Pirckheimer zu dieser Zeit der Reformation noch wohlwollend gegenüberstand. Es findet sich auf der Rückseite eines Briefes von Hans Straub an Pirckheimer vom 23.3.1524. in: Niklas Holzberg, Willibald Pirckheimer. Griechischer Humanismus in Deutschland, München 1981, 447.

45 Vgl. Seebaß, Werk (wie Anm. 33), 209–211.

46 Gerhard Müller/Gottfried Seebaß (Hrsg.), Andreas Osiander Gesamtausgabe. 10 Bde., Gütersloh 1975–1997 und Berndt Hamm/Wolfgang Huber/Gudrun Litz (Hrsg.), Lazarus Spengler Schriften, Bd. 1 und 2. (Quellen und Forschungen zur Reformationsgeschichte, Bd. 61 und 70) Gütersloh 1995 und 1999, die Bände 3 und 4 sind in Vorbereitung.

47 Friedrich Hortleder (Hrsg.), Der Roemischen // Keyser- Vnd // Koniglichen Maiesteten / ... Handlungen vnd Außschreiben / ... Von den Vrsachen deß Teutschen Kriegs Kaeiser Carls deß V. wider die Schmalkaldische Bunds-Oberste / Chur- vnd Fuersten / Sachsen vnd Hessen / vnd Jhrer Chur- vnd F.G.G. Mitverwandte / Anno 1546. vnd 47. 2. erweit. Aufl.. Gotha 1645 sowie ders. (Hrsg.), Der Roemischen // Keyser- Vnd // Koniglichen Maiesteten / ... Handlungen vnd Außschreiben / ... Von Rechtmaessigkeit / Anfang / Fort- vnd endlichen Außgang deß Teutschen Kriegs Keyser Carls deß Fuenfften / wider die Schmalkaldische Bundsoberste / Chur- vnd Fuersten / Sachsen vnd Hessen vnd J. Chur- vnd Fuerstl. G.G. Mitverwandte. Vom Jahr 1546. biß auff das Jahr 1558. 2. erw. Aufl. Gotha 1645.

48 Johann Christoph Lünig, Europäische Staats-Consilia. 2 Bde. Leipzig 1715.

49 Heinz Scheible (Hrsg.): Das Widerstandsrecht als Problem der deutschen Protestanten 1523–1546. (Texte zur Kirchen- und Theologiegeschichte, Bd. 10) Gütersloh 1969.

50 Vgl. hierzu die Ausführungen bei Seebaß, Werk (wie Anm. 33), 64f.

Prediger.[51] Meist erstellte jedoch Andreas Osiander die Gutachten und die Prediger schlossen sich diesem mit ihrer Unterschrift an. War ein Prediger mit dem Text nicht einverstanden, verfasste dieser eine eigene Stellungnahme. Sobald die Gutachten außerhalb der Stadt zirkulierten, wurden die Namen der Gutachter durch die Kanzlei getilgt. Ein Ratschlag wiederum war ein von einem Kanzlisten verfasstes Protokoll einer mündlichen Befragung der Theologen und Juristen, die entweder gemeinsam oder getrennt erfolgte.[52] Das Protokoll jener mündlichen Befragung gab nur selten die Reden wortwörtlich wieder, sondern fasste sie eher summarisch zusammen. Bereits Ende des 15. Jahrhunderts befragte man auf diese Weise die Juristen und hielt die Protokolle in den Ratschlagbüchern fest. Nach der Reformation bezog man auch die Theologen in die Beratungen mit ein. Während die Ratschläge eher einer schnellen Entscheidungsfindung dienlich waren, erwartete der Rat in den Gutachten eine ausführliche Stellungnahme. Interessant ist die Bezeichnung der beiden Beratergruppen in den Quellengattungen: die „Theologen" und die „Gelehrten". Grundsätzlich ist festzuhalten, dass die theologischen wie die juristischen Gutachten nur zur Entscheidungsfindung beitrugen, nicht aber selbst entschieden. Dies blieb dem Rat vorbehalten.[53]

Für Osiander war die Gutachtertätigkeit Bestandteil des Wächteramtes, das ein Prediger auszuführen habe. In einem Gutachten über die Zeremonien aus dem Jahre 1526[54] formulierte Osiander die Aufgaben des Predigers folgendermaßen: „ ... sonder wir sollen und wollen solches alles und dergleichen euren E.W. als einer christenlichen und von Gott eingesetzter obrigkait zu thun, zu ordnen und zu handthaben bevelhen und doch yedesmals *in disen rhatschlegen*[55] und, wie es furfelt, eur E.W. desselbigen erinnern und vermanen. Dann das gepurt uns aus pflicht und vermoge unsers ambts, in dem wir yederman leren, zuvor aber die obrigkait, ein christlich regiment in rechtem glauben zu führen, unterrichten sollen. Darumb, wo solche ding furfallen, wollen wir uns nicht weniger befleyssen, nach Gottes wort zu forschen, was nutz und gut sey, dann so es uns selbs bevolhen were. Bitten derhalben, eur E.W. sollen solche unser anzaigung und ermanung nicht allein uns nicht verargen, sonder auch dermassen zu hertzen nehmen

---

51 So heißt es z.B. für die Prädikatur an St. Sebald 1521: „Ob er auch ye zu zeiten von ainem erbern rath in iren und gemainer statt obligenden sachen zu raten ervordert und ingepracht wurdet, darin soll er sich gutwillig erzaigen und in solchen sachen und fellen getreulich und christenlich raten, wie solchs ain yeder gegen Got als dem warhafften richter gedenckt zu verantworten." Zit. nach Zimmermann, Prediger (wie Anm. 36), 27.

52 Dass übrigens sich beide Gruppen gegenseitig nicht immer ernst nahmen, illustriert die Bemerkung Wenzeslaus Lincks, der 1531 im Rahmen der Diskussionen um den Kirchenbann dem Juristen Christoph Scheurl Mängel in der Übersetzung und Interpretation biblischer Textstellen vorwirft. Auch Spengler war über die Unkenntnis in biblicis des Juristen gestolpert, vgl. hierzu Lorz, Wirken (wie Anm. 42), 244.

53 So Kaufmann, Gutachten (wie Anm. 22) 325, für die Gutachten der Rostocker Theologen.

54 Der Text ist ediert bei Gottfried Seebaß, Schriften und Briefe April 1525 bis Ende 1527. (Andreas Osiander d.Ä. Gesamtausgabe, hrsg. von Gerhard Müller, Bd. 2). Gütersloh 1977, Nr. 68, 249–289.

55 Hervorhebung durch die Autorin.

und mit dem werk volziehen, das uns nicht von noten sey, offenlich an der cantzel darvon zu reden. Das wirt on zweyfel dem almechtigen gefellig, eurn E.W. eerlich und zu gemainem frid und burgerlicher unterthänigkait dienstlich sein."[56] Das Predigtamt als Wächteramt[57] war also verbunden mit einem gewissen Habitus, der eine Distanz zwischen dem Geistlichen und der weltlichen Obrigkeit herstellte. Diese ermöglichte es ihm nicht nur, das Regiment nach christlichen Maßstäben zu beurteilen und notfalls öffentlich zu kritisieren, sondern brachte auch eine potentielle Gefährdung des Geistlichen mit sich. Beides stand unter dem Vorzeichen des christlichen Regiments sowie des städtischen Friedens und erhielt somit eine göttliche wie weltliche Legitimation. Bei den Laien stieß das Wächteramt nicht immer auf Gegenliebe. Davon zeugen nicht nur die zahlreichen Konflikte zwischen Geistlichkeit und Obrigkeit, sondern auch der Vorwurf des Papocaesarismus.[58] Nicht zuletzt zielte das Spottgedicht Pirckheimers auf eben diesen Aspekt ab.[59]

Doch zurück zu den Gutachten. Hatte der Rat seit der Reformation darauf verzichtet, die Theologen zu Gutachten in politischen Fragen hinzuzuziehen, kam er mit der Ausschreibung zum Speyerischen Reichstag 1529 nicht mehr umhin, auch sie nach ihrer Meinung zu befragen. Sah doch die Proposition Ferdinands die Aufhebung des Speyerer Reichsabschieds von 1526 und die erneute Bestätigung des Wormser Ediktes vor. Die Entwicklung der evangelischen Kirche in Nürnberg, die nicht zuletzt durch die Visitation 1528/1529[60] vorangetrieben wurde, schien in Gefahr. Also forderte am 15. März 1529 der Rat die Juristen und Theologen auf[61], Gutachten zu erstellen über die „mittel", die man in der Glaubensfrage dulden könne. Als am 23. März beide Gremien wieder zusammengerufen wurden, legten die Prediger einen Text von Osiander vor, zu dem sie „weytters oder anders nichs dartzu geredt, dann das sie alle durchauß gesagt, es sey also durch si einmutiklich bedacht und fur guett angesehen".[62]

Der Titel des Gutachtens lautet: „Der theologi ratschlag und anzaigen, wie sich in sachen Gottes wort und unsern glauben belangend auff dem reichstag zu Speier 1529 al-

---

56 Seebaß, Schriften Bd. 2 (wie Anm. 54) 269, Z. 34–270, Z. 14.

57 Offenbar spielte zu diesem Zeitpunkt die Verortung innerhalb der Drei-Stände-Lehre keine Rolle, vgl. hierzu Luise Schorn-Schütte, Die Drei-Stände-Lehre im reformatorischen Umbruch. in: Bernd Moeller (Hrsg.), Die frühe Reformation in Deutschland als Umbruch. (Schriften des Vereins für Reformationsgeschichte, Bd. 199) Heidelberg 1998, 435–461.

58 Vgl. u.a. dies., „Papocaesarismus" der Theologen? Vom Amt des evangelischen Pfarrers in der frühneuzeitlichen Stadtgesellschaft bei Bugenhagen, in: ARG 79, 1988, 230–261.

59 Siehe oben.

60 Bereits die Visitation hatten die Nürnberger und Ansbacher gegen die Klagen der Bischöfe von Bamberg, Eichstätt, Würzburg und Augsburg beim Schwäbischen Bund zu verteidigen, vgl. Engelhardt, Reformation (wie Anm. 28), Bd. 2, 69–107.

61 Vgl. Zimmermann, Prediger (wie Anm. 36), 189.

62 Zit. nach Gerhard Müller/Gottfried Seebaß (Hrsg.), Schriften und Briefe 1528 bis April 1530. (Andreas Osiander d.Ä.. Gesamtausgabe, hrsg. von Gerhard Müller, Bd. 3) Gütersloh 1979, 342.

lenthalben zu hallten, was auch in sölchem anzunemen sey oder nitt, ainem rate zu Nurmberg ubergeben".[63] Osiander empfahl darin dem Rat deutlich, nicht von Gottes Wort abzufallen, und schon gar nicht in diesen letzten Zeiten. Schließlich stelle Apg. 5.29 den Gehorsam gegen Gott über den Gehorsam gegenüber den Kaiser, und Hiob künde von der Vorläufigkeit der weltlichen Macht (Hiob 12.18, 20f., 24f.). Selbst wenn sich der Rat dem kaiserlichen Befehl beugte, riskierte er den Aufstand und Glaubensabfall seiner Untertanen: „Und uber das alles achten wir, wann euer W. gleich auß forcht deß gewallts sich wollten begeben und dem widertail gehorchen, so wurd es doch unmöglich zu laisten und in das werck zu bringen. Dann wiewol das wort Gottes allenthalben gestracks und ernstlich gepeut, der oberkait gehorsam zu sein, so hebt es doch solchen gehorsam wider auff und zelet yederman ledig, wann die oberkait wider Gottes wort gepeut. ... Wann nun euer W. deß reichs bevelhe ... annemen und zu hallten gepieten wollten und dagegen die undterthanen wurden wissen, wie sie dann vorhin wissen[64], das sie euer W. gepott in dem fall nit undterworfen, sonder dasselb mit gutem gewissen verachten mochten, was wurde das ende davon werden? Obwol chrissten recht thun und daruber leiden söllen, wer doch zu besorgen, es wurde nit yederman thun, was er billich thun sollt, und wurd allso euer W. vor Got schuldig alls die, sovil an inen gelegen, von Gottes wort abgewichen und die undterthanen darzu zum abfal geraitzt hetten, obwohl die sach kain furgang hett gewonnen."[65] Zudem, so argumentierte Osiander weiter, könne man niemanden mit Gewalt zu etwas zwingen, wovon der andere nicht überzeugt sei.[66] Nur durch die Aufklärung des Gewissens sei eine Einigung zu erzielen, alles andere wäre Sünde. Insofern müsste jene Aufklärung auch gegenüber den geistlichen Ständen erfolgen. Denn: „Sie seyen gewissens und aidspflicht halben schuldig, den landtfriden zu handthaben, aber die leut wider ir gewissen in sachen deß glaubens zu dringen, ist nit allein den landtfriden brechen, sonder ursach zur aufrur, ungehorsam und unwiderbringlichem verderben geben."[67] Drittens wären die Theologen mit einer interimistischen Regelung der Kirchenordnung bis zur endgültigen Verhandlung auf einem Konzil durchaus einverstanden, solange diese Regel nicht gebiete abzutun, was Gott geboten habe, und einzuführen, was Got verboten habe. Wenn alle Vorschläge jedoch nicht helfen würden, müsse man sich direkt an den Kaiser wenden oder die Sache einem unparteiischen Richter empfehlen.[68]

---

63 Der Text ist ediert bei ebd., Nr. 112, 348–359.

64 So formuliert Osiander einige Zeilen später: „das die undterthanen, in solchen zwangk zu bewilligen, nicht schuldig sein und do aller gewallt auffhöret, do man die leut, wider Got zu sunden, will noten ...", ebd. 355, Z. 25–27.

65 Ebd., 352, Z. 3–17.

66 „... das man in disen schweren sachen nichts mit gewallt noch schwert furneme zu handeln oder außzufuren, sonder mit Gottes gewisem wort die gewissen undterrichtet." Ebd., 353, Z. 20–22.

67 Ebd., 355, Z. 31–356, Z. 2.

68 Johannes Kühn, der Herausgeber der Akten des Speyerer Reichstages von 1529 urteilt im Jahre 1929 über dieses Gutachten Osianders: „Wir stehen hier am Beginn der verhängnisvollen Entwicklung, da unselbstän-

Die Juristen rieten übrigens ähnlich den Theologen: „So ist der gelerten durchaus meynung auch"[69], begannen sie ihre Ausführungen, nicht vom Evangelium zu weichen. Denn: „Das man aber zwischen dem ewangelio un des babsts reich mittel finden solte, daß achten die gelerten alle fur ein verloren ding, dann die seien zwei widerwertig herren, den beden könne nymand zu gefallen dienen, man muß einen verlassen und dem andern anhangen".[70] Die geistlichen Stände könnten möglicherweise in den Nebensachen weichen, aber hinsichtlich Laienkelch, Zölibat und Messe müssten sie auf ihren Ansichten bestehen. Sollte also der Reichstag die Wiederaufrichtung der alten Zeremonien empfehlen, solle man sich entweder der Türkenhilfe verweigern, den Abschied nicht siegeln oder zusammen mit anderen Ständen eine Appellation an den Kaiser richten bzw. sich an einen unabhängigen Richter wenden. Der Jurist Müllner hatte ein eigenes Gutachten verfasst[71], in welchem er ausführlich begründete, warum man das Wormser Edikt nicht annehmen konnte. Alle drei Gutachten schickte der Rat nun nach Speyer und befal den Gesandten, diese dort an die geeigneten Personen zu verteilen und sich danach zu richten und mit dem Brandenburger Markgraf Georg, der ebenfalls eine Kopie erhalten hatte, Kontakt aufzunehmen.[72] Als die Gutachten in Speyer eintrafen, hatte der Große Ausschuss bereits die Aufhebung des Reichstagsabschiedes von 1526 beschlossen. Daher erarbeiteten die süddeutschen Reichsstädte unter Jakob Sturm und dem Nürnberger Christoph Kress eine Supplikation, die sie am 8. April 1529 den kurfürstlichen Kollegien übergaben. Darin wiesen sie v.a. auf die Folgen eines derartigen Beschlusses hin, der die Untertanen wider ihr Gewissen zwingen und damit Aufruhr verursachen würde; eine Argumentation, die stark an Osianders Gutachten erinnert. Auch wenn die Kurfürsten die Supplikation der Städte ablehnten, so ist doch die weitere Entwicklung bekannt. Die evangelischen Stände formulierten eine Protestation, die gegen den Mehrheitsbeschluss in Glaubenssachen votierte.[73]

Die daraufhin verstärkten Bündnisverhandlungen zwischen den protestantischen Ständen waren stets verbunden mit der Frage des Bekenntnisses und der Frage nach dem Recht auf Widerstand gegen den Kaiser. Nachdem die ersten konkreten Verhand-

---

dige Obrigkeiten jeden Bekenntnisses ihre Theologen befragen und eine völlige Vermengung von Religion und Politik entsteht. Es genügt unseren Theologen nicht, Gottvertrauen zu pflanzen; sie werden nach der damaligen Art mit sechs Schriftstellen ‚beweisen', daß Gott stets die Anhänger des Wortes rettet und seine Feinde zerstreut; nur ein völlig Ungläubiger könne daran zweifeln". Johannes Kühn, Die Geschichte des Speyrer Reichstages 1529. (Schriften des Vereins für Reformationsgeschichte, Bd. 146) Leipzig 1929, 84.

69 Staatsarchiv Nürnberg (im Folgenden: StAN), Ansb. RTA, Nr. 13, f. 107r–110v, hier 107r.

70 StAN, Ansb. RTA, Nr. 13, f. 107r–110v, hier 108r.

71 Siehe die Informationen bei Patrizio Foresta in diesem Band.

72 Vgl. hierzu die Ausführungen bei Müller/Seebaß, Schriften (wie Anm. 62), Bd. 3, 344–346 sowie Zimmermann, Prediger (wie Anm. 36), 212–216.

73 Zur rechtsgeschichtlichen Einordnung der Protestation jüngst Diethelm Böttcher, Die Protestation vom 19. April 1529 gemeinrechtlich betrachtet, in: ZHF 29, 2002, H. 1, 39–55.

lungen in Schmalkalden gescheitert waren[74], wurden sie im Januar 1530 in Nürnberg fortgesetzt.[75] Dem voraus ging ein intensiver Briefwechsel zum Problem des Widerstandsrechtes[76], in dessen Ergebnis sich zwei Standpunkte herauskristallisierten: Während sich die Nürnberger Ratsherren mit ihrem Ratsschreiber Spengler und den Brandenburg-Ansbachern gegen einen Widerstand aussprachen, votierten die sächsischen Juristen samt ihrem Kurfürsten Johann Friedrich, Philipp von Hessen sowie die oberdeutschen Städte dafür.[77] Diese Konstellation prägte auch das Bild während des Tages in Nürnberg, auf welchem Osiander zur Erstellung eines Gutachtens aufgefordert wurde.[78]

Das Gutachten „Wie ferr der oberkeit oder gewallt gehorsam zu laisten sey" stammt vermutlich noch aus dem Jahre 1530.[79] Osiander leitete darin zunächst aus Röm. 13 das Amt der gottbefohlenen Obrigkeit und den Gehorsam der Untertanen ihr gegenüber ab.[80] Im Gegensatz zur traditionellen Auffassung schloss er jedoch die tyrannische und „unpilliche" Herrschaft, die das Recht verkehre, von dieser göttlichen Herleitung aus

---

74 Zum Scheitern der Bündnisverhandlungen mit den Schweizer und oberdeutschen Reformierten vgl. v.a. René Hauswirth, Landgraf Philipp von Hessen und Zwingli. Voraussetzungen und Geschichte der politischen Beziehungen zwischen Hessen, Straßburg, Konstanz, Ulrich von Württemberg und reformierten Eidgenossen 1526–1531. (Schriften zur Kirchen- und Rechtsgeschichte. Darstellungen und Quellen, Bd. 35) Tübingen/Basel 1968, v.a. 114ff.

75 Der Abschied des Zweiten Nürnberger Tages vom 12.1.1530 ist ediert bei Ekkehart Fabian (Hrsg.), Die Abschiede der Bündnis- und Bekenntnistage Protestierender Fürsten und Städte zwischen den Reichstagen zu Speyer und zu Augsburg 1529–1530. (Schriften zur Kirchen- und Rechtsgeschichte. Darstellungen und Quellen, Bd. 6) Tübingen 1960, 118f.

76 Die Schreiben sind aufgeführt bei Müller/Seebaß, Schriften (wie Anm. 62), Bd. 3, 450 und Scheible, Widerstandsrecht (wie Anm. 49), 25–63 sowie bei Patrizio Foresta in diesem Band.

77 Ich verzichte hier auf die Darstellung der Ereignisse, da zu dieser intensiven Phase des protestantischen Widerstandsdenkens vorzügliche Studien vorliegen. Vgl. dazu Karl Schornbaum, Zur Politik der Reichsstadt Nürnberg vom Ende des Reichstages zu Speier 1529 bis zur Übergabe der Augsburgischen Konfession 1530, in: MVGN 17, 1906, 178–245; Ekkehart Fabian, Die Entstehung des Schmalkaldischen Bundes und seiner Verfassung 1529–1531/33. Brück, Landgraf Philipp von Hessen und Jakob Sturm. (Schriften zur Kirchen und Rechtsgeschichte, Bd. 1) Tübingen 1956; Diethelm Böttcher, Ungehorsam oder Widerstand? Zum Fortleben des mittelalterlichen Widerstandsrechtes in der Reformationszeit (1529–1530). Berlin 1991 sowie Hans von Schubert, Beiräge zur Geschichte der evangelischen Bekenntnis- und Bündnisbildung 1529/30, in: ZKG 29, 1908, H. 3, 323–384/30, 1909, H. 1, 28–78/H. 2, 228–351.

78 Vgl. den Bericht des sächsischen Kanzlers Christian Beyer über die Verhandlungen in: Wolfgang Steglich (Bearb.), Deutsch Reichstagsakten unter Kaiser Karl V. (Deutsche Reichstagsakten. Jüngere Reihe, 8. Bd.) Göttingen 1970, 549–551.

79 Der Text ist ediert bei Müller/Seebaß, Schriften (wie Anm. 62), Bd. 3, Nr. 125, 459–467. Zur Autorschaft und Datierung vgl. ebd. 454–458.

80 Bereits in zwei früheren Gutachten über die weltliche Obrigkeit hatte Osiander die Paulusstelle in Röm. 13 zur zentralen Legitimation der Obrigkeit und ihrer Aufgaben erhoben; vgl. Seebaß, Schriften Bd. 2 (wie Anm. 54), Nr. 44, 51–65 sowie Müller/Seebaß, Schriften (wie Anm. 62), Bd. 3, Nr. 105, 302–304.

und gelangte über diese Exzeption zur Unterscheidung von Amt und Person. Paulus beschreibe, so Osiander, im Römerbrief nicht eine Person, sondern die „administracion" in der Erfüllung ihrer Aufgaben. Der Schutz der Frommen und die Bestrafung der Bösen konstituiere die Obrigkeit. Insofern, und damit zeigt sich Osiander durchaus anschlussfähig an die zeitgenössische Diskussion, sei die Gegenwehr gegen einen Kaiser oder einen Fürsten, die ihrem Amt nicht nachkommen, kein Widerstand gegen die Obrigkeit, kein Widerstand gegen die Ordnung Gottes.[81] Zudem sei nicht nur Kaisern, Königen und Fürsten das Amt der Obrigkeit zuteil, „sonder auch der stett, gemainschafften und aller derjehnigen, die recht und befelh haben, die fromen zu beschutzen".[82] Und da zwischen diesen Gewalten kein Unterschied bestehe[83], könne die untere Obrigkeit ihr Schwert zum Schutze ihrer Untertanen gegen eine höhere Obrigkeit gebrauchen.[84] Osiander verglich die Flüchtigkeit der gottgegebenen Macht mit den verfassungsrechtlichen Verhältnissen im Reich, nach denen die Kurfürsten dem von ihnen gewählten König die Macht geben und, so dieser die Verträge bricht, wieder nehmen können. Wenn Osiander auch exklusiv schlussfolgerte, dass die untere Obrigkeit demnach „in ettlichen fallen hoher und furnemer" sei als die höhere Obrigkeit[85], nahm er auch hier traditionelle ständische Denktraditionen auf: Bricht die Obrigkeit ihre Eide, so Osiander weiter, hält ihre Verpflichtungen nicht ein bzw. nimmt ihre Aufgaben nicht wahr, ist sie keine Obrigkeit mehr und sind die Untertanen ihres Gehorsams entbunden.[86] „Dann ein konig sein ist nit, thun, was einer will, sonder das handeln, das des reichs nutz ist, allso das der niderer gewalt, wo er aynem mißhandler widerstrebt, nit wider den konig und gewaldt streit, sonder wehret nur einer sondern person, die ihres koniglichen gewalts mißpraucht ..."[87] Osiander legitimierte in seinem Gutachten entgegen den Voten der Nürnberger Mehrheit einen Widerstand der unteren Obrigkeit, zu der also auch die städtische Obrigkeit zählte, gegen eine höhere Obrigkeit, in diesem Falle, den Kaiser. Das Recht der Untertanen auf Widerstand bestritt Osiander jedoch vehement.

Nachdem 1530 für kurze Zeit eine Aussöhnung zwischen den Religionsparteiungen möglich schien, machte sich recht bald Enttäuschung über den Gang der Ausgleichsverhandlungen auf dem Augsburger Reichstag breit.[88] Die inzwischen in den Hinter-

---

81 Vgl. ebd., 461.

82 Vgl. ebd., Z. 18–19. Seebaß verweist darauf, dass sich diese Auffassung gegen Lazarus Spengler richtete, vgl. die Texte bei Scheible, Widerstandsrecht (wie Anm. 49), 33 und 36f.

83 „Soviel die geprauchung des gewalts, wellichs ein warhafftige gottesordnung ist, belangt, ist der stett gewalt gleich dem gewalt des kaysers". Müller/Seebaß, Schriften (wie Anm. 62), Bd. 3, 462, Z. 12–13.

84 Ebd., 463.

85 Ebd., 464, Z. 11–12.

86 Ebd., 465.

87 Ebd., 466, Z. 7–11.

88 Davon zeugt auch der Briefwechsel mit den in Augsburg weilenden Gesandten. Vgl. hierzu Wilhelm Vogt, Die Korrespondenz des Nürnberger Rates mit seinen zum Augsburger Reichstag von 1530 abgeordneten Gesandten, in: MVGN 4, 1882, 1–60.

grund getretene Debatte um das Widerstandsrecht innerhalb der Protestanten wurde Endes des Jahres erneut virulent und die Bündnisfrage wurde positiv entschieden.[89] Die Reichsstadt Nürnberg lehnte nicht nur eine Mitgliedschaft ab, sondern weigerte sich zudem, militärisch gegen den Kaiser vorzugehen. Erneut bat der städtische Rat seine Theologen und Juristen um Stellungnahme zu einem antikaiserlichen Bündnis.[90] Osiander gab, nachdem die Prediger sich nicht auf ein einheitliches Votum einigen konnten[91], ein eigenes Gutachten ab.

Das ausführliche Gutachten mit dem Titel: „Ob die unterthanen iren aigen oberherren in etlichen verderblichen und unchristlichen furnehmen mit gewalt widerstand thun mogen, und wem, desgleichen in welchen fällen oder ursachen solcher widerstand gepüre" ist vermutlich auf den Januar 1531 zu datieren.[92] Osiander gliederte seinen Text in 2 Fragen: a) In welchen Fällen ist ein Widerstand gegen die Obrigkeit erlaubt? b) Besteht zurzeit ein solcher Fall? Nach dem Hinweis auf die Herleitung der Obrigkeit aus dem 4. Gebot führte Osiander das in Mth. 22 formulierte Gebot der Nächstenliebe als mögliche Berechtigung zum Widerstand an: „Wann die liebe Gottis und des nechsten erfordert, das man den oberherren in iren unchristlichen, verderblichen furnehmen widerstand thue, das dasselbig one sund wol geschehen kann, ja geschehen soll. Und muß das gepot vom gehorsam stillschweigen und es lassen geschehen und darf die, so da widerstand thun, nicht anklagen noch einer sunden schuldig machen."[93] Das Gebot der Nächstenliebe brach demnach das Gehorsamsgebot in Röm. 13. Beide verband dennoch miteinander die christliche Amtsführung bzw. deren unchristliche Realisierung. Osiander leitete somit über zur Interpretation des Römerbriefes, nahm die Unterscheidung zwischen Obrigkeit und Oberherr aus seinem früheren Gutachten wieder auf und begründete dies ausführlich, u. a. unter sprachlichen Gesichtspunkten.[94] Auch in diesem Gutachten führte jene Differenzierung zur Berechtigung des Widerstandes gegen einen unchristlichen Oberherrn: „Also auch wan ein oberherr wider Gottis bevelh des trachen macht ubet zum verderben der unterthan, so ist er alsbald vor Got des gewalts beraubt, ja, er hat in selbs hingeworfen und des teufels macht in die hend genomen, und mogen in die unterthanen, den es noch gotlicher ordnung und von ambts wegen gepürt, wo er

---

89 Vgl. hierzu die sehr anregende Studie von Gabriele Haug-Moritz, Der Schmalkaldische Bund 1530–1541/42. Eine Studie zu den genossenschaftlichen Strukturelementen der politischen Ordnung des Heiligen Römischen Reiches Deutscher Nation. (Schriften zur südwestdeutschen Landeskunde, Bd. 44) Leinfelden-Echterdingen 2002.

90 Vgl. Gerhard Müller/Gottfried Seebaß (Hrsg.), Schriften und Briefe Mai 1530 bis Ende 1532. (Andreas Osiander d.Ä. Gesamtausgabe, hrsg. von Gerhard Müller, Bd. 4), Gütersloh 1981, 159.

91 Osiander führt dies u.a. auf die Voten „etliche[r] gelerte[r] leut" zurück und meint damit, so Seebaß, vermutlich die einflussreichen Stellungnahmen Spenglers, vgl. ebd., 167. Die beiden anderen Prediger waren Wenzeslaus Linck und Dominikus Schleupner, vgl. Zimmermann, Prediger (wie Anm. 36), 233.

92 Der Text ist ediert in: Müller/Seebaß, Schriften, Bd. 4 (wie Anm. 90), Nr. 151, 166–206.

93 Ebd., 174, Z. 20–24.

94 Vgl. ebd., 183–186.

sich nicht pessern wolt, mit recht oder gewalt absetzen."[95] Um hier jeden Vorwurf der Legitimation des Widerstandes jedes Untertanen zu entgehen[96], differenzierte Osiander noch einmal deutlich: Widerstand übte der Prediger durch die Predigt, der Rat durch den Rat und der Untertan durch die Aufkündigung des Gehorsams, die einzig dem passiven Widerstand diente. Mit Gewalt widerstehen gebührte nur jenen, denen nach Röm. 13 das Schwert befohlen sei.[97] Nachdem Osiander die erste Frage nach der grundsätzlichen Berechtigung des Widerstandes positiv beantwortet hat, lehnte er die Antwort auf die zweite Frage jedoch ab, da ihm hierzu nicht das nötige Wissen zur Verfügung stünde.[98] Sein Ratschlag sei jedoch, von diesen „scharpfen rechtens gegen seiner maiestat"[99] abzusehen und andere Wege zum Ausgleich zu finden.

Die zeitgleich verfassten Gutachten der Nürnberger Juristen lehnten überwiegend einen Widerstand gegen den Kaiser ab.[100] Auch wenn Osiander die Möglichkeit des Widerstandes grundsätzlich einräumte, zielte das Ergebnis seines Gutachtens doch in eine ähnliche Richtung. Eben dieser folgte dann auch der Nürnberger Rat, als er am 20. Januar 1531 endgültig von der Option seiner Mitgliedschaft im Schmalkaldischen Bund Abstand nahm.[101]

Osiander erstellte als Geistlicher die Gutachten zur Entscheidungsfindung des Nürnberger Rates in Hinblick auf ganz spezielle politische Fragestellungen. Dieser Entstehungskontext prägte insofern den Charakter der Gutachten, als die ganz konkreten Handlungsanweisungen immer rückgebunden wurden an das göttliche Wort und die in der Schrift formulierten Handlungs- und Herrschaftsmodelle. Selbst wenn Osiander die Verfassung Nürnbergs als Reichsstadt mit einer ausgeprägten und sozial abgeschlossenen Ratsoligarchie[102] nicht einfach ausblenden konnte, so galt doch für diesen Rat wie für jede andere weltliche Obrigkeit der Grundsatz: Es ist keine Obrigkeit außer von Gott. Das Pauluswort in Röm. 13.1-7 war die zentrale biblische Quelle der

---

95 Ebd., 194, Z. 7–12.

96 Der Nürnberger Jurist Johann Müllner unterstellte Osiander zu Unrecht eben jene Auffassung; vgl. ebd., 162.

97 Vgl. ebd., 197.

98 Dieses lerne man, so Osiander, eher „zu hoff oder im regiment und nicht in der theologen schul", ebd., 206, Z. 26.

99 Ebd., Z. 29.

100 Einzige Ausnahme bildet das Votum von Valentin Kötzler, der den Widerstand v.a. durch das Naturrecht begründet sieht; vgl. ebd., 163.

101 Das vorsichtige Handeln der Nürnberger zielte auf die Bewahrung einer offenen Situation, die der Reichsstadt weder beim Kaiser und beim Schwäbischen Bund noch bei den protestantischen Ständen Nachteile einbringen konnte. Daher entschied der Rat, von einer Festlegung abzusehen. Der Markgraf von Brandenburg-Ansbach schloss sich der Haltung der Nürnberger an. Vgl. Engelhardt, Reformation (wie Anm. 28), Bd. 2, 284.

102 Vgl. Zimmermann, Prediger (wie Anm. 36), 159.

Osiandrischen Obrigkeitsauffassung.[103] Denn es formulierte nicht nur das Amt der Obrigkeit und den Gehorsam der Untertanen sondern auch dessen Grenzen: Die weltliche
Obrigkeit ist ein Gottesdienst, ist christliche Herrschaft als Handlung. Die Trennung des
Amtes von der Person ermöglichte es denn auch, die Absetzung des Oberherrn, der bei
unchristlicher Handlung sein Amt verliert, zu legitimieren. Osiander formulierte deutlich das in der Schrift gegründete Recht auf Widerstand gegen eine weltliche Obrigkeit,
auch wenn er von der Wahrnehmung dieses Rechtes in der aktuellen Situation abriet.
Die durch Osiander 1526 beschriebenen Aufgaben eines Predigers[104] wurden in diesen
Gutachten realisiert: Erinnern, Unterrichten, Vermahnen. Insofern stellten die Gutachten ein ideales Instrument des geistlichen Wächteramtes dar.

4. Resümee

Ich komme zu meiner Ausgangsfrage zurück: War der protestantische Geistliche ein
Gelehrter oder ein Intellektueller? An der Person des Predigers Andreas Osiander habe
ich die unterschiedlichen Aspekte dargestellt, die mich der Beantwortung dieser Frage
näher bringen. Osiander verfügt durchaus über ein gelehrtes Wissen. Selbst wenn er
keinen akademischen Grad besaß, so konnte er doch auf eine umfangreiche Publikati
onstätigkeit in den verschiedensten Disziplinen verweisen. Als Prediger und Gutachter
des Rates nahm Osiander eine einflussreiche Position in der Stadtgemeinde und gegenüber dem Rat ein. Diese Stellung verband sich mit dem Verständnis des Predigtamtes
als Wächteramt, das ihn zur Ermahnung und Kritisierung der Obrigkeit verpflichtete
und das Osiander in seinen Gutachten explizit wahrnahm.

Es lässt sich hier ein spezieller Habitus ausmachen, aufgrund dessen die weltliche
Herrschaft nach eigenen, nämlich biblisch begründeten Maßstäben, beurteilt wird. Das
Wächteramt des protestantischen Geistlichen korrespondierte durchaus mit der Auffassung des Intellektuellen als kritisches Gewissen der Macht. Dies geschah jedoch, und
das ist ein frühneuzeitliches Charakteristikum, nicht freischwebend, sondern qua Amt.
Gerade die Nähe zur Macht ermöglichte erst die erforderliche Distanz. Insofern ist die
neuzeitliche Implikation der sozialen und somit politischen Unabhängigkeit des Intellektuellen auf die Frühe Neuzeit nicht übertragbar. Ob diese geistige Distanz im Einzel-
fall jeweils realisiert wurde bzw. realisiert werden musste, ist eine andere Frage. Gerade
diese Ambivalenz des Verhältnisses zwischen der weltlichen Obrigkeit und ihrem Prediger sperrt sich gegen die Interpretation des Intellektuellen als des kritischen Anderen.
Es stellt sich daher die Frage, was den frühneuzeitlichen Intellektuellen charakterisiert:
das Amt oder die Handlung. Und daran anschließend: Stellen seine Handlungen immer
kritische Distanz her oder gelten hier auch sporadische Interventionen?

---

103 Hirsch, Theologie (wie Anm. 39), 46–60 verweist auf die Bedeutung Luthers Schriften „Von der Obrigkeit" sowie der „Vorrede" zum Römerbrief für die Osiandrische Obrigkeitsauffassung.
104 Siehe oben.

Aufgrund der immer wieder durchschimmernden modernen Implikationen halte ich den Begriff des Intellektuellen eher für verwirrungsstiftend und daher v. a. für das 16. Jahrhundert ungeeignet. Um diesen so verbreiteten Begriff für die erste Hälfte der Frühen Neuzeit fruchtbar zu machen, scheint mir der Aufwand der semantischen Umdefinition unvertretbar. Anders verhält es sich dagegen mit dem Begriff des Gelehrten. Wenn man die Autorität jener Person nicht ausschließlich an akademischen Graden festmacht, sondern generell an einem gewissen Bildungsniveau, das durchaus autodidaktisch erworben sein konnte, wenn man darüber hinaus ihren Einfluss, ihre Fähigkeit, den Diskurs in einer Gemeinschaft mitzubestimmen, Netzwerke zu arrangieren bzw. am Leben zu halten, berücksichtigt, könnte man eher jenen Personenkreis fassen, für den der Prediger Andreas Osiander oder auch ein Lazarus Spengler typisch waren.

Der Soziologe Zygmunt Bauman bemerkte einmal, dass jeder Versuch, Intellektuelle zu definieren, der Versuch einer Selbstdefinition sei.[105] Die Frage also, warum Historiker nach dem Intellektuellen in der Frühen Neuzeit suchen, ist nicht minder unwichtig, soll hier aber nicht mehr thematisiert werden.

---

105 Vgl. Zygmunt Bauman, Unerwiderte Liebe. Die Macht, die Intellektuellen und die Macht der Intellektuellen, in: Ute Daniel/Wolfram Siemann (Hrsg.), Propaganda. Meinungskampf, Verführung und politische Sinnstiftung 1789–1989, Frankfurt a.M. 1994, 172–200, 237–239, hier 172.

ELISABETH NATOUR

Die frühen elisabethanischen Theologen und ihr Verhältnis zur Macht

Als Heinrich VIII. seine Kirchenreform durchsetzte, widerstand nur ein einziger Bischof: John Fisher von Rochester, wohingegen sich der übrige Klerus schnell in die neue Kirchenordnung fügte. Elisabeth I. hatte es da mit ihren Religionsregelungen nicht so leicht. Nur mit Mühe konnte sie Uniformitäts- und Suprematieakte durchsetzen und auch im Verlauf ihrer Regierungszeit zeigten die Theologen – gleich ob Bischöfe, Prediger oder Universitätsgelehrte – ihrer Königin immer wieder die Grenzen weltlicher Macht auf. Zum einen konfrontierten sie Elisabeth direkt mit Kritik oder Erläuterungen der königlichen Kompetenzen, zum anderen beschäftigten sie sich mit der theoretischen Erörterung eines Widerstandsrechts. Mit einigen Beispielen wird diese Diskussion exemplarisch nachgezeichnet. Auch wenn der direkte Bezug zur politischen Wirklichkeit häufig vermieden wurde, offenbaren die Ausführungen zum Teil die zugrunde liegenden Einstellungen der Autoren zum Königtum. Dieser Aufsatz soll nun das Verhältnis der in die Diskussion eingreifenden Theologen zur politischen Macht kritisch beleuchten. Von besonderem Interesse ist dabei die Frage, inwiefern dieses spezifische Verhältnis zur Macht als Ausdruck der ‚Intellektualität' der Theologen verstanden werden kann. Handelt es sich hierbei um eine kritische und bewusste Abgrenzung von der Macht, die mit intellektueller Autonomie einherging? Untersucht werden soll, inwieweit der Widerstandsdiskurs die Grenzen des bloßen Gelehrtentums überschritt, ob sich darin ein neues Selbstverständnis der Theologen manifestierte und ob es hier zu einer Funktionalisierung der Bildung womöglich mit einem Anspruch auf soziale Wirksamkeit gekommen ist.

Zunächst sollen Situationen untersucht werden, in denen die Königin selbst mit Kritik bzw. Äußerungen zum eingeschränkten Obrigkeitsgehorsam konfrontiert wurde. Danach werden theoretische Erörterungen zu einem Widerstandsrecht, wie sie sich in der theologischen Kontroversliteratur der Zeit finden, analysiert. Als Ausblick soll kurz auf die Parlamentsdebatten von 1572 eingegangen werden, in denen die theoretische Erörterung eines Widerstandsrechts die direkte Konfrontation mit der Königin einschloß.

Nur wenige Theologen konnten ihre Kritik an Elisabeth von Angesicht zu Angesicht äußern. Schließlich bekamen nur wenige die Gelegenheit, direkt vor ihr zu sprechen.

Prädestiniert, um Kritik zu äußern, waren die Hofprediger, die jedoch in der Regel diese Möglichkeit nicht nutzten. Für die 1560er Jahre ist lediglich der Fall Alexander Nowells bekannt. Nowell (c.1516/17–1602) hatte bereits unter Eduard VI. eine Predigtlizenz inne und verbrachte die Regierungszeit Maria Tudors im kontinentalen Exil. Unter Elisabeth avancierte er schnell zum Dekan von St. Paul und predigte häufig vor der Königin.[1] In einer Aschermittwochspredigt 1565 passierte der Eklat. Nowell verwahrte sich gegen das Kreuz, das immer noch in der königlichen Kapelle aufgestellt war und das für ihn ein klares Zeichen von Idolatrie darstellte. Er beendete seine Predigt jedoch abrupt, nachdem ihn Elisabeth mit harschen Worten angewiesen hatte, über solcherlei Dinge nicht zu sprechen. „Leave that, it has nothing to do with your subject, and the matter is now threadbare".[2] Erzbischof Parker mußte sich anschließend des völlig geknickten Nowells annehmen, der offenbar überhaupt nicht verstand, warum er mit der direkten Kritik an der Königin Grenzen überschritten hatte.[3] In einem Brief an Cecil bemerkte er, daß er mit „the conscience of a good intent, and most humble reverence towards my most gracious Sovereign" gehandelt habe.[4] Seine späteren Predigten waren dann so vorsichtig formuliert, daß er sich sogar gegen den Vorwurf der übermäßigen Schmeichelei verteidigen musste.[5]

Einige Jahre nach Nowells faux-pas predigte erneut ein Kritiker vor Elisabeth. Der Theologe Edward Dering (c.1540–1576) hatte bereits in frühen Jahren in der Universität Cambridge den Ruf eines außerordentlichen Gelehrten erworben. Er hatte sich erst nach Beginn von Elisabeths Regierungszeit immatrikuliert und stieg dann sehr schnell innerhalb seines College Christ's zum Dekan, später innerhalb der Universität zum Lady Margaret Professor für Griechisch auf. Er genoß die Unterstützung des Erzbischofs Parker sowie des vierten Herzogs von Norfolk, Thomas Howard, ebenjenem Herzog, der 1572 wegen Verrats zum Tode verurteilt werden sollte. Zur Zeit der Predigt vor Elisabeth war Dering zudem Kaplan des Tower geworden und schien nach allgemeiner Ansicht eine glänzende Karriere vor sich zu haben.[6] Doch in jener denkwürdigen Pre-

---

1 Vgl. zu Nowell: Stanford Lehmberg, 'Nowell, Alexander (c.1516/17–1602)', Oxford Dictionary of National Biography, Oxford University Press 2004 [http://www.oxforddnb.com/view/article/20378, letzter Zugriff 14. Nov. 2006].

2 Calendar of Letters and State Papers relating to English Affairs, of the reign of Elizabeth preserved principally in the archives of Simancas, Martin S. Hume (Hg.), 4 Bd., London 1892–1899, Bd. 1:1558–1567, London 1892, 405.

3 So berichtet Parker in einem Brief an Cecil vom 8. März 1565, in John Bruce (Hg.), Correspondence of Matthew Parker D.D., Cambridge 1853, 235. Vgl. auch John Strype, The Life and Acts of Matthew Parker, 4 Bd., Oxford 1821, Bd. 1, Buch II, 318–319.

4 Brief vom 8. März 1564/5 abgedruckt in Strype, Life and Acts, Bd. 3, Buch II, Appendix No. XXIX, 94.

5 Vgl. Patrick Collinson, The religion of Protestants. The Church in English Society 1559–1625, Oxford 1982, 27. Ralph Churton, The Life of Alexander Nowell, Oxford 1809, 92.

6 Vgl. zu Dering: Patrick Collinson, 'Dering, Edward (c.1540–1576)', Oxford Dictionary of National Biography, Oxford University Press 2004 [http://www.oxforddnb.com/view/article/7530, letzter Zugriff 14. Nov.

digt Anfang 1570 warf er Elisabeth persönlich vor, die Kirche von England im Stich zu lassen anstatt weitere Reformen durchzusetzen. Damit verspielte er einige Sympathien.[7] Bei den Zeitgenossen erfreute sich seine Predigt jedoch großen Erfolges. Sie wurde – womöglich auf Initiative der Puritaners John Field – gedruckt und erschien laut English Short Title Catalogue bis zum Ende von Elisabeths Regierungszeit in 17 Auflagen.[8]

Dering stellte in seiner Predigt die gegenwärtige Situation der Kirche als katastrophal dar.

> "So much disobedience both in Prince and Subiect, so little care of duty, so deep forgetfulness of God what does it else deserue but heauy iudgement?"[9]

Elisabeth an ihre Pflicht als christlicher Herrscher zu erinnern und das drohende Urteil Gottes zu beschwören, waren die Leitlinien der Predigt. Dabei machte Dering unmissverständlich klar, dass Elisabeths Verhalten Gottes Zorn und gerechtfertigte Bestrafung herausforderte.[10] Als Negativbeispiele nannte er – und hier ist der drohend-dringliche Unterton zu hören – die ermordeten Herrscher Cäsar und Agamemnon.[11] Eindrücklich warnte Dering Elisabeth, nicht als gefallene Königstochter zu enden:

> „If you have said sometime to yourself: Tanquam ovis, as a Sheepe appointed to be slain, take heede you heare not now of the prophet: Tanquam indomita Iuuenca, as an untamed and unruly Heiffer'.[12]

In deutlicher Drohung verband Dering hier zwei Stellen aus Jeremia 31 und Jeremia 50. Die Marginalie der gedruckten Fassung verweist auf die Heimkehr Israels in Jeremia 31, in der die abtrünnige Jungfrau Israel beschworen wird, endlich heimzukehren zum wahren Gott (Jer. 31, 21–22), und Ephraim es voller Scham bereut, sich ,wie ein ungezähmter Jungstier' verleitet haben zu lassen. Die andere im Text angedeutete Stelle ist

---

2006]; vgl. auch Ders., 'A Mirror of Elizabethan Puritanism. The Life and letters of 'Godly Master Dering', in: Ders., Godly people. Essays on English Protestantism and Puritanism, London 1983, 289–323.

7 Inwiefern Dering mit der Predigt seine Karriereaussichten schmälerte, ist in der Forschung umstritten. Entgegen Collinsons Auffassung, die Predigt habe Dering ins berufliche Aus geführt, gibt Usher zu bedenken, daß Dering bereits 1571 an der Präbende von Salisbury beteiligt wurde. Vgl. Collinson, ,A Mirror', 304–5; Brett Usher, William Cecil and Episcopacy, 1559–1577, Aldershot 2003, 120, Fn. 59.

8 Vgl. zu Fields Engagement Patrick Collinson, ,John Field and Elizabethan Puritanism' in Ders., Godly People. Essays on English Protestantism and Puritanism, London 1983, 335–370, hier 353.

9 Edward Dering, A sermo[n] preached before the Quenes Maiestie, By Maister Edward Dering, the. 25. day of February. Anno. 1569. Imprinted at London: By Iohn Awdely, [1569?] [44] Seiten; 8°, STC (2nd ed.) 6699.

10 Die Bestrafung oblag jedoch nur Gott direkt. Vgl. Dering, sermon, wie Anm. 9, Bl. F i b: "amend these horrible abuses, and the Lord is on your right hand, you shal not be remoued foreuer. Let these things alone, and God is a righteous God, he wil one day call you to your reckoning."

11 Dering, sermon, wie Anm. 9, Bl. C 1 a.

12 Dering, sermon, wie Anm. 9, Bl. B iii a.

kaum weniger schmeichelhaft und verweist auf die dummen Kälber, welche die baldige Zerstörung Babels nicht begreifen (Jer. 50, 11).

Damit ist die Stelle zum einen als kühne Aufforderung an Elisabeth zu verstehen, ihre Religionspolitik zu ändern. Andererseits deutet die Stelle aber auch die Rolle Derings an, denn die Stimme Gottes wird in seiner Wiedergabe gleichgesetzt mit der des Propheten. In der biblischen Passage ist es jedoch nicht der Prophet, der warnt, sondern Gott (Vgl. Jer. 31, 15–22). Ähnlich an späterer Stelle: um zu illustrieren, wie er Elisabeth die Missstände ihrer Kirche vor Augen führen wollte, wählte Dering ebenfalls den Vergleich mit Gott:

> „I should leade you along in the spirite as God did the Prophet Ezechiel."[13]

Statt das übliche Bild, dass Elisabeth als weltliche Herrscherin das Instrument Gottes sei, heraufzubeschwören, entsteht der Eindruck, die Prediger seien die eigentlichen Instrumente Gottes und müßten die Fürsten in seinem Sinne leiten. Dem Fürsten bleibt die fromme Demut als Kreatur Gottes, in der er besser auf den Rat des Geistlichen hört.[14] Genau das aber hatte Elisabeth aus Derings Sicht vernachlässigt und so rechtfertigte sich seine letzte, beißende Kritik an ihr:

> "And yet you in the meane while that all these whoredomes are committed, you at whose hands God will require it, you sit stil and are careles, and let men doe as they list"[15]

Dering stellte Elisabeth vor die Wahl: Entweder sie folgte dem Rat ihrer Prediger oder sie ließ sich nicht beirren und zog damit den Zorn Gottes auf sich und das Land.

Trotz dieser unverblümten Kritik durfte Dering die Predigt zu Ende halten und ihre Drucklegung wurde nicht verboten. Er selbst hielt an seiner Kritik fest und rechtfertigte sein Verhalten sogar später damit, wie Paulus vor dem König Agrippa gehandelt zu haben (Act. 26,1 ff.), also wie vor einem Heiden.[16] Auch diese Äußerung erschien, wenn auch posthum, im Druck. Der Vergleich mit Paulus wie zuvor der mit Jeremia zeugte nicht nur von Derings blühendem Selbstbewusstsein, sondern stellte auch die Kirchenreform Elisabeths nochmals ausdrücklich in Frage. Dass Elisabeth nicht intervenierte, etwa, indem sie die Drucklegung der Predigt untersagte, spiegelt das sich verändernde

---

13 Dering, sermon, wie Anm. 9, Bl. E iiii a.

14 Häufig formuliert Dering dies mit einem drohenden Unterton. So z.B. als er die Fürsten auf die unbedingte Beachtung der Gesetze Gottes hinweist: „And what godly Prince can now sleepe in securitie, if he haue no care vnto it? Especially seeing that God is the God of all Magistrates, and they are his creatures" Dering, sermon, wie Anm. 9, Bl. D i a.

15 Dering, sermon, wie Anm. 9, Bl. E iiii b.

16 Vgl. seine posthum erschienenen gesammelten Werke: Edward Dering, M. Derings workes. More at large then euer hath heere to-fore been printed in any one volume. At London: Printed by I. R[oberts] for Paule Linley, and Iohn Flasket, and are to bee solde in Paules Church-yard, at the signe of the Blacke-beare, 1597, [694] Seiten; 4°, STC (2nd ed.) 6677, Bl. * 2 b.

Machtgefüge wider, in dem die Theologen durchaus in der Lage waren, harsche Kritik zu äußern, ohne ihre Stellung oder gar ihr Leben zu riskieren.

Eine letzte direkte Kritik an Elisabeth übte einige Jahre später der Erzbischof von Canterbury, Edmund Grindal.[17] Grindal (c.1516–1583) hatte die Zeit Marias im Strassburger Exil verbracht, war dann noch 1559 zum Bischof von London, 1570 zum Erzbischof von York und schließlich 1575 zum Erzbischof von Canterbury berufen worden. In dieser Funktion hatte Elisabeth ihn angewiesen, für das Verbot der *Prophesyings* zu sorgen, jene Treffen des lokalen Klerus, bei denen Predigten und Auslegungen diskutiert wurden und welche insbesondere in den Midlands häufig den presbyterianisch gesinnten Protestanten eine Plattform boten. Grindal, dem wie den Presbyterianern viel an der gründlichen Ausbildung von Predigern gelegen war, welche er durch die Versammlungen gefördert sah, wollte aus diesem Grund die *Prophesyings* nicht verbieten und widersetzte sich der Königin. In einem sehr deutlichen Brief an Elisabeth begründete Grindal seine Weigerung:

> „And for my own part, because I am very well assured, both by reasons and arguments taken out of the holy Scriptures and by experience (the most certain seal of sure knowledge) that the said exercises for the interpretation and exposition of the Scriptures and for exhortation and comfort drawn out of the same are both profitable to increase knowledge among the ministers and tendeth to the edifying of the hearers: I am forced, with all humility, and yet plainly, to profess that I cannot with safe conscience and without the offence of the majesty of God give my assent to the suppressing of the said exercises; much less can I send out any injunction for the utter and universal subversion of the same.... Bear with me, I beseech you Madam, if I choose rather to offend your earthly Majesty, than to offend the heavenly majesty of God...".18

Bemerkenswert an Grindals Begründung ist die Berufung auf sein christliches Gewissen, welches ihm ein hohes Maß an persönlicher Autonomie garantierte. Die Konsequenzen aus Grindals Weigerung, dem königlichen Befehl nachzukommen, sind bekannt. Die Königin befahl unter Umgehung des Erzbischofs im Mai 1577 allen Bischöfen direkt die Auflösung der *Prophesyings*. Grindal selbst wurde suspendiert und unter Hausarrest gestellt, jedoch nicht seines Amtes enthoben. Einflussreiche Gönner Grindals hatten bei Elisabeth erwirkt, daß er sein Amt nicht verlor. Erst nach seinem Tod wurde das Amt des Erzbischofs von Canterbury 1583 durch John Whitgift wieder aktiv wahrgenommen.

---

17 Vgl. zu Grindal: Patrick Collinson, 'Grindal, Edmund (1516x20–1583)', Oxford Dictionary of National Biography, Oxford University Press, 2004; online edn, May 2005 [http://www.oxforddnb.com/view/article/11644, letzter Zugriff 14. Nov. 2006], Ders., Archbishop Grindal, 1519–1583. The Struggle for a Reformed Church, London 1979.

18 Etliche Manuskriptversionen existieren, so z.B. BL MS Lansdowne, 23, 12, Bl. 24a–29a, datiert auf den 20. Dezember 1576. An dieser Version orientiert sich der Abdruck in Collinson, Grindal, wie Anm. 17, 242, welcher hier wiedergegeben wurde. Vermutlich wurde der Brief jedoch bereits am 8. Dezember 1576 verfasst, vgl. Collinson, Grindal, wie Anm. 17, 341, Fn. 25.

Neben dieser direkten Kritik wurde Elisabeth auch mit Kritik konfrontiert, die subtiler geäußert wurde. Prominentestes Beispiel ist die theologische Disputatio in Oxford anlässlich der königlichen Visitation von 1566, also zu der Zeit, als die Adiaphora-Kontroverse um die rechten Messgewänder ihren Höhepunkt erreicht hatte. Als die Königin auf den für seine Aufmüpfigkeit bekannten Laurence Humphrey traf, der gemäß der Vorschriften des *Common Prayer Book* korrekt gekleidet war, scherzte sie noch: „me thinketh this gowne and habit becommeth you very well, and I marvayle that you are so streight laced in this poynt, but I come not nowe to chyde".[19] Doch für die theologische Disputatio zu Ehren Elisabeths war die Frage angesetzt: „An privato homini liceret arma sumere contra malum Principem?", ein Umstand, der einem politischen Schlag ins Gesicht gleichkam.[20] Pikanterweise verteidigte Laurence Humphrey gegen fünf Theologen die Auffassung, daß selbst schlechten Herrschern Gehorsam geschuldet sei. Den Theologen scheint bewusst gewesen zu sein, dass sie der elisabethanischen Gehorsamslehre nicht Genüge taten. Schließlich war die Verneinung eines privat motivierten, gewaltsamen Widerstandes nur das extreme Beispiel. Sie hatten wohlweislich nicht darüber disputiert, ob z.B. eine Gruppe von Untertanen sich in weniger gewalttätiger Form, etwa mit einer Absetzung des Königs oder in leidendem Ungehorsam, widersetzen durfte oder ob gar ein göttlich inspirierter Einzelner seine Tat rechtfertigen könne. Bischof John Jewel beschloß die Disputatio zwar mit ausdrücklichen Verweisen auf das Gehorsamsgebot nach Römer 13, 1 ff., doch der Königin schienen die gefährlichen Untertöne der Disputatio nicht entgangen zu sein. Vor dem Hintergrund der Adiaphora-Kontroverse, bei der sich Prediger geweigert hatten, den Anordnungen der elisabethanischen Autoritäten Folge zu leisten, musste die Erörterung der Widerstandsthematik wie eine ungeheuerliche Provokation wirken. Elisabeth reagierte prompt mit einer bemerkenswerten Rede, in der ihr unterdrückter Ärger kaum zu überhören ist, in der sie es aber auch sorgsam vermied, auf die Disputatio und ihre Hintergründe einzugehen.[21] Sie besuchte die Oxforder Universität erst wieder im Jahre 1592.

Neben der direkten Konfrontation der Königin entwickelten einige Theologen ihre Gedanken zu den Grenzen herrschaftlicher Machtfülle in Kontroverstraktaten. Hierbei handelt es sich um eine sehr heterogene Gruppierung. An der Diskussion mit dem konfessionellen Gegner beteiligten sich Bischöfe und Universitätsgelehrte aus England, aber auch englische Gelehrte, die sich ins kontinentale Exil zurückgezogen hatten. Hierbei kam es zu Wortwechseln, die zu langen Kontroversen ausufern konnten. Nicht

---

19 Bodleian Library, Oxford University, MS Twyne 17, 158.

20 Mehrere Quellen berichten über diese Disputatio. Vgl. Charles Plummer, Elizabethan Oxford. Reprint of rare tracts, Oxford 1887, 186–188, vgl. auch den Wiederabdruck einiger anderer MS in John Nichols, The Progresses and public processions of Queen Elizabeth, Vol. I, The Queen's Progress, 1566, 53–54; 78–79; 90–92; 98.

21 Vgl. Plummer, Elizabethan Oxford, wie Anm. 20, 188–189, für eine englische Übersetzung vgl. Leah S. Marcus / Janel Mueller / Mary Beth Rose, Elizabeth I. Collected Works, Chicago/London 2000, 89–91.

immer war das Widerstandsrecht zentrales Thema, jedoch zieht sich die zuweilen etwas verhaltene Diskussion darüber wie ein roter Faden durch nahezu alle Traktate.

Eine der bekanntesten Kontroversen ist der Wortwechsel zwischen dem Bischof von Salisbury, John Jewel (1522–1571), und seinem Kontrahenten, dem früheren Kaplan und Beichtvater Stephen Gardiners, Thomas Harding (1516–1572).[22] Beide hatten bis zum Beginn von Maria Tudors Regierungszeit einen sehr ähnlichen universitären Werdegang – der eine Rhetorik- der andere Hebräischdozent – und beide bekannten sich unter Eduard zum Protestantismus. Unter Maria floh Jewel nach Strassburg, während Harding seine protestantischen Überzeugungen widerrief und Präbend von Salisbury wurde, bevor er zu Beginn von Elisabeths Regierungszeit ins kontinentale Exil ging. Zu diesem Zeitpunkt war Jewel bereits neuer Bischof von Salisbury. Ausgangspunkt ihrer Kontroverse war Jewels Traktat *Apologia Ecclesiae Anglicanae,* welcher 1562 auf Latein und Englisch erschien.[23] Darin hatte Jewel im Auftrag Erzbischof Parkers und William Cecils die Grundsätze der elisabethanischen Kirche dargelegt sowie sie gegen den Vorwurf der Häresie verteidigt. Zur Gehorsamsfrage bemerkte er darin unvermittelt:

> "We truly grant no further liberty to our magistrates than that we know hath both been given them by the word of God and also confirmed by the examples of the very best governed commonwealths."[24]

Diese erhebliche Einschränkung der Gehorsamsdoktrin ist vermutlich auf Jewels biographischen Hintergrund zurückzuführen. Zur Zeit seines Exils in Frankfurt war er mit protestantischem Widerstandsdenken in Berührung gekommen. Zudem mag er dort wohl kaum das England Marias als eines der „very best governed commonwealths"

---

22 Zu John Jewel vgl. John Craig, 'Jewel, John (1522–1571)', Oxford Dictionary of National Biography, Oxford University Press, 2004 [http://www.oxforddnb.com/view/article/14810, letzter Zugriff 14. Nov. 2006], W. M. Southgate, John Jewel and the Problem of Doctrinal Authority, Cambridge (Mass.) 1962. Vgl. zu Harding: Lucy E. C. Wooding, 'Harding, Thomas (1516–1572)', Oxford Dictionary of National Biography, Oxford University Press 2004 [http://www.oxforddnb.com/view/article/12264, letzter Zugriff 14. Nov. 2006], H. de Vocht, 'Thomas Harding' EHR 35, 1920, 233–244.

23 John Jewel, Apologia ecclesiæ anglicanæ. Londini : [Apud Reginaldum vvolfium], anno Domini M. D. LXII. [1562] [126] Seiten, 8°, STC (2nd ed.) 14581. Die erste anonyme englische Übersetzung erschien im gleichen Jahr: An apologie, or aunswer in defence of the Church of England, conceringe the state of religion vsed in the same. Newly set forth in Latine, and nowe translated into Englishe. Londini : [Printed by Reginald Wolf], anno Domini M.D.LXII. [1562] 70 Blätter, 4°, STC (2nd ed.) 14590. Die von Parker autorisierte Übersetzung durch Lady Anne Bacon erschien 1564: John Jewel, An apologie or answere in defence of the Churche of Englande, with a briefe and plaine declaration of the true religion professed and vsed in the same. Londini : [Printed by Reginald Wolfe], Anno Domini M.D.LXIIII. [1564] [139] Blätter, 8°, STC (2nd ed.) 14591. Auf dieser Übersetzung basiert die edierte Ausgabe von John E. Booty, An Apology of the Church of England, Ithaca (New York) 1963, welche im folgenden benutzt wurde. Vgl. zur Entstehungsgeschichte der Apologia John E. Booty, John Jewel as Apologist of the Church of England, London 1963, 36–57.

24 Jewel, Apology, wie Anm. 24, 115.

wahrgenommen haben. Harding entging diese Passage nicht. Er weidete sich genüsslich an diesem Beweis protestantischen Rebellentums, allerdings nicht ohne seine, nicht minder radikale Einschränkung der Gehorsamsdoktrin zu erläutern:

> „Now the kinges an Emperours, who haue their first auctoritie by the positiue lawe of nations, not by supernaturall grace from God as priestes haue: who can haue no more power then the people hath, of whom they take their temporall iurisdiction: who euer haue ben obedient to the priestes and Bishops, whom God hath set ouer his church, whereof Christen princes are a part:[...], shall we saye, that such kings and Emperours haue auctoritie to rule the church, whose sonnes they are?"[25]

Harding verneinte hier vehement die gängige Vorstellung, dass weltliche Herrscher kraft Gottes Legitimation regierten. Stattdessen ordnete er die Priester und Bischöfe den weltlichen Herrscher über. Die Könige als Diener nicht bloß des Papstes, sondern aller Bischöfe und Priester – dies war ein radikaler Schritt. Jewel konterte sofort mit den gängigen biblischen Passagen [Prov. 8,15; Röm 13, 1 ff.], die belegen sollten, dass Könige ihre Autorität direkt von Gott erhielten.[26] Seine eigene Gehorsamsauffassung blieb jedoch auch in dieser Schrift eingeschränkt, wie sein Kommentar zu den Geschehnisse in Schottland – freilich vor der Absetzung Maria Stuarts – zeigt:

> „The Subiecte is bounde to obey his Prince: how be it not in al thinges without exception: but so far as Goddes glorie is not touched. [...] To conclude, the Quéene of Scotlande is stil in quiet possession of her estate: and is obeied of her Subiectes, so far as is convenient for godly people to obeye their Prince."[27]

Als er von Harding in dessen Folgewerk daraufhin angesprochen wurde und er die gewaltsame Absetzung Marias nicht mehr leugnen konnte, wich Jewel auf eine Begründung aus dem klassischen Notwehrrecht aus.

> „In déede the Nobles, and Commones of Scotlande were in the fielde: wée denie it not. So was Dauid in the fielde against Kinge Saul. They stoode in armoure, not to inuade, or attempte force against their Prince, but onely to defende them selues, as by waie of retiere."[28]

---

25 Thomas Harding, A confutation of a booke intituled An apologie of the Church of England, by Thomas Harding Doctor of Diuinitie. Imprinted at Antwerpe : By Ihon Laet, with priuilege, 1565. [12], 351, [9] Blätter, 4°, STC (2nd ed.) 12762, hier Bl. 318b–319a. Vgl. für seine direkte Reaktion auf Jewels Einschränkung der Gehorsamsdoktrin ebd., Bl. 189b–190a.
26 Vgl. John Jewel, A defence of the Apologie of the Churche of Englande, conteininge an answeare to a certaine booke lately set foorthe by M. Hardinge, and entituled, A confutation of &c. By Iohn Iewel Bishop of Sarisburie. Imprinted at London : in Fleetestreate, at the signe of the Elephante, by Henry VVykes, anno 1567. 27. Octobris. [24], 742, [18] Seiten, 2°, STC (2nd ed.), 14600.5, hier 696.
27 Jewel, Defence (1567), wie Anm. 26, 16–17.
28 John Jewel, A defense of the Apologie of the Churche of Englande. Conteininge an answeare to a certaine booke lately set foorthe by M. Hardinge, and entituled, A confutation of &c. Whereunto there is also newly added an answeare vnto an other like booke, written by the saide M. Hardinge, entituled, A detection of sundrie foule errours &c. Printed at Louaine, Anno. 1568. and inserted into the foremer answeare, as oc-

Harding selbst war in seinem letzten Werk der Kontroverse vorsichtiger geworden. So sehr er Jewel vorwarf, aufrührerisches Gedankengut zu verbreiten, so verhalten plädierte er für eine eigene Begrenzung des Gehorsams.

> „But we openly protest before God, and the worlde, that we condemne, and defie al such attemptes. I meane, that any Subiecte, or Subiectes what so euer, of their owne priuate authoritie, should take Armes against their Prince for matters of Religion."[29]

Eingekleidet in die Ablehnung des extremen Falls von Widerstand, nämlich, daß ein Einzelner gegen seinen Fürsten aus religiösen Gründen Gewalt anwendet, ist dennoch die Bedingtheit von Hardings Bekenntnis zur Gehorsamslehre zu erkennen. Die Möglichkeit, daß eine übergeordnete Autorität, wie sie bei den Katholiken durch den Papst gegeben wäre, die Auflehnung gegen den Fürsten befehlen würde, ließ Harding bewusst offen.

Der zweite hier analysierte Wortwechsel ist im Tonfall bereits ein ganz anderer. In den 1570er Jahren antwortete John Bridges auf das monumentale Werk des Löwener Theologen Nicholas Sander. Deutlich ist zu spüren, daß Bridges und Sander nicht wie Harding und Jewel einen ähnlichen Werdegang hatten. John Bridges (1535/6–1618) hatte nach seinem 1563 in Cambridge erworbenen ersten theologischem Abschluß zunächst nur kleinere Kirchenämter inne, die er vor allem durch die Protektion des Bischofs von Winchester, Robert Horne, erhalten hatte. Auch genoß er die Patronage des zweiten Grafen von Bedford, Francis Russell. Dennoch stieg er auch nach seinem Doktorgrad 1575 nur sehr langsam in der elisabethanischen Kirche auf und profilierte sich erst in den 1580er Jahren gegen die Jesuiten um Campion und später gegen die Puritaner. 1604 erhielt er den Oxforder Bischofssitz.[30]

Nicholas Sander (1530–c.1581) war bis zu Elisabeths Regierungsantritt Dozent für kanonisches Recht und Hebräisch in Oxford gewesen.[31] Als überzeugter Katholik verließ er bereits Anfang 1559 England, um nach Rom zu gehen. Als Assistent von Kardi-

---

casion, and place required, as by special notes added to the margine it maie appeare. By Iohn Iewel Bishop of Sarisburie. Imprinted at London: In Fleetestreate, at the signe of the Elephante, by Henry VVykes, Anno 1570. 16. Iunij. [44], 532, 535–801, [9] Seiten; 2°, STC (2nd ed.) 14601, hier 20.

29 Thomas Harding, A detection of sundrie foule errours, lies, sclaunders, corruptions, and other false dealinges, touching doctrine, and other matters, vttered and practized by M.Iewel, in a booke lately by him set foorth entituled, a defence of the apologie. &c. By Thomas Harding doctor of diuinitie. Lovanii: Apud Ioannem Foulerum, Anno 1568. [24], 417, [7] Blätter, 4°, STC (2nd ed.) 12763, hier 87a.

30 Für seine Biographie vgl. C. S. Knighton, 'Bridges, John (1535/6–1618)', Oxford Dictionary of National Biography, Oxford University Press, 2004 [http://www.oxforddnb.com/view/article/3394, letzter Zugriff 14. Nov. 2006]; J.A. Venn, Alumni Cantabrigienses, Cambridge 1922, 215.

31 Vgl. für die folgenden biographischen Angaben T. F. Mayer, 'Sander, Nicholas (c.1530–1581)', Oxford Dictionary of National Biography, Oxford University Press, 2004 [http://www.oxforddnb.com/view/article/24621, letzter Zugriff 14. Nov. 2006]; Thomas McNevin Veech, Dr Nicholas Sanders and the English Reformation, 1530–1581, Louvain 1935; J.H. Pollen, 'On Dr. Nicholas Sander, 16th Century Controversialist', in: EHR, Vol. 6, No. 21, Januar 1891, 36–47.

nal Hosius nahm er am Konzil von Trient teil. 1565 zum Professor für Theologie nach Löwen berufen, publizierte er zunächst einige theologische Traktate zu konfessionellen Streitfragen für den englischen Markt.[32] Für Bridges war hingegen die Antwort auf Sander sein erstes Kontroverstraktat, auf das Sander im übrigen nicht antwortete.

Sander hatte seine *Monarchia Ecclesiae Anglicanae* zunächst als Gegenwerk zu den Magdeburger Zenturien konzipiert.[33] Sein Werk war in acht Bücher unterteilt, von denen das zweite Buch ein Widerstandsrecht theoretisch herleitete, das siebte Buch diese theoretische Herleitung am Beispiel der Rebellion von 1569 auf das elisabethanische England übertrug. Sanders theoretische Herleitung fußte in erster Linie auf der Absetzungsgewalt des Papstes. Ein Teil seiner Herleitung basierte auf der biblischen Geschichte der Konfrontation des Propheten Elia mit dem König Ahasja (II Reg. 1, 1–17).

Elia hatte sich einem Gebot des Königs widersetzt und zum Zeichen seiner Gottesnähe Feuer vom Himmel herab auf dessen Soldaten kommen lassen, als diese gegen ihn ins Feld gezogen waren. Die Geschichte von Elias Ungehorsam gegen den König Ahasja nahm Sander als Ausgangspunkt für eine weitreichende These:

> "non video quin is, qui ignem euocavit de coelo, qui imperio ipsius satisfaceret, multò magis potuerit magistratui gladium portanti dixisse, vt eum gladium pro se contra quemcunque regem exereret, ac stringeret."[34]

Übersetzt in die politische Wirklichkeit der Zeit bedeutete diese Textpassage, dass ein Prophet (der Papst), niedere Magistrate (z.B. andere Fürsten oder Adlige) damit beauftragen konnte, einen Herrscher abzusetzen, bzw., bei einem wörtlichen Verständnis von „gladius", sogar zu töten.[35]

---

32 Von diesen frühen Schriften sind vor allem die beiden 1567 erschienenen Traktate „A treatise of the Images of Christ" und „The rocke of the Churche" interessant, weil sie seine spätere Haltung gegenüber der elisabethanischen Kirche bereits andeuten. In dem ersten Traktat polemisiert Sanders gegen jegliche Teilnahme an häretischen Gottesdiensten, der zweite Traktat enthält bereits seine spätere Widerstandstheorie in Grundzügen. Vgl. Nicholas Sander, A treatise of the images of Christ, and his saints: and that it is vnlaufull to breake them, and lauful to honour them. With a confutation of such false doctrines as M. Iewel hath vttered in his Replie, concerning that matter. Made by Nicolas Sander, Doctour of Diuinitie. Louanii : Apud Ioannem Foulerum, 1567; [64], 181 [i.e. 192], [4] Blätter, 8°, STC (2nd ed.) 21696; Nicholas Sander, The rocke of the Churche wherein the primacy of S. Peter and of his successours the Bishops of Rome is proued out of Gods worde. By Nicholas Sander D. of diuinity. Lovanii : Apud Ioannem Foulerum, Anno D. 1567. [68], 566, [6] Seiten, 8°, STC (2nd ed.) 21692.

33 Der genaue Titel lautete: De Visibili Monarchia Ecclesiæ, Libri Octo. In quibus diligens instituitur disputatio de certa et perpetua Ecclesiæ Dei tùm Successione, tùm Gubernatione Monarchica ab ipso mundi initio vsque ad finem. Deinde etiam Ciuitatis Diaboli persæpè interrupta progressio proponitur ... Denique de Antichristo ipso et membris eius ... tractatur ... Auctore Nicolao Sandero, Sacræ Theologiæ Professore, Louvain: John Fowler, Reyner Velpius, 1571.

34 Sander, Monarchia, wie Anm. 34, 87.

35 Die angrenzenden Textpassagen sprechen für solcherart prophetisch befohlenen Tyrannenmord. Sanders Sprache spitzt sich sehr stark zu. Unmittelbar vor der hier zitierten Textpassage fragt er suggestiv, ob es

Auch wenn Sander anerkannte, dass die Kirche an sich nicht befugt war, in das weltliche Regiment einzugreifen, so stellte doch ein christlicher Herrscher durch seinen Anspruch auf Christlichkeit einen Sonderfall dar, der die Grenzen zwischen weltlicher und geistlicher Sphäre aufbrach und die Geistlichkeit in bestimmten Fällen zum Eingreifen verpflichtete:

> „Si ergo tale regnum, quod Christo dicatum est, ita gubernari videmus, vt Rex per abusum gladij, quae portat, ciues Christianos in peccata grauissima, imò in schisma & hæresim abducat, si Christum non nisi creaturam esse dicit, si diuortia passim permittit, vsurasque esse licitas affirmet: nunquid nefarium | erit, hunc Regem *post unam et alteram correptionem*, primùm a communione fidelium remouere, deinde si adhuc sese non emendet, eundem per aliorum Principum operam a sui regni gubernaculis prorsus repellere?"[36]

Diese theoretischen Herleitungen wurden im siebten Buch untermauert, in welchem Sander den Aufstand von 1569 lobend hervor hub und die Aufständischen als Märtyrer feierte. Schließlich hätten sie England von der Usurpatorin Elisabeth – in seinen Augen war Elisabeth illegitim – befreien wollen.[37]

---

denn eine Sünde gewesen wäre, ein niederer Magistrat hätte mit seinem Schwert („gladius") die Untertanen Ahasjas direkt getötet. Das Schwert bekommt schon eine konkrete physische Bedeutung. In der zitierten Passage selbst konkretisiert sich die physische Gewalt dramatisch, in dem der Magistrat bildlich das Schwert aus der Scheide ziehen und gegen den König richten könnte. Die für den König lebensbedrohliche Situation wird ausgemalt und verweist den Leser wohl kaum auf die abstrakte Gewalt eines Magistrats, der den König z.B. nur zur Abdankung zwingen möchte. Auch das sich an diese Passagen anschließende Beispiel von Athalja und Jojada rechtfertigt einen Königsmord, bei dem der Hohepriester – besonders passend – einem Soldatenheer befiehlt, Athalja zu töten. Vgl. Sander, Monarchia, wie Anm. 33, 87. Sander vermeidet hier jeden konkreten Bezug zu England, der sich jedoch überdeutlich anbietet. Athalja wird in Sanders Worten nicht als Königin bezeichnet, wohl aber der versteckte Sohn als König. In Hinblick auf die in Buch 7 folgenden Ausführungen zu Elisabeths Illegitimität und der Legitimität Maria Stuarts ein konkret übertragbares Beispiel.

36 Sander, Monarchia, wie Anm. 34, 84–85. Er verneint diese Frage natürlich.

37 Vgl. Sander, Monarchia, wie Anm. 34, bes. 686–688, 688–712, 730–738. Das Werk lief auch der offenbar bereits um 1570/71 angestrebten Neutralität des spanischen Königs derart entgegen, daß der Drucker, John Fowler, Schwierigkeiten hatte, eine Erlaubnis zum Druck des siebten der acht Bücher innerhalb der königlichen Herrschaftsgebiete zu erhalten. Einem Bericht Thomas Wilsons, des damaligen Botschafters in den spanischen Niederlanden, an Burghley vom 13. März 1575 zufolge druckte Fowler daher die sieben zensierten Bücher in Louvain, das siebte Buch jedoch separat in Köln. Angeblich erschien es trotzdem: „Gratia et Privilegio." Vgl. Titelseite. Vgl. Wilson an Burghley, in: Kervyn de Lettenhove (Hg.), Relations Politiques de Pays-Bas et de l'Angleterre, sous le regne de Philippe II, 11 Bd., Brüssel 1882–1900, Band vii, Brüssel 1888, 469–471, bes. 470. Vgl. auch Christian Coppens, Reading in Exile: The Libraries of John Ramridge (d.1568), Thomas Harding (d.1572) and Henry Joliffe (d.1573), Recusants in Louvain, Cambridge 1993, 10–11, der darauf hinweist, dass die einzelnen Bücher dennoch keine typographischen Unterschiede aufweisen. Das gewählte Motto stammt aus „Psalmo 118 [119]: Ne auferas de ore meo verbum veritatis vsquequæque: quia in iudicijs tuis supersperaui." Auch darin deutet sich bereits eine deutliche Distanz zum weltlichen Herrscher an.

Der Kreis um Elisabeth erachtete es als notwendig, selbst für eine Widerlegung des wirklichkeitsnahen siebten Buches zu sorgen. William Cecil und Matthew Parker beauftragten zwei Juristen, offenkundig in der Annahme, daß den politisch besonders prekären Passagen über die vermeintliche Illegitimität Elisabeths nur mit juristischer Argumentation beizukommen sei.[38]

Im Gegensatz zu diesen beiden Antwortschriften auf Sanders Werk war Bridges' Traktat keine Auftragsarbeit. Sein Traktat konkurrierte auch nicht mit den beiden juristischen Arbeiten, da er sich ganz auf die Widerlegung des theoretischen zweiten Buches konzentrierte, deren Passagen er nach Vorbild der Kontroversen aus den 1560er Jahren Wort für Wort kommentierte. Gleich zu Beginn äußerte Bridges ein gesundes theologisches Selbstbewusstsein, indem er bemerkte, dass Werken wie Sanders *Monarchia* nur mit theologischer Argumentation begegnet werden könne.[39]

Es ist davon auszugehen, dass Bridges eine Art Common Sense seiner Zunft wiedergeben wollte statt sich radikal hervorzutun. Die spärlichen Informationen über seinen Lebenslauf legen nahe, daß Bridges eher ein konfliktscheuer Zeitgenosse war. So verzichtete er z.B. zu Beginn der Regierungszeit Elisabeths auf die Veröffentlichung seiner Übersetzungen von Machiavelli, nachdem er gehört hatte, wie dieser in einer Predigt in Paul's Cross verteufelt worden war. Seine Ansichten zum Verhältnis von Klerus und weltlicher Macht sind also vermutlich nicht als die eines Einzelgängers zu verstehen, sondern Ausdruck eines sich in den und durch die Kontroversen manifestierenden neuen Selbstverständnisses.

Suprematie in Kirchendingen verstand Bridges als ein Delegationsamt, welches nicht die Superiorität der Prediger über einen weltlichen Herrscher in der Auslegung des Gotteswortes tangierte. Bridges verlangte ausdrücklich, daß sich der Herrscher den ,wahren' Geistlichen in ihrer Kenntnis des Gotteswortes und der Sakramente unterordnen muß, zumindest, solange diese die Wahrheit des Gotteswortes predigen:

---

38 Die Antwortschriften wurden auf Latein verfasst: Vgl. George Acworth, De visibili Rom'anarchia contra Nich. Sanderi Monarchiam prolegomenōn libri duo. Londini : Apud Iohannem Dayum typographum, An. 1573. [6], 215, [1] Seiten, 4°, STC (2nd ed.) 99; Bartholomew Clerke, Fidelis servi, subdito infideli responsio, unà cum errorum & calumniarum quarundam examine quæ continentur in septimo libro de visibili Ecclesiæ monarchia a Nicholao Sandero conscripta. Londini: Apud Iohannem Dayum typographum, An. 1573. [154] Seiten, 4°, STC (2nd ed.) 5407.

39 Aus der Bibel abgeleitete Argumente seien das beste Heilmittel und „sharper to wounde the aduersaries heart than any tvvo edged sword." John Bridges, The supremacie of Christian princes, ouer all persons throughout their dominions, in all causes so wel ecclesiastical as temporall, both against the Counterblast of Thomas Stapleton, replying on the Reuerend father in Christe, Robert Bishop of VVinchester: and also against Nicolas Sanders his Visible monarchie of the Romaine Church, touching this controuersie of the princes supremacie. Ansvvered by Iohn Bridges. Printed at London : by Henrie Bynneman, for Humfrey Toye, 1573. [16], 788 Seiten; 4°, STC (2nd ed.) 3737, Bl. iii a.

"... the true ministers of Christ, [...] the Prince ought to obey them in their ministerie, euen as dispensers of Christ and as representers of Christ also."[40]

Der Geistlichkeit oblag es, den Fürsten immer wieder auf den rechten Weg zu bringen. Sie müssen darüber wachen, ob der Herrscher der wahren Botschaft Gottes folgt. Wie Bridges dieses Wächteramt verstand, lässt sich an einer Anmerkung zur Heiratspolitik erahnen. Für angemessen hielt er es z.B. – und hier versteckt Bridges seine eigene kleine Spitze gegen die Königin –, wenn die Theologen einen christlichen Fürsten ermahnten, sich nicht auf eine Heirat oder ein Bündnis mit ungläubigen Fürsten einzulassen.[41]

Inwieweit oder in welcher Form die Geistlichkeit eingreifen soll, falls ein Herrscher nicht auf seine Pfarrer hört, klärt Bridges nicht. Er verneint lediglich eine Absetzungsgewalt nach päpstlichem Anspruch.[42] Wohl aber verweist er auf die Grenzen fürstlicher Herrschaft. In einer deutlich säkular geprägten Einschränkung erläuterte er die Macht des weltlichen Herrschers.

„No bodie Master Saunders, giueth Princes authoritie to do what they will. The authoritie that is giuen them, is onely to doe good. Their will must not be what they will, but what lawe will."[43]

Auf den ersten Blick scheint Bridges hier rein juristisch zu argumentieren. Allerdings basierte für den zeitgenössischen Leser sowohl das Recht als auch die Autorität des Fürsten natürlich letztendlich auf dem göttlichen Recht. Bridges verband also in gewisser Weise juristische und theologische Argumentationsmuster. Darin überschritt er deutlich die Grenze rein theologischer Gelehrsamkeit.

Viel stärker noch als bei Bridges ist eine Verbindung der theologischen und juristischen Wissensbestände in den Parlamentsdebatten von 1572 über Maria Stuart zu beobachten.[44] Sie sollen hier als Verbindungselement von direkter Konfrontation der Autoren mit der Königin und der theoretischen Erörterung eines Widerstandsrechts be-

---

40 Bridges, Supremacie, wie Anm. 40, 903.

41 Vgl. Bridges, Supremacie, wie Anm. 40, 1067.

42 Priester und Bischöfe dürften dem Fürsten aber auf keinen Fall mit dem weltlichen Schwert drohen, sondern könnten ihn lediglich zurechtweisen, zur Reue bewegen oder, im schlimmsten Fall, exkommunizieren. Vgl. Bridges, Supremacie, wie Anm. 40, 920, 930, 932, 998, 1006. Deutlichste Stelle zur Exkommunikation, ebd., 1095. Vgl. auch Bridges, Supremacie, wie Anm. 39, 1034, dort verweist er auf Möglichkeiten der Absetzung eines schlechten Herrschers in Wahlkönigtümern, jedoch auch dort mit einem deutlichen Verweis, daß Bischöfe und Priester an einer solchen nicht beteiligt sein können. Ähnlichen Rekurs auf das Ausland nimmt Bridges auf S. 911: Ein Untertan müsse die Absetzung eines schlechten Fürsten Gott überlassen, jedenfalls hier in England.

43 Bridges, Supremacie, wie Anm. 40, 953 [d.h. 955], ähnlich auch ebd., 806.

44 Über die Parlamentsdebatten von 1572 ist verschiedentlich gearbeitet worden. Vgl. Gerald Bowler, '"An Axe or an Acte": The Parliament of 1572 and resistance theory in Early Elizabethan England' in: Canadian Journal of History 19, 1984, 349–359; Patrick Collinson, 'The Elizabethan Exclusion Crisis' in: Proceedings of the British Academy 84, 1993, 84–85, Anne N. McLaren, Political culture in the reign of Elizabeth I : queen and commonwealth 1558–1585, Cambridge / New York 1999, 173–189.

trachtet werden. Gegen Maria wurden Argumentationen theologischer oder juristischer Art vorgebracht. In der Diskussionsvorlage der Bischöfe, einem Papier, das einen Gesetzesvorschlag diskutierte und das der Königin zur Lektüre vorgelegt werden sollte, wurde zunächst die Idolatrie Marias [nach Dtn. 13, 2–6] als mögliche Grundlage einer Hinrichtung genannt.

> „Here you may perceave that God willeth his magestrates not to spare either brother or sister or sonne or daughter or wife or freinde be he never soe nigh if he seeke to seduce the people of God from his true worshippe; much lesse is an ennemye and traitor to be spared..."[45]

Eindrücklich appellierten die Bischöfe auch mit anderen alttestamentarischen Beispielen an Elisabeth und ihre Pflicht, Mächtige, die gegen das Gotteswort regierten, zu bestrafen. Ein Verstoß gegen das Gotteswort sollte ohne Ansehen und Status der Person [nach Lev. 19,15; Prov. 18,5; Sir. 7, 6] geahndet werden. Anderenfalls drohe Gottes Zorn dem Herrscher unmittelbar, wie am Beispiel Sauls und Agags [I Sam. 15,11] deutlich zu erkennen sei:

> „Because Saule spared Agag although he were a kinge, God tooke from the same Saule his good sperite and transferred the kingdom of Israell from him and from his heires for evere."[46]

Das Interessante an diesem Beispiel und den anderen Verweisen ist, dass die Vorlage direkt an die Königin gerichtet war. Die theoretische Erörterung diente also der politischen Unterrichtung der Königin und erfuhr hierdurch erst ihre Brisanz. Vor dem Hintergrund, dass Elisabeth die Vorlage las, wirken die Beispiele wie eine Drohkulisse, mit der Druck auf sie ausgeübt werden sollte. Dabei befürworteten die Bischöfe in ihrer Empfehlung, Maria hinzurichten, nicht nur ein Widerstandsrecht, sondern begaben sich in ihrer Kritik und Anweisung der zu milden Königin Elisabeth auch in kritische Distanz zur Macht. Indirekt gaben sie der Monarchin sogar zu verstehen, dass die Argumentation des Widerstandsrechts auch sie treffen könnte, wenn sie ihrer Aufgabe, gerecht zu herrschen und zu strafen, nicht nachkäme.

Bemerkenswert ist auch, daß die theologische Argumentation der Bischöfe in den Debatten des Unterhauses weiter wirkte. Beispiele für biblisch legitimierte Tötungen von Königen wurden in den Debatten über die genaue Formulierung des Gesetzesentwurfs dort häufig angeführt. Sie blieben also nicht allein der bischöflichen Argumentation vorbehalten, sondern wurden in die ansonsten juristisch dominierte Argumentation der Parlamentarier eingebunden.[47] Thomas Norton bemerkte z.B. dunkel: Für den Fall, dass man Maria überhaupt als eine Königin ansehen wolle...

---

45 Thomas E. Hartley, Proceedings in the Parliaments of Elizabeth I, Volume I: 1558–1581, Wilmington 1981, 276.

46 Hartley, Proceedings, wie Anm. 46, 275.

47 Am ausführlichsten bediente sich Thomas Norton der auf biblischen Beispielen aufbauenden Argumentation, vgl. Hartley, Proceedings, wie Anm. 46, Abdruck von Thomas Cromwell's Journal, 408. Vgl. aber auch die Beiträge von Robert Snagge, ebd., Abruck eines anonymen Journals, 324–325 und Mr. French sowie von

"The examples of the Olde Testament be not fewe for the puttinge of wicked kinges to death."[48]

Das theologische Wissen, welches zumindest teilweise von den Bischöfen in ihrer Vorlage verbreitet worden war, wurde hier konkret nutzbar gemacht. Elisabeth selbst ließ über einen Sprecher verbreiten, dass sie die Debatte über Maria Stuart auf einen späteren Zeitpunkt verschieben wolle, was die Parlamentarier wohl gerechtfertigter Weise dahingehend interpretierten, dass ihre Vorlage in dieser Schärfe gegen Maria Stuart nicht die Zustimmung der Königin finden würde.[49] Als sie sich daraufhin auf einen weniger harten Entwurf einigten, der Maria lediglich von der Thronfolge ausschloß, lehnte Elisabeth auch diesen am Ende der Sitzungsperiode schlicht ab.

Die elisabethanischen Theologen gerieten auf verschiedene Art und Weise in eine kritische Distanz zur Macht. Allerdings scheint diese Distanz nicht immer gewollt gewesen zu sein. Wenn z.B. Nowell nach der Unterbrechung seiner Predigt, in der er das Kreuz in der königlichen Kapelle als Form der Idolatrie gebrandmarkt hatte, so dringend der Tröstung durch Erzbischof Parker bedurfte, scheinen ihm die Folgen seiner Äußerungen im Vorfeld nicht ganz klar gewesen zu sein. Sein christliches Gewissen sowie sein theologisches Wissen verpflichteten ihn, jedoch war er sich der Tragweite seiner Äußerung offenbar nicht bewusst. Dagegen erkannte Dering aller Wahrscheinlichkeit nach das Ausmaß seiner Kritik. Zu kühn waren seine Anschuldigungen. Allerdings war ihm eine Breitenwirkung seiner Worte unwichtig. Er predigte allein vor der Königin und ihrem Gefolge in ihrer Kapelle, die Veröffentlichung der Predigt war das Verdienst des Puritaners John Field. Auch Grindal wollte mit seiner schriftlich begründeten Weigerung, die *Prophesyings* zu verbieten, keine Breitenwirkung erzielen. Auch ihn motivierte sein Gewissen, sich gegen den Souverän zu stellen. Vor dem Hintergrund dieser ernsten Äußerungen wirkt die Oxforder Disputatio hingegen in ihrer Dreistigkeit fast wie ein Spiel, eine beinah mutwillige Herausforderung der königlichen Macht. Hier wurde Wissen funktionalisiert und entwickelt zu einer Demonstration theologischen Selbstbewusstseins. Doch auch hier ist keine gesellschaftliche Wirksamkeit angestrebt. Vielmehr scheint es den Theologen darum gegangen zu sein, ihr eigenes Verhältnis zur politischen Macht vor dem Hintergrund der Adiaphora-Kontroverse neu zu definieren.

Bei den Kontroversen scheinen zwei mögliche Kriterien für die Bestimmung eines ‚Intellektuellen': Distanz zur Macht bzw. angestrebte gesellschaftliche Wirksamkeit, sich zumindest partiell zu vereinen, so dass wir uns dem elisabethanischen ‚Intellektuellen' und seinem französischen Vorbild, dem ersten modernen Intellektuellen Emile Zola, zumindest annähern. Die Publikation der theologischen Traktate in englischer Sprache und handlichen Formaten zeigt, dass ein breites Publikum unterrichtet werden soll-

---

Peter Wentworth, ebd., Thomas Cromwell's Journal, 356–357. French übernahm das von den Bischöfen verwandte Beispiel von Saul und Agag.

48 Hartley, Proceedings, wie Anm. 45, 335.

49 Vgl. Hartley, Proceedings, wie Anm. 45, 381–382.

te. Doch waren die Passagen zum Widerstandsrecht kaum je Hauptanliegen der Schriften, vielmehr wurden die entsprechenden Äußerungen fast mit einer gewissen Beiläufigkeit vermerkt. Hier ist zu fragen, was die zugrunde liegende Motivation für die Äußerungen gewesen ist. Wollten die Theologen meinungsbildend wirken und sich in bewusste Distanz zur Macht stellen? Für den Theologen Nicholas Sander kann diese Frage wohl bejaht werden, doch wie praktisch und konkret verstanden die anderen Theologen ihre theoretische Begrenzung fürstlicher Macht? Harding, der sein erstes Werk noch mit einer Widmung an Elisabeth versehen hatte, verzichtete im folgenden darauf und machte so deutlich, daß er ein Bewusstsein für die politische Bedeutung seiner Äußerungen entwickelt hatte. Jewel hingegen zeigte wohl das deutlichste Maß an Autonomie. Obwohl die *Apologia* als Auftragswerk entstand, verwies er den weltlichen Herrscher in seine Schranken. Allerdings ist nicht zu erkennen, dass er meinungsbildend wirken wollte. Vielmehr schien er für seine Generation, die von der Erfahrung des Exils geprägt war, Selbstverständliches zu äußern. Ebenso wenig schien Bridges sich besonders hervortun zu wollen. Bei seiner Argumentation fällt allerdings ein erstarktes theologisches Selbstbewusstsein auf, das es ihm ermöglichte, sich auch zu politisch-juristischen Sachverhalten zu äußern. Beide Gelehrte stellten sich mit ihren Äußerungen in eine kritische Distanz zur Macht und überschritten dabei die Grenzen des reinen Gelehrtentums, ohne sich außerhalb der Patronats- und Machthierarchien zu begeben. Ihre Einschränkungen des Gehorsamsgebots resultierten keineswegs aus einem Bruch mit der politischen Macht, sondern waren Ausdruck ihres Selbstverständnisses. Ein Selbstverständnis, welches, so eine These, aus der ständigen Auseinandersetzung mit dem konfessionellen Gegner in den langen Kontroversen heraus entstanden war. Die Kontroversen selbst und der Rahmen, den sie der beständigen Kommunikation mit dem konfessionellen Gegner boten, könnten wiederum als eine Vorform von ‚Öffentlichkeit' aufgefasst werden, jener Sphäre also, in der der moderne Intellektuelle wirkte.

Dennoch - eine gesellschaftliche Wirksamkeit der theologisch verankerten Argumentationen zu einem Widerstandsrecht wurde ausdrücklich nur in den Parlamentsdebatten von 1572 angestrebt. Die Parlamentarier verstanden sich als Repräsentanten des Volkes. Hier kommt man einem elisabethanischen Intellektuellen, d.h. jemandem, der in kritischer und bewusster Distanz zur Macht ein hohes Maß an persönlicher Autonomie zeigt, der mit seiner Argumentation die Grenzen bloßen Gelehrtentums überschreitet und dessen politisches Selbstverständnis ihn zur direkten Wirksamkeit für eine Gesellschaft führt, am nächsten.

Maciej Ptaszyński

„Prediger seyn mit jhrem Ampte etwas der Welt kützel". Soziale Herkunft, Bildung und theologisches Selbstverständnis der evangelischen Geistlichkeit in den Herzogtümern Pommern.

1.

Ein pommerscher Adliger, Jürgen Ernst von Schwerin, schrieb 1620 über einen gerade verstorbenen Pastor an den pommerschen Superintendenten: „Wie mir der S[elige] herr Andreas selbst berichtet, er sein lebenslangk auf keiner Universitet[,] außerhalb der Magdeburgensis particular Schule [...], studiret hatte, bei diesen [...] letzten beschwerlichen und geferlichen Zeiten, da der lehre[n] so viel aufkommen, wodurch was möglig wäre, auch die außerwelten verfuhret werden mochten [...], balt nicht weiß, welchem theils trawen und beyfal geben [...], darum er die alte Frau eheligen wolte, [und] auff eine solche pfarre Jehrlich [...] woll uber 500 Gulden tragen kann."[1]

Die Worte des pommerschen Adligen geben das Dilemma eines Pastors wieder. Dieser Geistliche hat es nicht geschafft, eine gute Ausbildung zu bekommen, und fühlte sich in der konfessionalisierten Welt verloren. Deswegen, vor eine klassische Alternative gestellt - in der Ruhm und Risiko auf einer Seite und Wohlstand und Sicherheit auf der anderen sich befinden[2] - entschied er sich für eine wohlhabende Pfarrwitwe und eine reiche ländliche Pfarre.[3] Meistens sah diese Alternative für Opportunisten wegen der Unterschiede des Lebensniveaus zwischen Dorf und Stadt nicht so günstig aus.[4]

Ein Amt in einer Stadt bedeutete, eine bessere finanzielle und materielle Stellung innezuhaben, was der Zustand der Pfarrhäuser gut verdeutlicht. Städtische Pfarrhäuser

---

1 Landesarchiv Greifswald [weiter als: LAG] Rep. 3 Tit. 63 Nr. 149, Bd. 2, 4-7, Jürgen Ernst von Schwerin an den Superintendenten, 26.03.1620.

2 Vgl. Erwin Panofsky, Hercules am Scheidewege und andere antike Bildstoffe in der neueren Kunst, Berlin 1930; Krzysztof Mrowcewicz, Czemu wolność mamy? Antynomie wolności w poezji Jana Kochanowskiego i Mikołaja Sępa Szarzyńskiego, Wrocław 1987.

3 Die Akten betreffen eine ländliche Pfarre in Iven (Vorpommern).

4 Vgl. Luise Schorn-Schütte, Evangelische Geistlichkeit in der Frühneuzeit. Deren Anteil an der Entfaltung frühmoderner Staatlichkeit und Gesellschaft. Dargestellt am Beispiel des Fürstentums Braunschweig-Wolfenbüttel, der Landgrafschaft Hessen-Kassel und der Stadt Braunschweig, Heidelberg 1996, 314ff; Ernst Riegg, Konfliktbereitschaft und Moblität. Die protestantischen Geistlichen zwölf süddeutscher Reichsstädte zwischen Passauer Vertrag und Restitutionsedikt, Leinfelden-Echterdingen 2002, 335, kritisch über „übliche dichotomische Aufgliederung in eine Land- und eine Stadtpfarrschaft", dort auch weitere Literatur.

hatten mehrere Zimmer, eine Studierstube, manchmal sogar eine Toilette[5], Fenster aus Glas und gute Öfen.[6] Die Wohnungen von Greifswalder und Stralsunder Pastoren sahen am Ende des 16. Jahrhunderts so aus. In den Widmungen der von städtischen Geistlichen verfassten Bücher kommt ab und zu die Formel „ex museo meo" vor[7], was die Annahme bestärkt, dass ihnen eine eigene Studierstube zur Verfügung stand. Die reichen städtischen Kirchen, die Pfarrwitwenhäuser und -kassen unterhielten, konnten auch die Versorgung der Rentner und Pfarrwitwen übernehmen.[8]

Auf dem Lande waren die Geistlichen finanziell und materiell sicherlich schlechter versorgt. Die Visitationen bestätigen den schlechten Zustand der Pfarrhäuser[9], wo es oft nicht nur an Studierstuben mangelte[10], sondern auch die ganze Innenausstattung fehl-

---

5 Die Universitätsrechnungen sprechen von einem „secret": z.B. Universitätsarchiv Greifswald [weiter als: UAG] St. 896, 24r–v (1606, die Wohnung des Superintendenten Bartholdus Krackevitz); Archiwum Państwowe w Szczecinie [Staatsarchiv in Stettin, weiter als: AP Sz.], Konsistorium in Stettin [weiter als: Kons. Stet.] 3434, Visitationsabschied Altentreptow, 1598 („sie [= Kirchenvorsteher - M.P.] dan ebenfals mit vorfertigung der batstube im Caplan, oder sonst eines andern notturftigen losament uff des Caplans begehren, weils eine geringschetzige bawet ist, […] vorfaren werden").

6 Viele Reparaturen in UAG St 886ff.

7 Z.B. Daniel Cramer, De // Descensu // Christi Ad // Inferos, Exegema // Danielis Cramero // SS. Theologiæ D. // Quod sana de hoc Articulo Do- // ctrina, ex verbo Dei scripto evidenter & // solide deducitur, et ab omnibus Absurdis // Paradoxis. & Sophisticis opinionibius, tam ve- // terum quam recentium, liberatur; // Item Theses eiusdem de hoc Arti- // culo, cum Indice triplici. // In Fine addita est erudita Disceptatio Ja- // cobi Fabri Stapulensis, ante Annos // Centum contra Nicolaum Cusanum, hoc de Articulo // mota / nunc castigatior edita per eundem, Stettin 1615 (Cramer verglich sich im Text mit Pico della Mirandola, was auch deutlich seine intellektuelle Ansprüche beweist); vgl. David Gugerli, Zwischen Pfrund und Predigt. Die protestantische Pfarrfamilie auf der Zürcher Landschaft im ausgehenden 18. Jahrhundert, Zürich 1988, 271.

8 Vgl. Theodor Woltersdorf, Die Konservierung der Pfarr-Wittwen und -Töchter bei den Pfarren und die durch Heirat bedingte Berufung zum Predigtamte in Neuvorpommern und Rügen, in: Deutsche Zeitschrift für Kirchenrecht 11, 1902, 177–246; Maciej Ptaszyński, Kapitał wdowy. Sytuacja wdowy pastorskiej w Kościele pomorskim przełomu XVI i XVII wieku, Kwartalnik Historyczny 112, 2005, 5–51.

9 AP Sz. Kons. Stet. 5200, Kirchenmatrikel Stary Kraków (Alt-Krackow - bei den Orten, die sich heute in Polen befinden, wurden erst die polnischen und dann in Klammern die deutschen Namen angegeben) 1611 („PfarHauß und wedtem […], ist bawfellig"); AP Sz. Kons. Stet. 5009, Kirchenmatrikel Schwantenshagen (Synode Nowogard/Naugard, der Ort existiert heutzutage nicht mehr) 1595 [?] („Das PfarrHauß ist bawfällig, Putte und back offen taugk auch nicht"); AP Sz. Kons. Stet., Kirchenmatrikel Dobra (Daber) 1598 („Der Pfarhaus taug gar nichts, sol aber furderligst gebawet werden"); AP Sz. Archiwum Książąt Szczecińskich [Herzoglich Stettiner Archiv, weiter als: AKS] I/3996, Kirchenvisitation in Kamień (Kammin), 1572, 161 („M[agister] Martinus Ludwich der Capellan, becleget sich, das sein Haus gantz und gar ist bawfelig, das ehr nicht sicher ist fur schnee und regen"); AP Sz. Kons. Stet. 2323, Kirchenmatrikel Przybiernow (Pribbernow) 1624 („Pastoris Wohnung betreffendt ist wegen Mangell deß Schorsteinß zumaßen daß HausStube und Kammers voller Rauch").

10 Peter Calenus (Kahle) hat sein Pfarrhaus in Kozielice (Köselitz) in einem sehr schlechten Zustand bekommen: „beij meiner Institution und Ersten Ankunft sehr übell ist [?] beschafen gewesen, Dahn das

te.[11] In einer der Kirchenmatrikel wurde notiert: „Pfar Hauß, wie der augenschein zeuget, [...], liget Elende[r] alß der Hirtten Kahtte, daß auch der Pastor keine Predigt
meditiren kan, er thue eß dan ihn raumen feldt."[12] Die Geistlichen waren oft gezwungen, aus eigenen Mitteln die notwendigen Reparaturen und Bauarbeiten zu bezahlen.[13]
Darüber beschwerte sich zum Beispiel der Pastor Jacob Döbell mit folgenden Worten:
dass „ich mich in große schwere schulde gesetzet [habe - M.P.] auch noch darein ge-
waltig stecke, und woll die tage meines lebens nicht herauskomme."[14]

    In den schlimmsten Fällen, wenn ein Pfarrhaus ganz fehlte, waren die Geistlichen
genötigt, in der Nachbarstadt zu wohnen.[15] Diese Verletzung der Residenzpflicht be-

---

Pfarhauß wahr Bawfellig"; u.a. musste er für „Eine Studien Stube" 20 Gulden (fl) ausgeben, AP Sz. Kons.
Stet. 4928, P. Calenus an den Superintendenten, [1611]; AP Sz. Kons. Stet. 2649, Kirchenmatrikel
Grzędzice (Seefeld) 1596 („Pfarrhauß ist an Cammern zimlich, allein daß ein Schornstein, Studir-Stube und
backofen mangelt"); AP Sz. Kons. Stet. 5009, Kirchenmatrikel Schwantenshagen 1595 [?] („Studier stube ist
nicht vorhanden"); über Gulden vgl. Rudolf Biederstedt, Münzen, Gewichte und Maße in Vorpommern im
16. und 17. Jahrhundert, Baltische Studien NF. 80, 1994, 42–51.

11 AP Sz. Kons. Stet. 3343, Kirchenmatrikel Żukowo/I. (Suckow/I) 1604 („dische, Lande, Spindt, Schranck
und ander HaußGeradt hat der Pastor selbst zeuget und bezalet. [...] Einen Spincker [!] und Stall von 10
Gebinden hat der Pastor auf seine eigene und große Unkosten nottörfftiglich müßen erbauwen, pittet
Refundation"). AP Sz. Kons. Stet. 2693, Kirchenmatrikel Mosty (Speck) 1595 („Alles was im Pfarrhause,
und Stallen, auch auf der gantzen Hoffstate, furhanden, quantum ad Mobilia gehöret Pastori. den er da in
seiner ankunft nichts, als die blosse Zimmer gefunden"); AP Sz. Kons. Stet. 5194, Visitationsabschied
Chudaczew (Alt-Kuddezow) („Eigenthum ist dem Pastori eigen"); AP Sz. Kons. Stet. 5009, Kirchenmatrikel
Schwantenshagen (vgl. Anm. 9) 1595 [?] („Scheune ist new gabawet von den Schwantzhagenschen, Pastor
sagt habe sie auff sein Kosten fertig machen laßen [...], Tisch, bancke, fenster, spinde, Sponden ist des
Pastoris"); AP Sz. Kons. Stet. 4356, Włodzisław (Baumgarten) 1595, („Haußgeräthe, als Tische, Bancken,
Spinden, Sponden, gehören alles dem Pastor"); AP Sz. Kons. Stet. 4032, Kirchenmatrikel Bądkowo
(Bandekow) 1594 („Tische, Bancken, Spinde, Spoten [!] und andern Haußgereth gehoret dem Pastor"). AP
Sz. Kons. Stet. 1910, Kirchenmatrikel Łosośnica (Lasbeck) 1598 („Tische Bancke Spinde und Sponde und
dergleich eing[en]thum des Hauses, gehöret alles dem Pastori"); AP Sz. Kons. Stet. 2550, Kirchenmatrikel
Sądów (Sandow) 1600 („Fenster, Dische, Bencke, Spinde, Spanden hat der Pastor vor sich aus seinem
Beutel bezahlet [...] auch etliche fenster in der Stube"); AP Sz. Kons. Stet. 2614, Kirchenmatrikel Mokre
(Schönwalde) 1598 („Tische, Bencken, Spinden und was mehr an Hausgereth verhanden, gehört dem Pastori
[...] Den Schorstein unnd Backofen, hat Jtziger Pastor auf seinen Kosten bawen laßen [...] Die Fenster in
der Stuben, und die Thuren, vor und in der Wedeme hat Jtziger Pastor bezahlt unnd machen laßen").

12 AP Sz. Kons. Stet. 3947, Kirchenmatrikel Przytoń (Klaushagen) [vor 1620].

13 Vgl. Anm. 11.

14 LAG Rep. 36 II S 8, Johannes Döbel, Schaprode 05.01.1618 (er gab 1100 fl aus, was tatsächlich einen
grossen Aufwand bedeutete).

15 AP Sz. Kons. Stet. 1137, „Resoluta Pauli Fabritii, Pastoris Clatzoviensis". Paul Schmidt (Schmides,
Fabricius) war ein Pfarrer in Klatzow (1598–1634) und schrieb über seinen Vorgänger, Joachim Reste, Pastor in Waltzin: „E[rm] Joachimus Reese, so derglíken Welnzin, Möllenhag undt Kessin unter sich geha[b]t
[et Treptowe [= Altentreptow - M.P.] habitavit - Am Rand, M.P.]"; und über Joachim Helmich (Pastor in

deutete, dass die Amtsausübung mit zeitraubenden Wegen verbunden war. Der Pastor von Wieszyno (Vessin) wohnte in Słupsk (Stolp) und „bey herbst und WintersZeiten im tieffen Schnee, Schlagge und Regen [musste - M.P.] hinauß nach Veßen unnd wieder hinein spaciren."[16]

Die ländlichen Geistlichen fühlten sich oft unsicher.[17] Bei dieser Gefahr oder diesem Risiko handelte es sich einerseits einfach um körperliche Bedrohung, die durch die schlechten Lebensumstände bedingt war. Zu den berühmtesten Fällen gehört der Fall Valentin Dumrads, dessen Ehefrau durch das zusammengebrochene Dach des Pfarrhauses getötet wurde.[18] Außerdem war diese Lebensunsicherheit mit der mangelhaften Pfarrwitwenversorgung verbunden. In den Konsistorialakten fehlt es nicht an Klagen von Pfarrwitwen und -waisen[19], so dass auch die übrigen Pastoren berührt waren, wenn sie an die mögliche Lebenssituation ihrer Familien dachten.

Die Wahl einer Dorfpfarre bedeutete im gewissen Sinne auch den Verzicht auf geistige Ansprüche. Die wirtschaftliche Lage der pommerschen Kirche war im 16. Jahrhundert generell schlecht und Superintendent Jakob Runge schrieb: „In Pommern sind so geringe Stipendia in Kirchen und Schulen, als sonst in keinen andern Lande, und die Theuerung steigt von Jahr zu Jahr, die Prediger müssen auch viel Uberlauff und Unkost tragen, der billich den Kasten zu tragen gabürte."[20] Geringe Einkommen machten es oft unmöglich, sich Bücher anzuschaffen. Nicht ohne Grund bemerkte 1639 Balthasar Rhaw, Pastor und Professor in Greifswald: „es sollte auch ia woll ein Prediger biß wei-

---

Klatzow, 1557–1573): „Treptowe habitavit". Ein Pfarrhaus fehlt z. B. in: AP Sz. Kons. Stet. 2654, Kirchenmatrikel Zielin (Sellin) 1594.

16 AP Sz. Kons. Stet. 3968, Kirchenmatrikel Wieszyno (Vessin) 1590. Vgl. AP Sz. Kons. Stet. 865, Ambrosius Rhein an den Superintendenten, Borzym (Borin) 1608 (A. Rhein wohnte in Gryfino (Greifenhagen) und arbeitete in Borzym (Borin): „Sommerzeit in bösen Staub unnd sande, im winter aber in großer kelte, schnee unnd anderem bosen wetter warten und bestellen [muss - M.P.] und solches mehrentheils zu fuße in mangelunge [!] der Pferde"). Ähnliche Klagen betrafen Probleme mit Versorgung der Filialkirchen: AP Sz. Kons. Stet. 4879, Immanuel Willich an das Konsistorium, [Karlino (Körlin), vor 11.05.1664]; AP Sz. Kons. Stet. 3994, Samuel Buthenius, [Łobez (Labes) 1661?]; AP Sz. Kons. Stet. 1915, Ernst Neander an den Superintendenten, [Laskowo (Groß Latzkow) 1620]; AP Sz. Kons. Stet. 4934, Paul von Kahlen an den Superintendenten, Kozielice (Köselitz) 07.01.1623; AP Sz. Kons. Stet. 1885, Daniel Braunschweig an das Konsistorium, [Łobez (Labes) 1617].

17 AP Sz. Kons. Stet. 1158, Kirchenmatrikel Klępino (Klempin) 1595 („Item die Wedeme [...] lieget an etzliche Finstern und Thuren offen und wohnet der Pastor von dieben und landbuben sehr unsicher").

18 Über Dumrath vgl. Dumrath, Valentin Dumrath, in: Allgemeine Deutsche Biographie, Bd. 48, Leipzig 1904, 167–168.

19 Vgl. Anm. 8.

20 Alfred Uckeley (Hrsg.), Dr. Jakob Runge, „Bedenken von Gebrechen in den Kirchen und Schulen in Pommern", 1556, in: Pommersche Jahrbücher 10, 1909, 24–73, hier: 57; vgl. Albert Werminghoff (Hrsg.), Epistola de miseria curatorum, in: ARG, 13, 1916, 200–227.

len ein Buch Kauffen."[21] Die ländlichen Pfarrereien waren sogar noch ärmer als die städtischen und die Struktur der Besoldung war anders gestaltet: es gab kaum Bargeldauszahlungen.

Deswegen beanspruchte die Arbeit auf dem Lande viel Zeit, die sonst unter anderem für theologische Weiterbildung hätte genutzt werden können. Die Superintendenten und die Obrigkeit legten nicht nur darauf großen Wert, dass die Pfarrämter ausreichend versorgt waren, sondern auch darauf, dass die Pfarrer nicht zu viel Zeit in den Ackerbau investierten.[22] Deswegen waren die Pfarrer verpflichtet, einen Teil ihres Lands zu verpachten.[23]

Es fehlt ebenfalls nicht an Klagen der städtischen Pastoren über Zeitmangel, aber sie bergen einen anderen Unterton. Der gerade erwähnte Balthasar Rhaw schrieb, dass „es ja aller verstendigen und gelerten leuten bekandt [ist], dass ein Professor Theologiae, seine meditationes haben muß, undt weil an seiner arbeit vieler menschen Sehligkeit hängt, kann er nicht ex tempore profitiren, sondern muß zuvor alles erwegen, fleissig nachlesen und woll bedencken, waß er der Jugendt proponiren will. Dazu gehört nur ein Mensch der nichts anders sollte zuthunde haben".[24] Wobei zahlreiche Beschwerden der städtischen Pastoren sich nicht auf das „brieffe tragen, Jacht jaget[,] hunde ertzihen" –

---

21 Stadtarchiv Greifswald [weiter als: StAG] Rep. 5 Nr. 6590, Bd. 1, Balthasar Rhaw an den Rektor und Bürgermeister, Greifswald 23.08.1639; LAG Rep. 5 Tit. 63 Nr. 57c, 132r–134r, Michael Voigt an den Herzog, [um 1611] (Bitte um Besoldungserhöhung: „damit ich armer und Junger Pastor mier etzliche Bücher zu meinen Studio theologico dienstlich kauffen [...] kann"). LAG Rep. 5 Tit. 63 Nr. 14, 206v, Jakob Runge an den Herzog, 1559 („ich mir bewust bin das ich über meine Bucher und Hausgerat noch stock noch stein in der Welt habe").

22 Abschied des Land-Tags (15.03.1556), in: Johann Heinrich Balthasar (Hrsg.), Sammlung einiger zur Pommerschen Kirchenhistorie gehörigen Schriften, Greifswald 1723, Bd. 1, 154; Augustin von Balthasar, Jus ecclesiasticum pastorale, Bd. 1. Rostock, Greifswald 1760, 657, 195–196 (Synode 1561: „die Erfrahrung bestätiget leyder, daß die Prediger, wenn sie im Amte kommen, mehr mit ihrer Wirtschaft und Ackerbau als mit ihrem studiren sich beschäftigen"). Es sind aber immer Bemerkungen zu finden, wie: „damaß ihr [= eines Dinstmädchens] herr [= der Pastor] am andern Orth auff das feldt ginge", in: AP Sz. Kons. Stet. 3347, Notar Johann Seifert, 01.08.1585.

23 AP Sz. Kons. Stet. 6538, Kirchenmatrikel Laskowo (Groß Latzkow) 1578 („ob er [= der Pastor - M.P] wohl bisher die selben [4 Hufen - M.P.] in seinem gebrauch gehabt, so hat Er sie von dach ausgethan, weil es Ihm in seinen Studien verhinderl[ich], doch mit dem vorbehalt daß Er zu jederzeit den acker wieder mag zu sich nehmen"); 40 Jahre später erregten die gleichen Hufen einen Streit zwischen dem Patron und dem Pastor und die gleichen Argumenten wurden wieder gebraucht, AP Sz. Kons. Stet. 1915, Familie von Wedell [an den Superintendenten], 25.04.1620 („solch Bauwerck aber groß unnd ubermeßigk, dadurch er [= der Pastor - M.P.] in seinem ampt und studio gehindert, unnd mit groß[en] unkosten und vielen gesinde beladen wurde, ehr auch ohne das zu seiner notturftigen haußhaltung andere Acker behielte").

24 StAG Rep. 5 Nr. 6590, Bd. 1, Balthasar Rhaw an den Rektor und den Bürgermeister, Greifswald 23.08.1639. Über „Meditationes" der Geistlichen vgl. Bengt Hägglund, „Meditatio" in der lutherischen Orthodoxie, in: Udo Sträter (Hrsg.), Pietas in der Lutherischen Orthodoxie, Wittenberg 1998, 19–31; Udo Sträter, Meditation und Kirchenreform in der lutherischen Kirche des 17. Jahrhunderts, Tübingen 1995.

d.h. die zusätzlichen Verpflichtungen, die mit dem Übermut der Patronen verbunden waren[25] – sondern auf berufliche Aufgaben bezogen, deren Umfang die Zeit zur Weiterbildung nahmen. Diese Klagen stammen vor allem aus der Feder der Superintendenten aus beiden Teilen Pommern: Daniel Cramer[26], Jakob Runge[27] und Johann Cogeler.[28] Aber als erster nutzte diese Argumentationslinie Johannes Bugenhagen, der sogar das Bischofsamt in Kamien (Cammin) ablehnte, mit der Begründung: „das ich durch alle Welthliche Last, von den Büchern und meynen Ubungen im Studio unnd Gebeth zu viell abgezogen würde, [...] Ich auch itzund mher beladen bin, unnd weniger Zeit zum Studio habe, den myr lieb ist."[29]

Drittens sind die Gläubigen in ländlichen und städtischen Pfarren nicht als gleich zu bezeichnen. Die Beziehung zwischen dem Pastor und seiner Gemeinde sah in den Städten anders aus als auf dem Lande, wofür sowohl die Konflikte als auch das Zusammen-

---

25 „Ein Entwurf der neuen Kirchenordnung aus dem Jahr 1560" in: StAG Rep. 5 Nr. 6542 („Darumb sollen die Pfarhernn uff den dorffen nicht beladen werden, mitt brieffe tragen, Jacht jaget[,] hunde ertzihen, oder der Patronen vogte, schreibere und dergleichen"). Die Fragmente wurden aus dem gedruckten Fassung entfernt, über die Reaktion der Pastoren auf der Synode 1561 vgl. AP Sz. AKS I/57, 110 (Synode 1561: „Bitten wir untertenigch das auch unser paragraphus behalten werden, das die herschafft auff dem Landt, und zu stetten keinen ubermüdt über die Prediger und Ir ampt treiben, sie nicht zu Vogeten, Procuratorn, Zolnern, Jacht, Jachthunde vode, [und zu nottschreibern - am Rand, M.P.] gebruchen. Auch nicht vor Moriones und die unwirdesten menschen halten sollen"). vgl. „Septima et ultima Syndus Reverendi Patris, Doctoris Johannis Knipstrovii" (1556) in: Balthasar (Hrsg.), Sammlung (wie Anm. 22), Bd. 1, 128–147, 184. S. auch: Runge, Bedenken (wie Anm. 20), 37.
Ausführlich darüber: Luise Schorn-Schütte, „Das Predigtamt ist nicht ein hofe diener oder bauerknecht". Überlegungen zu einer Sozialbiographie protestantischer Pfarrer in der Frühneuzeit, in: Ronnie Po-Chia Hsia/Robert Scribner (Hrsg.), Problems in the historical anthropology of early modern Europe, Wiesbaden 1997, 264–286.
26 AP Sz. Kons. Stet. 358, [Daniel Cramer an den Herzog, nach 1616] (Cramer klagte, daß „nicht allein mit Ordiniren, Examinieren und Instituieren, sonder auch das Ich täglich und fast stündlich überlauffen werde, und das alle die Sachen, so wol schriftl[ich] als mündlich, die zu dem Ampt gehören, an mich gebracht, und auff mich, nicht on großer beschwerung und vorhinderung meiner andern Studien, geheuffet werden").
27 LAG Rep. 5 Tit. 63 Nr. 14, 205v, Jakob Runge an den Herzog 1559 („so bin ich nu bereit E[urer] F[ürstlichen] G[nade] in diese muheselige Ampte, mit gottes hulfe hinferner zudienen, und da ich von all meinen Studiis verhindert, und mit teglicher unrhuhe uberschuttet werde, mus ich dahin stellen, das ich der geschehenen Vocation zu folgen schuldig bin").
28 Johann Cogeler, Eine vormanung, und erinnerung, an die Predicanten auffm Land, in Pomern: wie sie sich in ihrem Ampt durchaus sollen verhalten, Stettin 1587, Aiiij1v („in massen ich davon [über widersprüchliche Bibelstellen - M.P] ein zimlich buch verfasset / unnd zu erster gelengenheit / wen ich diesses mühesligen ampts enthoben / davon in den Druck wil mit Göttlicher hülffe geben"), Av4r.
29 Johannes Bugenhagen an den Herzog, Wittenberg 31.07.1544, in: Johann David Jäncke, Gelehrtes Pom[m]er-Land / worin Die Historie, sowohl aller in Pommern gebohrnen, als auch anderer in Pommern gestandenen oder verstorbenen Gelehrten, die sich durch Schrifften bekandt gemacht haben, Stettin 1734, 168–171, hier: 169.

leben Belege liefern. In beiden Bereichen kam es zu Streitigkeiten um Abgaben und zur wachsenden Distanz zwischen Pfarrer und Gläubigen, was auch, so D. W. Sabean[30], die Sprache der Geistlichen beweist, wie z. B. die Äußerungen „sit venia verbo", „salva reverentia", „salve honore" und „wie sie hier sagen".[31] Es liegt aber nah, dass diese Distanzierung in ländlichen Gegenden auch einen Beigeschmack von Überlegenheit hatte. Jacob Braschius, Pastor in Barnowiec (Bramstädt), schrieb anschaulich: „diese fürwitzigen [?] leute in den kirchen bei offentlicher ceremonien verichtung nicht allein stehen wie die stümmen götzen, sondern vielmehr [...] von dem gründt ihrer seeligkeit fast nicht [...] mehr wißen, alß ihre ochsen die sie außer dorffe treiben lassen."[32]

Diese Unterschiede zwischen Dörfern und Städten stehen im Mittelpunkt dieses Aufsatzes. Es soll versucht werden, die für eine qualitative Analyse fruchtbaren Kategorien mit der quantitativen Analyse der geographischen und sozialen Herkunft, und der Ausbildung und Karriere der pommerschen Pastoren zu verbinden. Als Untersuchungsobjekt wurde die Geistlichkeit in den lutherischen Herzogtümern Pommern zwischen 1560 und 1618 gewählt.[33] Das Land war zu der Zeit in die Herzogtümer Pommern-Wolgast (Vorpommern) und Pommern-Stettin (Hinterpommern) geteilt. Vorpommern war kleiner, aber etwas dichter besiedelt, die herzogliche Domäne war in diesem Teil größer als in Vorpommern. Zu Pommern-Wolgast gehörten auch reiche Gebiete auf Rügen, die im Mittelalter dem Bistum Roskilde unterstanden haben, sowie die Umgebung von Stralsund, im Mittelalter Teil des Bistums Schwerin.[34] Nach der Reformation, die 1535 durchgeführt wurde, wurde Pommern in zwei Kirchenprovinzen geteilt, die Sitze der Generalsuperintendenten und Konsistorien befanden sich in Greifswald und Stettin.

---

30 David Warren Sabean, Soziale Distanzierung. Ritualisierte Gestik in deutscher bürokratischer Prose der Frühen Neuzeit, in: HA 4, 1996, 216–234; vgl. auch Jay Goodale, Pfarrer als Außenseiter: Landpfarrer und religiöses Leben in Sachsen zur Reformationszeiten, in: HA 7, 1999, 191–211.

31 Vgl. LAG Rep. 35 Nr. 725, Georg Kilian an den Herzog, Wolgast 1623; AP Sz. Kons. Stet. 2175, Georg Colditz an den Superintendenten, Nowe Warpno (Neuwarp) 19.07.1615.

32 AP Sz. Kons. Stet. 3936, Jacob Braschius an den Superintendenten, Barnowiec (Bramstädt) 02.11.1649

33 Es handelt sich um ca. 2140 Biographien, Die Daten stammen sowohl aus veröffentlichten pommerschen Pfarrerbüchern, als auch unveröffentlichten Nachlässen im Landesarchiv Greifswald (Rep. 40 III 163–165, Verfasser unbekannt), Leichenpredigten und Archivforschungen. Die Pfarrerbücher: Heinrich Moderow/Emil Müller, Die Evangelischen Geistlichen Pommerns von der Reformation bis zu Gegenwart, Bd. 1-2, Stettin 1903–1912; Hellmuth Heyden, Die Evangelischen Geistlichen des ehemaligen Regierungsbezirkes Stralsund. Insel Rügen, Greifswald 1956; ders, Die Evangelischen Geistlichen des ehemaligen Regierungsbezirkes Stralsund - Kirchenkreise Barth, Franzburg, Grimmen, Greifswald 1958; ders., Die Evangelischen Geistlichen des ehemaligen Regierungsbezirkes Stralsund. Die Synoden Greifswald-Land und Greifswald-Stadt, Greifswald 1964; ders., Die Evangelischen Geistlichen des ehemaligen Regierungsbezirkes Stralsund. Die Synoden Wolgast, Stralsund, Loitz, Greifswald 1964.

34 Vgl. Roderich Schmidt, Pommern, Cammin, in: Anton Schindling/Walter Ziegler (Hrsg.), Die Territorien des Reichs im Zeitalter der Reformation und Konfessionalisierung. Land und Konfession 1500-1650, Bd. 2, Münster 1995, 182–205.

Von geringerer Bedeutung waren die Superintendenturen in Stolp, Barth und die lokalen Konsistorien in Stralsund und Kolberg.[35]

2.

Die Pastoren in den Herzogtümern Pommern stammten für den untersuchten Zeitraum zum größten Teil aus Pommern. Es handelte sich um Geistliche der zweiten und dritten nachreformatorischen Generation, die im Unterschied zu ihren Vätern, den „prédicateurs ambulants"[36], stärker in die lokalen Strukturen der Landeskirche eingebunden waren. Der Anteil der Geistlichen, deren Herkunftsort bekannt ist, liegt bei knapp 50% (Tab. 1), das ist im Vergleich zu anderen Territorien des alten Reichs niedrig.[37]

Da es in Hinterpommern mehr Pfarrstellen gab, überwogen im Gesamt der pommerschen Pastoren die Geistlichen aus diesem Gebiet (Tab. 1 und 2), wobei nicht von einem Export oder Austausch der Theologen die Rede sein kann. Im Laufe der zweiten Hälfte des 16. Jahrhunderts scheinen die Grenzen zwischen beiden Herzogtümern immer dichter geschlossen worden zu sein. Über 85% der Pastoren übernahmen ihren ersten Posten in dem Teil, in dem sie geboren waren (Tab. 3).

Knapp 18% der Pfarrer kamen aus Brandenburg, Mecklenburg und Sachsen, wobei in Vorpommern der Zuzug aus Mecklenburg und in Hinterpommern aus Brandenburg stärker war. Einerseits blieb im Laufe des 16. und am Anfang des 17. Jahrhunderts der Anteil der fremden Geistlichen trotz der theologischen Auseinandersetzungen und Abgrenzungen auf theologischem Niveau relativ stabil. Andererseits hatten die konfessionellen Spaltungen ihre Wirkung auf Rekrutierungsstrukturen und -strategien. Die Konversion Johann Sigismunds in Brandenburg führte nicht nur zu Streitigkeiten zwischen Conrad Schlüßelburg und Daniel Cramer mit Christophorus Pelargus[38], sondern änderte

---

35 Vgl. Norbert Buske, Das alte Greifswalder Konsistorium. 300 Jahre kirchliche Rechtsprechung, in: „Baltische Studien" NF. 76, 1990, 48–80.

36 Bernard Vogler, Le clergé protestant rhénan au siècle de la reforme (1555–1619), Paris 1976, 120; ders. Rekrutierung, Ausbildung und soziale Verflechtung: Karrieremuster evangelischer Geistlichkeit, in: ARG 85, 1994, 225–233, hier: 227; Ernst Walter Zeeden, Die Enstehung der Konfessionen, München 1965, 50; Henryk Barycz, U kolebki małopolskiego ruchu reformacyjnego, in: „Odrodzenie i Reformacja w Polsce" 1, 1956, 9–32, hier: 14; Schorn-Schütte, Evangelische Geistlichkeit (wie Anm. 4), 152; Konfliktbereitschaft und Moblität, Riegg (wie Anm. 4), 173.

37 Vogler, Rekrutierung (wie Anm. 36), 227.

38 Vgl. Epsitola duae memorabiles, // Ad CL. Virum, // D. Christophorum // Pelargum, Professorem // Francofurti Primarium, Pastorem, // & Generalem totius Marchiae Superintendentem, ob de // sertum veritatis Evangelicae, & laborantis in Marchia // Ecclesiae, patrocinium, // Exaratae // a // D. Cunrado Schlusselburgio, Superintendente // Stralsundensi // Et // D. Daniele Cramero, Pastore & Professore // Stetinensi // Das ist: // Zwey denckwürdige Schreiben/ // An Doctorem Christophorem Pelargum // Professorn, Pfarrern und GeneralSuperintenden- // ten / der gantzen Chur und Marck Brandenburg / welcher bißhero der Evangelischen reinen Lehr und hochbedrengten Kirchen in der // Marck / sich nicht gebürlich

auch die Wahrnehmung von Berlin, das für „ein verdechtiches ort" gehalten wurde.[39] Das Argument der fremden Herkunft wurde oft in Streitigkeiten benutzt und bei Berufungsverfahren immer als Nachteil gesehen.[40]

Aus der Menge von Faktoren, welche die soziale Realität der Geistlichen und ihre Karrierewege bestimmten, sind hier vier hervorzuheben: das Patronatsverhältnis[41], der Land-Stadt-Unterschied[42], die soziale Herkunft und die Kompetenzen.

Das Ius Patronatus war ein steter Konflikt in nachreformatorischen Zeiten. Ohne auf das komplizierte Verhältnis zwischen den Bestimmungen der Kirchenordnungen und der Realität einzugehen, kann festgestellt werden, dass Herzöge, Adel, Städte und Universität wechselseitige Rechte besaßen, so dass eine Konkurrenz bestand. Im Fall des adligen Patronats brachte die Teilung der Rechte zwischen den Mitgliedern der Familie häufig Streitigkeiten mit sich.[43] In vielen Fällen war das Ergebnis ein dynamisches Sys-

---

angenommen hat. // Abgangen / von // D. Conrad Schlusselburg // Superintendenten zu // Stralsund / in Pomern. // und // D. Daniel Cramern / Pfarrern und Professorn // zu Stetin, Leipzig 1615. Vg. Bodo Nischan, Prince, People, and Confession. The Second Reformation in Brandenburg, Philadelphia 1994, 89–90; Über die Reaktion auf den Konfessionswechsel von Johann Sigismund in Brandeburg, vgl. Hellmuth Heyden, Kirchengeschichte Pommerns, Bd. 2, Köln 1957, 55.

39 AP Sz. Kons. Stet. 818, Samuel Rudolphus an den Superintendenten, Gryfino (Greifenhagen) 1618.

40 APS AKS I/39, 331, Anton Remmelding an den Herzog [um 1563] (Remmelding wurde vorgeworfen: „Ick sij eijn fremder prediger, up die Cantzel billiich nijcht tho gestaden […]", worauf er auf seine dreißigjährige Amtsausübung in Pommern hinwies und empört antwortete: „wo fremde ick in dessen landeen undt kercken sij, ist dessen gentzen lafflijken Furstenden bekannt, von anno domini 1529, ock uth bijgehefften testimonij, plusquam solemnibus, tho ersehen"); APS AKS I/34, Herzog Johann Friedrich an den Superintendenten [um 12.11.1595] „weil Euch inhalts unser Kirchenordnung die Ordinatio[n] newer Priester gestatet, und Euch oft frembde ordinanden furkomme[n]. So begeren wijr und befehlen Euch hiemit, das Ihr in der Ordinatio[n] solcher persone[n] sorgkfeltig seiet, wol zusehet, wen Ihr ordiniret, in sonderheit alle, so die ordinatio[n] bitten vleissig in der lehr examiniret, und keine[n], der nicht mit der lehr, und Confessione unser Kirchen einig, zur ordinatio[n] gestatet"; LAG Rep. 36 II D 5, 28r, Kirchenvorsteher Dersekow, Dersekow 04.01.1608 („das uns keine unbekandte, und dem Kirchenspiel undienstliche Persohn [von Noten ist - M.P.] da wihr doch eine bekandte und wollgefellige haben können").

41 Die Daten stammen sowohl aus Pfarrerbüchern hrsg. von Moderow/Müller (wie Anm. 33) und Heyden (wie Anm. 33), unveröffentlichten Nachlässen im Landesarchiv Greifswald (Rep. 40 III 163 und 400 III 165, als auch Archivforschungen.

42 Vgl. Gustav Kratz, Die Städte der Provinz Pommern. Abriß ihrer Geschichte, zumeist nach Urkunden, Berlin 1865; Peter Johanek/Franz-Joseph Post, Deutsches Städtebuch. Städtebuch Hinterpommern, Münster 2003.

43 AP Sz. Kons. Stet. 1142, „Berufung Pastor Buthenius", Akten 1616–1617; AP Sz. Kons. Stet. 1142, Przytoń (Klaushagen) 1618. AP Sz. Kons. Stet. 1932, Parlino (Parlin) 1617; AP Sz. Kons. Stet. 2161, Przytoń (Klaushagen) 1626.

tem, in dem sowohl die Patronatsherren als auch Gemeinden über die Besetzung der Pfarrstellen (ius nominandi et vocandi) entscheiden konnten.[44]

In Hinterpommern, wo die herzogliche Domäne kleiner war als in Vorpommern[45], nahmen nur knapp 30% der neuen Pastoren ihren ersten Posten unter fürstlichem Patronat an (Tab. 4). Dieser Prozentsatz ist relativ gering – angesichts des Anteils von 47% durch Adlige berufenen Pfarrer. In Vorpommern war es genau umgekehrt. Die Städte allein spielten mit knapp 7% der Nominationen in Hinterpommern und über 4,5% in Vorpommern eine wenig bedeutende Rolle. Allerdings wächst ihr Einfluss, wenn man auch die Fälle beachtet, in denen die Städte mit Genehmigung der Herzöge Pfarren besetzt haben.

Bei der Analyse des Verhaltens einzelner Patronatsherren ist es auffällig, dass die landesherrlichen Pfarren offener für eigene Landsleute waren als die Pfarren unter adligen oder städtischen Patronat. Eine plausible Antwort ist: die Herzöge vermieden fremde Einflüsse, indem sie die Ausbildung „ihrer" Theologen selbst steuerten. Im Gegensatz dazu waren Städte und Adlige weiterhin für überterritoriale Bündnisse und Freundschaften offen.

3.

Daniel Kansdorf schrieb in einer Leichenrede: „Ins gemein hält man dafür, daß armer, gemeiner Leute Kinder nur Theologiam studieren müssen. Ist ein Knabe reich, muß er der Medicinischen Wissenschaft sich ergeben, denn er hat Mittel, kann reisen, kostbahre Sectiones, und experiments chemica bezahlen. Ist er scharfsinnig, muß er ein Jurist werden. [...]. Ist er etwas blöde / kräncklich / und simpel, der muß ein Priester werden / und dahero mangelts uns zuweilen im geistlichen Stande an tüchtigen Leuten /[...] Das ist aber die Unart der i[e]tzigen Welt / welche die schönen Gottes-Dienst des Herrn so verächtlich hält".[46] Die Äußerung des pommerschen Geistlichen beinhaltet Thesen über

---

44 Balthasar, Jus (wie Anm. 22), t. 1, 668, 673. Vgl. Kerkenordeninge im lande to Pamern [!] [1569], in: Emil Sehling (Hrsg.), Die evangelischen Kirchenordnungen des XVI. Jahrhunderts, Bd. 4, Leipzig 1911, 376-419. Stargard: AP Sz. Kons. Stet. 2700, Kirchenmatrikel Stargard St. Marien; AP Sz. Kons. Stet. 2699, „Kommissionsakte wegen Adjuktion des Präpositus", 21.04.1613. Goleniów (Gollnow): AP Sz. Kons. Stet. 1593, Philipp II an Bürger in Goleniów (Gollnow), 12.12.1610; eine Kopie auch in AP Sz. Kons. Stet. 1595. Pasewalk: AP Sz. Kons. Stet. 2217, Herzog Philipp Julius an Bürgermeister und Stadtrad, Wolgast 06.011617 (betr. ius nominandi, es wurden auch Anklam und Demmin erwähnt). Pyrzyce (Pyritz) „ius vocandi in lite" 1587-1747, vgl. Moderow/Müller, Die Evangelischen Geistlichen (wie Anm. 33), 363. AP Sz. Kons. Stet. 5224, Jobst, Berndt, Heinrich und Georg von Devitz an den Superintendenten [vor 06.01.1618] („Jedoch damit gleichwoll die guten leute etwas de iure vocandi haben mügen, so laßen wir Ihnen zu Kühe- und Ziegenhirten, so auch Pastores seindt, [...] zu vociren, darzu sie sich auch beßer alß zu anderen Sachen verstehen").
45 Vgl. Gerard Labuda (Hrsg.), Historia Pomorza, Bd. 2, T. 1, Poznań 1976.
46 Daniel Kansdorf, Boni Idea Episcopi, // Das Muster / und Fürbild eines rechtschaffenen // Bischoffs / Aus dem LXXI Psalm / und dessen 17. 18. Versen / // Als // Der Hoch-Ehrwürdige / Wol-Edle / // und

die soziale Herkunft und Ausbildung des pommerschen Klerus. Aus welchen Schichten stammen die pommerschen Pastoren? Waren sie tatsächlich arm und dumm bzw. schlecht ausgebildet?

Die pommersche Geistlichkeit kam aus den gleichen Schichten wie vergleichbare Gruppen in anderen Teilen des Reiches.[47] Der Anteil der Geistlichkeit an der Väter- und Schwiegervätergeneration war mit 25% groß (Tab. 5). An zweiter Stelle stehen die lokalen Eliten, vor allem Ratsherren und Bürgermeister (11%). Die dritte Gruppe bildet das städtische Milieu, vor allem Kaufleute (5%).[48] Wenn man die Väter und Schwiegerväter von einander trennt (Tab. 5a–5d), steigt der Anteil der Geistlichen und Mitglieder lokaler Eliten unter den Schwiegervätern, es sinkt aber der Prozentsatz anderer bürgerlicher Gruppen. Dies charakterisiert einerseits die Eheschließungsstrategien der Geistlichen, die zum großen Teil in den eigenen Kreisen heirateten. Andererseits belegt dies, dass die Geistlichkeit durch Eheschließung den Zugang zum Stadtbürgertum erhält.

Wenn man auf die ersten Nominationen schaut und die soziale Herkunft der neu berufenen Pastoren vergleicht, fällt auf, dass die Herzöge und die adligen Patronatsherren sich häufiger für einen Pfarrerssohn entschieden als die Städte (Tab. 6a und 6b). Diese Beobachtung wird durch den Vergleich zwischen neu besetzten Stellen auf dem Lande und in den Städten bestätigt (Tab. 6). Unter den berufenen Pastoren im ländlichen Bereich stellten die Pfarrerssöhne über 66%. In den Städten erreichten sie nicht einmal 50%! Das Bild der selbständigen[49] städtischen Eliten bestätigt sich hiermit noch einmal.

4.

Die Ausbildung der Pastoren ist einer der wichtigsten Faktoren, mit dessen Hilfe die „Professionalisierung" dieser Berufsgruppe belegt werden kann. In allen Territorien des Reiches hat man im 16. und 17. Jahrhundert mit dem gleichen Phänomen zu tun: die Anzahl der Universitätsimmatrikulationen der Geistlichen steigt. Die Universitätsmatrikel sind allerdings auf keinen Fall zuverlässige Quellen: sie geben in meisten Fällen keine Auskunft darüber, wie lange Studenten an den Universitäten blieben, was und wie

---

Hochgelahrte // Herr // Joachimus // Fabricius // Der Heil[igen] Schrift hochberühmter Doctor, // Vornembster Professor des Gymnasii, und Pastor // der Stiffts-Kirchen / auch wolverdienter Vice-General // Superintendent des Herzogthumbs Vor Pommern / und Fürstenthumbs Rügen, Greifswald 1679, in der Sammlung der Leichenpredigten und Gelegenheitsdichtung Vitae Pomeranorum [weiter als VP und Nummer des Mikrofilms in der Universitätsbibliothek, Greifswald] Mf 11 und 75, 486v–487r; vgl. Edmund Lange, Die Greifswalder Sammlung Vitae Pomeranorum. Alphabetisch nach Geschlechtern verzeichnet, Greifswald 1898.

47 Vgl. Schorn-Schütte, Evangelische Geistlichkeit (wie Anm. 4), 32ff.

48 Die Gruppen überschneiden sich selbstverständlich.

49 Über den umstrittenen Begriff vgl. Hans-Jürgen Goertz, Antiklerikalismus und Reformation: sozialgeschichtliche Untersuchungen, Göttingen 1995; sehr skeptisch: Schorn-Schütte, Evangelische Geistlichkeit (wie Anm. 4), 272–273.

intensiv sie studiert haben oder darüber, was sie überhaupt am Studienort gemacht haben. Das im Vergleich zum späten Mittelalter höhere Alter der Jugend bei der Einschreibung lässt allerdings vermuten, dass die Studenten ihre Studien intensiver betrieben.[50] In Pommern wurden knapp 80% der zukünftigen Pastoren zwischen dem 16. und 25. Lebensjahr eingeschrieben.

Es ist schwer festzustellen, woher der Drang nach Bildung und weiterer Qualifizierung kam. Die Gelehrsamkeit stand an erster Stelle unter den Tugenden der Geistlichen, die in den pommerschen Kirchenordnungen formuliert wurden.[51] Das Lob der Gelehrsamkeit gehörte zu den gängigen Floskeln in den Berufungsurkunden.[52] Es ist nach-

---

50 Letztens Riegg, Konfliktbereitschaft (wie Anm. 4), passim; Maciej Ptaszyński, Pietas i sapientia? Wykształcenie pastorów w Księstwach Zachodniopomorskich w latach 1560–1618, Odrodzenie i Reformacja w Polsce 49, 2005, 35–61.

51 Kerken-ordeninge (1535), in: Sehling (Hrsg.), Die evangelischen Kirchenordnungen (wie Anm. 44), Bd. 4, 328–344, hier: 328b–329a; Kerkenordeninge (1569) (wie Anm. 4), 382b–383a, Verweis auf Tit. 1,7; 1 Tim 3,1–7.

52 Vg. UAG, St. 105, „Acta Nominationis, Praesentationis, Vocationis, Dimissionis Professorum Theologiae et Pastorum St. Marie et Jacobi" (17v - Superintendent Jakub Runge schrieb „gelerter" eigenhändig dazu); StAG Rep. 5 Nr. 6585, 19–21, vgl. Gutachten der Rostocker Theologen über Mathaeus Flagius, Rostock 08.10.1591. AP Sz. Kons. Stet. 977, Diakonen von Brzesko (Brietzig) an den Superintendenten (?), Brzesko (Brietzig) 28.11.1599; AP Sz. Kons. Stet. 1323, Adam Blücher (?) an B. Krackevitz, 25.02.1610; AP Sz. Kons. Stet. 1932, Bürgermeister Stargard, 02.05.1617 (Gutachten über Andreas Friedrich, einen Lehrer in Stargard, der „etliche Jahr auf vornehmen universiteten da die Auspürgische Confesion Laüter und rein getrieben wirdt, wie woll arm selig gelebet, undt seine fundamenta der heiligen Schrift dermaßen geleget daß er solches Pfardienstes [= w Łęczynie - M.P.] woll wirdigk"); AP Sz. Kons. Stet. 3953, Georg von Podevills an von der Osten, 01.01.1614 (über Joachim Hintze); AP Sz. Kons. Stet. 3593, von der Osten an das Konsistorium, [1614]. LAG Rep. 36 II D 5, Peter Sager an den Herzog Philipp Julius, 05.09.1608; ebd., Bartholdus Krackevitz an den Herzog, 29.10.1608; LAG Rep. 36 II B 32, Gutachten von Bartholdus Krackevitz („er dan in studio theologio etzliche iahr zugebracht, undt sich in predigen geübett hat"); LAG Rep. 36 II R 17, Kasper Kussow, Erasmus Kussow an den Superintendenten, Rolofshagen 1613 (über Martin Strauch: „progres in studio Theologico uns bekandt"); LAG Rep. 36 II S 9, Patronen in Schlatkow an den Superintendenten, Schlatkow 16.07.1632 („in Doctrina, Vita und moribus muchte genuchsamb qualificirt [sein]"); LAG Rep. 36 II 3,16, Sophia Hedwig, Loitz 28.08.161[6?] (Berufung eines Pfarrers in Sassen); LAG Rep. 36 II T 7, 22, Philipp Julius, Wolgast 01.04.1609 (Berufung von Friedrich Breitspreker: „ehr sich ad studium Theologiae begäben, daßelblige ethliche jahr [!] hero Continuiret und zu vielen mahlen sich in predigen geübet"); AP Sz. Superintendentura generalna [Generalsuperintendentur], Sign. 1, Philipp Julius, Wolgast 05.12.1610 (Berufung von Philipp Stevelin: „welchen er [= sein Vater, Simon - M.P.] ad Studium Theologiae gehalten"); AP Sz. Kons. Stet. 1096, Christof Mahlendorff [?] an den Herzog, Wolgast 15.06.1628 (Empfehlungsschrift auf die Pfarre in Kaseburg: „ein gelerter geselle Nicolaus Bernhardi seiner eruditon halber"); AP Sz. Kons. Stet. 1641, Burkhard Horn an David Runge, Klempenow 27.02.1610 („der Pastor [...] einen erwachsenen Sohn hat, der ein studiosus theologiae ist").

weisbar, dass die Formeln in Berufungsakten ab und zu einen rein konventionellen Charakter haben. Z.B. pries der Herzog Philip Julius einen Kandidaten als gelehrten und guten Prediger, obwohl der Superintendent in seinem Gutachten schrieb, „dass er in Predig blöd und ungeübt sein soll".[53]

Jürgen Ernst von Schwerin erregte sich darüber, dass er als Patron einen ungelehrten Kandidaten anstellen soll und zwar „einen schlechten scholaren und einfaltigen simplicisten welcher was er lehrte selber nicht vertreten köndte... etwas fur die lange weil dahin plapperte wieder wil noch [s]till heete, selbst er Luthero oder Calvino beifall geben solte, welcher recht oder unrecht lehrte, nicht verstande[n]."[54] Auch die Gemeinden legten sehr oft großen Wert darauf, gut gebildete Pastoren zu bekommen. Der Vorwurf, dass der Kandidat keine Universität besucht habe, konnte ihn diskreditieren. Im Jahre 1591 warfen 4 vorpommersche Städte dem Superintendenten vor, dass er dieses Bildungsargument instrumentalisiert, um eigene Kandidaten zu protegieren: „dass gahr selten, oder auch woll niemmehr iedmand, wie gelert derselbe auch immer sein möchte, zum predigampt bestellett werden konnte [d.h. ohne Zustimmung des Superintendenten - M.P.], also daraus nichts gewisser erfolgt, als dass die einigen so von Superintendenten vorgeschlagen werden, für gelerte unnd gesunde lehrer geachtet [werden - M.P.] [...], und dagegen die einigen, so etwa dem Superintendenten nicht gefellig fur ungelerte und falsche lehrer gehalten, und [...] verworffen, oder nicht angenommen werden mussten."[55] Die pommerschen Pastoren haben vor allem 4 Universitäten besucht: die Universität in Greifswald, Wittenberg, Frankfurt/O. und Rostock (Tab. 7 und 7a). Die Unterschiede zwischen den Theologen, die aus Hinter- und Vorpommern stammten, bestätigt die eingangs angedeutete Abgrenzung beider Teile Pommerns (Tab. 7a und 7b). Pastoren aus dem Stettiner Teil besuchten hauptsächlich die Universitäten zu Frankfurt/O. und Wittenberg (zusammen: 58%), Geistliche aus dem Wolgaster Teil zu Greifswald (55%) und Rostock. Diese Tendenz zeigt sich, wenn man die Immatrikulationen von Pastoren, die nur eine Universität besucht haben, betrachtet.[56] Zusammenfassend kann festgestellt werden: (1) die Grenzen zwischen beiden Regionen im Blick auf die Bildung scheinen immer stärker geworden zu sein; (2) die Universität zu Greifswald hat nie die entscheidende Rolle unter den pommerschen Universitäten für das Theologiestudium über-

---

Vgl. dazu eine andere Meinung in: Thomas Kaufmann, Universität und lutherische Konfessionalisierung. Die Rostocker Theologieprofessoren und ihr Beitrag zur theologischen Bildung und kirchlichen Gestaltung im Herzogtum Mecklenburg zwischen 1550 und 1675, Heidelberg 1997, 342–344.

53 LAG Rep. 5 Tit. 63 Nr. 219, 110, Philipp Julius, Wolgast 08.06.1604; Ibidem, 107, Friedrich Runge an den Kanzler, Greifswald 07.06.1604.

54 LAG Rep. 3 Tit. 63 Nr. 149, Bd. 2, 19–21, Jürgen Ernst von Schwerin an den Herzog, 23.04.1620.

55 StAG Rep. 5 Nr. 6520, Bd. 1, 18, Greifswald, Anklam, Pasewalk, Altentreptow an den Herzog, 1591.

56 Darüber ausführlicher in Ptaszyński, Pietas i sapientia? (wie Anm. 50).

nommen: ihre Bedeutung blieb beschränkt auf Vorpommern; (3) selbst in diesem Teil Pommerns nahm ihre Bedeutung im Laufe des 16. Jahrhunderts ab.[57]

Beim Versuch weiterer Differenzierung dieser Ergebnisse mit Blick auf die Stadt-Land-Beziehung und auf die Patronatsverhältnisse bestätigen sich die aus anderen Studien bekannten Beobachtungen (Tab. 7c und 8).[58] Die städtischen Pastoren sind besser gebildet als die auf dem Lande. Ergänzend sollte beachtet werden, dass die Geistlichen, die ihre Karrieren auf dem Lande angefangen haben, meistens nur regional bedeutsame Universitäten besuchten (in Hinterpommern - Frankfurt/O., in Vorpommern - Greifswald); dass im Fall städtischer Pastoren die wichtigste auswärtige Universität an Bedeutung zunahm, also für Hinterpommern Wittenberg, für Vorpommern Rostock. Zu gleichen Ergebnissen kommt man bei der Analyse des Patronatssystems: sowohl in Hinter- als in Vorpommern beriefen die Städte überdurchschnittlich oft Absolventen der Universitäten Rostock, Wittenberg und Frankfurt/O.

Es ist schwer festzustellen, wie lange Pastoren studiert haben. Über 80% begannen ihr erstes Amt zwischen dem 20. und 40. Lebensjahr, durchschnittlich im Alter von 32. Im Durchschnitt betrug der Abstand zwischen der ersten Immatrikulation und dem Amtseintritt ca. 11–12 Jahre, wobei knapp 50 % dafür zwischen 4 und 11 Jahre brauchte; ca. 70 % schaffte es in einem Zeitraum zwischen 4 und 16 Jahren.

Natürlich wurde diese Zeit nicht nur für das Studium genutzt. Abgesehen von der Tatsache, dass die Berufe des Lehrers, des Schulmeisters oder des Praeceptors sehr oft als „Vorstufe" zum Amt eines Pastors dienten[59], wurde das Studium häufig durch andere Tätigkeiten unterbrochen. Der Abstand zwischen erster Immatrikulation und erstem Amtsantritt lag bei Pfarrern in den Städten bei ca. 15 Jahren; bei Pfarrern auf dem Land nur bei 11 Jahren.

---

57 Hier wurden die Behauptungen der älteren Geschichtsschreibung korrigiert, vgl. Heyden, Kirchengeschichte Pommerns (wie Anm. 38), Bd. 2, 73; ders., Die Erneuerung der Universität Greifswald und ihrer theologischen Fakultät im 16. Jahrhundert, in: Festschrift zur 500-Jahrfeier der Universität, Bd. 2, 19–33, hier: 27.

58 Anders Riegg, Konfliktbereitschaft (wie Anm. 4), passim.

59 Eine ungemochte „Vorstufe", worauf die Formulierungen „Schulschweiß", „pulver scholasticus" oder sogar „Esels-Arbeit" hinweisen: AP Sz. Kons. Stet. 5222, Paul Werth an das Konsistorium, Dobra (Daber) („in pulvere Scholastico desudavit"); AP Sz. Kons. Stet. 5447, Markus Völsche an den Superintendenten, Daberkow 15.10.1597 („in pulvere scholastico"); AP Sz. Kons. Stet. 2361, Rektor, Pyrzyce (Pyritz) 06.12.1638 („in pulvere scholastico"); AP Sz. Kons. Stet. 1137, Nicolaus Burhard an B. Krackevitz, 1632 („in pulvere scholast[ico] sudasse"); AP Sz. Kons. Stet. 2175, Georg Colditz jun. [an den Superintendenten?], Nowe Warpno (Neuwarp) 1620 („in pulvere scholastico mich abgewergelt"). LAG Rep. 36 II B 32, 2r, Paul Mentz an den Superintendenten, Stralsund 02.05.1617 („aliquod iam annis in ergastulo scholastico Barthi desudantem"); LAG Rep. 36 II T 8, Theodorus Praetorius an den Superintendenten, Tribsees 1608 („interim ego in hac mea sparta, quam summis viribus ornare enitor"); AP Sz. Kons. Stet. 4948, [I. Willich, Karlin (Körlin) 1669] „Gravamina! et Postulata" („Esels-Arbeit").

Auch im Blick auf die Ausbildung der Pastoren bestätigt sich das Bild von den selbständigen pommerschen Städten, die Pastoren mit „Auslandserfahrungen" bevorzugten und längere „Wartezeiten" bzw. „Vorbereitungszeiten" von Theologen verlangten.

5.

In wie weit waren die Karrieren der städtischen und ländlichen Pastoren unterschiedlich? Aus diesem komplexen Problem soll hier nur die Frage nach der beruflichen Mobilität der Pastoren aufgegriffen werden: wie weit waren die Mobilitätsgrade abhängig von den Patronatsformen?

Aktivität, Mobilität und Streben nach besseren Posten gehörte auf keinen Fall zu den idealen Eigenschaften eines Geistlichen. Jakob Runge, ein pommerscher Superintendent, beklagt sich oft darüber, dass „die Prediger wiedrum auch ruchloß werden, geben eine Kirche umb die andere, ziehen umb wie die Sa[e]u-Hirten, lassen verderben und verwesen Ha[e]user, Za[e]une, Ga[e]rten, Acker, Holtz."[60] Ein Versuch eine Pfarrstelle mit eigenen Kräften zu gewinnen, wurde oft zum Vorwurf gegen einen Kandidaten und eine der Ursachen der Ablehnung durch die Patronen und Gemeinde.[61] Ein Diakon in Łobez (Labes) versuchte sich 1666 gegen diese Vorwürfe zu wehren: „Wen nun einer sein hertz, Gemüht, undt Sinn der Theologie ergeben, undt bey sich befindet, daß Er dem lieben Gott zudienen gaben hatt, höret von einem Vacanten Ohrte, wer wollte denselben einem Mercenario, Current-Brüder, undt unberuffenen lehrer vergleichen, wen er ordentlicher Weise den beruff suchete, und erlangete [...] Wir seyndt nicht alle Viritantae Eruditionis et honorandae famae, daß unß die Vocationes ohn unser wissen entkegen kommen, undt unbekummert inß hauß gesandt werden".[62]

---

60 Runge, Bedanken (wie Anm. 20), 38; Balthasar, Sammlung (wie Anm. 22), Bd. 1, 132.

61 AP Sz. Kons. Stet. 2217, [B. Krackevitz] an den Herzog, Greifswald 24.08.1616 („durch seltzame mittel, hinfür thuen sollen, die solche Dienst ambieren"); AP Sz. Kons. Stet. 2673, [?] an B. Krackevitz, Sommersdorf 12.02.1614 (Klage über Kaspar Bergmann, der „sich mit listigkeit und lugenhafftigen Practiken in seine Pfahr gedencket zu dringen"); ebd., Thomas Manekow an B. Krackevitz, Sommersdorf 15.04.1614 („wie ein Stud[udiosus] Casparus Bergeman nicht allein bißhero auf meinen Stol gehoffet, besonde weil Ich ihm zu lange gelebet, itzo solche nichtige ungegrundete fundamenta [...] furgebracht die Er nicht verificiren kan"); AP Sz. Kons. Stet. 3433, Martin Pahlen an den Herzog und den Superintendenten, Altentreptow 04.–06.1594; AP Sz. Kons. Stet. 5226, Familie von Devitz, 1629 („ob nicht wahr, daß Martinus Losaeus pastor zue Jüstemin vor diesem [= vor der Berufung - M.P.] schon umb Succession in die Plantkowsche Pfarre, bei lebezeiten des daselbsten noch residirenden pastoris [= Martin Garbrecht, † 1630 - M.P.], auch in andere Pfarren und umb Conjunction derselben, wie auch dieser Jarchelinschen und Jüsteminschen Pfarren sollicitiret, und bei den Patronen die Vorschläge gethan". AP Sz. Kons. Stet. 5226, Präpositus in Dobra (Daber), Johann Flatow vor dem Notar, 1629: „Err Martinus Losaeus hette schon vor diesem auff den Todesfall des Pastoris zu Plantkow bei den Junckern ohne sein des Praepositi vorwissen umb succession sollicitiret, [...],[Präpositus - M.P.] Zeugt es aber wie ers erfaren, impugniret, und den Synodum darauff convociret".

62 AP Sz. Kons. Stet. 3994, Heinrich Droesius [1666].

Die Mobilität, verstanden als Wechsel der Pfarrstellen zwischen Dorf und Stadt, war sehr gering (Tab. 11). 80% der Pastoren begannen ihre Karriere auf dem Lande und beendeten sie dort auch. Nicht viel mehr als 3% schafften es, von einer ländlichen Pfarre zu einer städtischen zu wechseln und etwa 1% erlitt den Abstieg von der Stadt zum Dorf. Zwei Welten existierten parallel.[63]

Die Mobilität, im weiteren Sinne - verstanden als einfacher Stellenwechsel, war relativ klein: Die Mehrheit der Pastoren beendete ihre Karrieren dort, wo sie sie begonnen hatten (Tab. 12). Beim Versuch die aktive Gruppe der Geistlichen, die mehrere Stellen nacheinander besetzt haben, genauer zu betrachten, fällt auf, dass die Unterschiede zwischen den Patronen als auch zwischen den Dörfern und Städten nicht signifikant waren. In der Gruppe aktiver Pastoren, die es geschafft haben, innerhalb von 5 oder 10 Jahren ihre ersten Stellen zu wechseln, überwogen die Pfarrerssöhne. Der zweite Unterschied besteht zwischen den beiden Teilen Pommerns: die Geistlichkeit im Wolgaster Teil war mobiler als ihre Kollegen im Stettiner Teil (Tab. 12).

6.

„Die Ablösung des sakralen Amtsverständnisses durch die protestantische Auffassung vom geistlichen Beruf als funktionalem Dienst an der Gemeinde hatte nur geringe Auswirkungen auf das Verständnis des Verhältnisses von Pfarramt, Gemeinde und Adel als einer vornehmlich ökonomisch geprägten Beziehung, wie diese bereits vor der Reformation existiert hatte" - stellte Luise Schorn-Schütte fest.[64] Trotzdem oder vielleicht deswegen kam es im Zuge des 16. Jahrhunderts zur Herausbildung eines Sonderbewusstseins und eines neuen Amtsverständnis. Hervorgerufen durch zahlreiche politische, theologische und ökonomische Konflikte, unter denen der Interimstreit 1548 und die Widerstandsrechtsdebatte besonders wichtige Rollen spielten[65], fand das neue Verständnis seine Kanonisierung nicht nur in der Streitliteratur, sondern auch in Kirchenordnungen, die überkonfessionell im Bezug auf Tit 1,7 und 1 Tim 3,1-7 Tugenden und Eigenschaften der Geistlichen aufzählten[66]. Der Tugendkatalog galt als Legitimierung und Rechtfertigung des Sonderstatus der Geistlichen und fand seine Widerspiegelung nicht nur in den Leichenpredigten der Zeit[67], sondern auch in Streitigkeiten.[68]

---

63 Ganz andere Ergebnisse bei: Riegg, Konfliktbereitschaft (wie Anm. 4), 321ff.

64 Schorn-Schütte, Evangelische Geistlichkeit (wie Anm. 4), 390ff.

65 Darüber Schorn-Schütte, Evangelische Geistlichkeit (wie Anm. 4), 390-408.

66 Kerken-ordeninge (1535) (wie Anm. 51), 328b-329a; Kerkenordeninge (1569) (wie Anm. 44), 382b-383a; Balthasar, Jus (wie Anm. 22), Bd. 1, 282ff.

67 Z.B. Wolfgang Hopfner, Ehren-Titel // Jesu Christi // Dadurch Er uns seine Person und Wollthaten // vor Augen stellet; und wie wir solcher Wollthaten können // fähig und theilhafftig werden. // Bey dem Begräbnuß // Des weiland Wol-Ehrwürdigen / Vorachtbahren // und Wollgelehrten // Herrn M. Faustini Blen-//nonis, Stettin 1663, in: VP 4; Balthasar Kantzoff, Prima Divi Pauli Sapientia // Das ist // Die fürnembste und größeste Weisheit // des H. Apostel Paul // aus der 1. an die Corinth. 2. v. 1.2.3.4.5. // Bey

Die Herausbildung eines Sonderbewusstseins, in der Luise Schorn-Schütte eine Antwort „auf den Wandel im Selbstverständnis weltlicher Obrigkeit" sieht[69], war eng mit der Wahrnehmung des „Strafamts" der Geistlichen, das Streitigkeiten, Hass und Konflikte beinhaltete, wofür die Devise vom Superintendenten Jakob Runge „si hominibus placerem, servus dei non essem"[70] ein geeignetes Beispiel ist, verbunden. Ein Sohn von Jakob Runge, David, schrieb kurz nach dem Tod des Vaters an den Fürsten: „Sonst müße der beiden eines erfolgen, das ein Superintendent entweder den leuten zugefallen die Chrisliche Kirchenordnung disciplin, visitation und Iurisdiction ligen und fallen lassen müße [so er friede will haben – am Rand, M.P.] […] oder aber er müße sich auff gleiche muntze, und bezahlung schiecken, welche man meinem sehligen Vater geboten

---

Volckreichem und Hochansehlichen Begräbnuß // Des weiland WolEhrwürdigen / GroßAchtbaren // und Hochgelahrten Herrn // Jacobi Fabricii, Stettin 1654, in: VP 11, Fiij 2v (48); Kansdorf, Boni Idea Episcopi (wie Anm. 46); Abraham Battus, Kräfftige Trost // über die sehlig Verstorbenen // Gezeiget // Durch den hocherleuchten Apostel Paulum // 1 Thesal. 4 v. 13. & 14. // Und // Bey Christlicher Leichbegängnis // Des weiland WolEhrwürdigen / VorAchtbaren und // Wolgelahrten Herrn // Christophori // Cadeni, Greifswald 1662, in: VP 72.
Vgl. auch „Rats Regelment wegen des Ministerii", Stralsund 14.03.1603, Abschrift in: Stadtarchiv Stralsund [weiter als: StAS] Hs 286, 142r–v. Eine gekürzte Fassung der Tugendkataloge ist in Berufungsakten zu finden, z. B.: AP Sz. Kons. Stet. 4948, Jakob Kanicke, Karlin (Körlin) 12.04.1655 (Berufung von Immanuel Willich). Vgl. auch Cogeler, Eine vormanung (wie Anm. 28), Av 3v.
68 Verbrechen gegen den Tugendkatalog wurden als ein Entsagen der „Berufung" gesehen: LAG Rep. 5 Tit. 63 Nr. 219, 30, Sigismund August (Mecklenburg) an Bogislaus, Ivenack 04.05.1599: („wie er aber hernach ordentlicher weiß in sein Ambt zutretten, und die ausgelebten ehelichen pflichten zuvollenziehn vocieret worden, hatt er allerhalben (welches gleichwol solch einer person, wie er zu werden vorhabens, nit woll anstehet) einen bloßen geschlagen, dahero nun, wan diesem also solte zugesehen werden, dem heiligen predig ambt, und deßen dienern, leichtsam, weill dieselben das Jenige was sie andern verbitten solten, selbst zu werck richten kein schew tragen, ein böser Nam angehengkt werden könte"); AP Sz. Kons. Stet. 1932, Patronen Parlin [vor 30.05.1617] (eine ähnliche Kritik: „Was nun ein solcher Man bawen und bei der Kirche Gottes nutz schaffen würde").
69 Schorn-Schütte, Evangelische Geistlichkeit (wie Anm. 4), 399.
70 UAG St 105, 69v, Vormünder der Witwe von Matthäus Wolff an den Herzog, [1605]: „nach dem spruch Pauli: Si hominibus placerem non essem ministeri Christi, / welches des seligen Herrn Superintendentis D. Jacobi Rungi und anderer Symbolum gewesen". Der Zitat aus Act. 20,28 kam oft in Äußerungen der Pastoren vor, z. B. Paul von Rode auf der Synode 1561: „Si hominibus Placerem, Christum Minister non essem", in: Balthasar, Sammlung (wie Anm. 22), Bd. 1, 206. Vgl. auch Leichenrede für Joachim Fabricius: „Prediger sollen nicht allein auf die Gemeine sehen / besondern auch auf sich selbst Acht haben", in: Christian Gentzken, Ornatus Sacerdotalis, // Der Priesterliche Schmuck, // in dem Königlichen Priesterthumb Jesu Christi / // gezeiget / // auß dem 1. und 2. vers. des 57. Cap. Esaeiae, // bey Christ-ansehnlicher und Volckreicher Beerdigung, // Dey weyland WolEhrwürdgein / GroßAcht- // bahren und Wolgelahrten/ // Herrn Joachimi // Fabricii, // Stettinensis Pomierani, // gewesenen treufleißigen / aber leyder kurtze Zeit / Pre- // digers zu St. Georgen in Wollin zu Lazig, Stettin 1676, in: VP 75, 25–26.

hat, welche hochbeschwerlich ist."[71] Eine sehr ähnliche Formulierung kam von der Feder des Superintendenten Bartholdus Krackevitz, der über die Aufgaben eines Pastors
schrieb: „Dieselbige bestehet nun hierinne keines weges / das Prediger mit jhrem
Ampte etwas der Welt kützel seyn / sich von jedem Hundes Buben auff dem Maule
trumpen / von Christi jhnen angefohlenen Gemeinen (darin es alles ehrlich und
ordentlich zugehen soll) einen Viehe oder Bullenstall machen lassen / zu allem / was
vorgehet / convivieren, und / auß Furcht der schnöden Welt / erstummen / oder auch alles / was die Gewaltigen urtheilen / thuen / fürnehmen / gut heissen sollen".[72] Aus den
Worten von Krackevitz geht deutlich hervor, dass die Sittenkritik sich in Augen des Superintendenten sowohl gegen die weltliche Obrigkeit als auch gegen die Gläubigen richtete. Dieser Selbstwahrnehmung folgten viele Konflikte nicht nur um das Berufungs-
recht und die Abgaben oder die Reinheit der Lehre[73], sondern auch um die Kanzelkri-
tik[74], das Bann- und Absolutionsrecht[75] und generell um die Disziplinierung der Gläubigen.

---

71 LAG Rep. 5 Tit. 63 Rep. 209, David Runge an den Herzog, 11.03.1595.

72 Bartholdus Krackevitz, Zehen // Christliche, in Gottes Worte, und andern // wichtigen Motiven, //
gegründete Ursachen / // warümb die Lutherischen Prediger / in // den Vor Pommerischen Gemeinen / Wol-
// gastischer Regierung / und Fürstenthumb // Rüigen mit gutem / reinen Gewissen nicht ver- // statten
können, daß Leute / der Calvinischen verdampten Re- // ligion im Leben kundtbar und hartneckisch
zugethan / mit // denen in unsern Kirchen durchauß gebreuchlichen So- // lenniteten, nach ihrem Tode / bey
jhnen bestettiget // und begraben werden, Greifswald 1636, E 1r.

73 Vgl. Maciej Ptaszyński, "Si hominibus placerem, servus dei non essem". Ein
Kommunionsverweigerungsfall im Herzogtum Pommern-Wolgast im 17. Jahrhundert, in: Barock. Deutsch-
polnische Kulturkontakte im 16.–18. Jahrhundert, 2006, 33–54.

74 AP Sz. Kons. Stet. 3994, Samuel Buthenius an das Konsistorium [Łobez (Labes) 1663?]: „zum theil
wieder mich, zum theil wieder meine Pfarrkindern, welche Er auch deßwegen unlengst vor Ostern für
Verflucht, und das gantze Städtlein für ein verflucht ding publice und pro concione außgeruffen"; vgl. auch
die Verteidigung des Beklagten, ebd., Heinrich Droesius an das Konsistorium [1666]: „Unumbgänglich habe
ich ihn unter die Bier-Musicanten mitrechnen und vergleichen müssen, weil er gantz ungegründete rationes
wegen meiner predigten einziehet, dieselbe censiret, die Er doch nicht höret oder gar selten; Gestehe ihm
derowegen so wenig über meine predigen, alß über mein gewissen [...] keine Censur". AP Sz. Kons. Stet.
5230, Kirchenmatrikel Dobra (Daber) 1598 („der Pastor, wegen seines unzeitigen Privateifers auf der
Cantzel beschuldigt worden [ist - M.P.] [...] Ist dieser Punct dahin verabschiedet, das anfenglich der Pastor
hiemit bey entsetzung seines ampts verwarnett sein soll, und allen unzeitigen privat Eyfder und affecten,
außerhalb seines Predigampts hinfuro abzustehen, und daßelbe sein anbefohlenes Predigampt allein nach
dem Richtschnur Gottlichs wort, ohne einige privat affect, so mit dem ampte keine gemeinscheifft haben
sollen, zutreiben"). Vgl. AP Sz. AKS I/2267, 35–37, Heinrich Camerarius, Martin Chemnitius, Rostock
19.05.1596 (betr. Klagen der Bürgermeister Barth über Pastor Caspar Helm); AP Sz. Kons. Stet. 2217, Lu-
kas Bruverus an B. Krackevitz, Pasewalk 01.04.1622 (der Pastor berichtet über Reaktion des Stadtrats, der
sich gekränkt fühlte: „dahero das wir vormuge das Gottlichen gebott das Straffampt kegen ihre Sunde mit
ernste wie wirs fur Gott, u[nserem] g[nädigen] f[ürst] u[nd] herr und deß J[hrer] F[ürstlichen] g[nade]
Consistorio und Jedermenniglich zuvorantworten getrawen gefuret"); LAG Rep. 36 II T 8, unsigniert [wahr-

Ohne hier im Detail auf die Streitigkeiten einzugehen, kann in Bezug auf die Leichenpredigten[76] und andere Quellen[77] festgestellt werden, dass die Konflikte und Strei-

---

scheinlich Joachim Müller, Tribsees, 1615]; AP Sz. AKS I/2267, 65–81, Magnus und Lorentz Träder an den
Herzog [Stargard, 05.1611].

In Kirchenvisitationsabschiede sind viele Verbote dieser Praxis zu finden: z. B. AP Sz. Kons. Stet. 2654,
Kirchenmatrikel Zielin (Sellin) 1594 („[Pastor – M.P.] im Predigen sich des unzeitigen Eyfers enthalten
soll"). Kritik der Obrigkeit auch in: AP Sz. AKS I/2267, 35–37, Bogislaus XIII, Barth 23.12.1599.

75 AP Sz. Kons. Stet. 2587, Kirchenmatrikel Dzwonowo (Schönebeck) 1605; AP Sz. Kons. Stet. 3480b,
Kirchenmatrikel Krzywnica (Uchtenhagen) 1605.

76 Vgl. „Anderer vielfältigen wiedrigen Begebnissen / Neid / Haß und Verfolgung / so bey seinem heiligen
Ampte über Ihn ergangen / nicht zu gedencken / welches alles Er doch / als LiebesZeichen seines
Himmlischen Vaters / angenommen / und mit andächtigem Gebet und beständiger ungemeiner Gedult
ertragen / und glücklich überwuden […] Was ist gemeiner in der Welt / alß daß Gottes Wort und Diener ein
Liedlein in den Zechen / ein Spott der Leute / und Verachtung des Volcks / sonderlich derer seyn müssen /
die ihnen sonderliche Weißheit einblinden? Was ist gemeiner / alß daß Prediger / wenn sie nicht nach der
Welt Pfeiffe tantzen wollen / sich müsser verachten / drücken / verfolgen und plagen lassen?", in: Gottlieb
Eckstein, Eines // Treuen Lehrers // Valet-Predigt // Bey seinem Abschied auß dieser Welt / // Welche // Der
weiland // Hoch-Ehrwürdige/ Großachtbare // und Hochgelehrte Herr / M. Fridericus // Cramerus, // Treu-
wohlverdienter Pastor an St. Jacobi Kirchen / // E. E. Stettin. Ministerii Wohlwürdiger Senior und der Stadt-
// Schulen hoch-ansehnlicher Ephorus, // Als selbiger // Den 28. Novembr. des 1691. Jahres / // Seinen
seeligen Abschied auß dieser Welt nahm / // Und darauff // Den 14. Ianuarii, itztlauffenden 1692. Jahres / //
dem entseelten Cörper nach / mit Christo rühmlichen Ceremo- // nien in St. Marien Stiffts-Kirchen / zu
seinen Vätern // gesammlet wurde / Nach Pauli Exempel / Auß der I. Epistel an die Thessalonicher am II.
Cap. v. 3 -- 8. // Bey / Seiner / Volckreichen / Hoch- und wol-ansehnlich-geschehenen // Leichen-
Begleitung / // abzustatten beliebt, Stettin 1695, d 1v, xij 1v-xiij 1v, in: VP 54; Christoph Tetzloff, Den bey
dem leitenden Antlitz // Gottes im Leben und Tode ruhi- // gen Christen / // Am Tage der Standes-mässigen
Beerdigung // des zu seiner Ruhe eingegangenen // Wollgebohrnen Best und Hochgelahrten // Herrn // Hn.
D. Petri // von Mascowen, Greifswald 1722, 10–11, in: VP 60; Johann Gerdes, Billig // Bethränter / Doch /
Seliger / Abschied // Des weyland // Wol-Ehrwürdigen / Großachtbah- // ren und Wolgelahrten // Herrn
Christian // Schmieden / // Wolverdienten treuffleissiger Diaconi zu // S. Marien in Stargard, Stettin 1693, in:
VP 65; Kansdorf, Boni Idea Episcopi (wie Anm. 46), 482v–483r („Es ist auch in diesem Leben sonderlich
jetziger Zeit / nicht schwerers / mühsamers / und gefährlichers / als ein Bischöff- und Priesterliches Ampt.
Denn Christus sendet seine Jünger / wie die Schafe unter die Wölffe"); Joachim Burgman, Christliche
Leichpredigt / // Uber den Tödtlichen Abgang // Des weiland Ehrwürdigen / Andächtigen und //
Wolgelahrten // Hrn Andreae Ho- // jeri, wolverdienten Pastorn // der Christlichen Gemeinen zu Morgenitz
und // Mellentyn / auch Seniorn des Usethumbschen // Synodi. // Welcher Anno 1636. den 9. Octobris, alß
am Tage Dionysii. // zu Mitternacht / in wahrem Glauben an JEsum Christum / sanfft und selig //
entschlaffen / Und den folgenden 27. in Christlicher Versamlung zu // seinem Ruhekämmerlein gebracht und
eingesetzet worden: // Gehalten / und auff Begehren in den Druck // verfertiget, Greifswald 1636, in: VP 81,
16–17; Hernicus Philipp Friedlieb, Aller // Prediger Engel // Christlich Gebühr / und Göttlich Gnaden
Außstewr // Oder // Kurtze Erklärung des an- // dern Brieffes / des Evangelisten und Apostels / S. Johannis /
geschrieben an den Engel zu Smyrnen / // auffgezeichnet Apol. 2. v. 8.9.10.11. // Bey ansehlicher
Leichbegängnuß // Des Weyland WolEhrwürdigen / WolEdlen // GrochAchtbahren / und Hochgelahrten //

tigkeiten zu den gewünschten Elementen einer Pfarrerbiografie gehörten. Das Leiden war in Augen der Geistlichen das Nachfolgen Christi, wozu sowohl jeder Gläubige als auch die ganze Kirche verpflichtet war. Die Kirche war wie Sykomore, sie brachte keine Früchte, solange sie nicht verletzt wurde.[78]

7.

In Pommern wie in anderen protestantischen Territorien des alten Reiches kam es im 16. Jahrhundert im Verlauf der Konfessionsverfestigung zur Herausbildung und Professionalisierung der Berufsgruppe der Geistlichen. Die Gruppe hatte ihre eigenen Rekrutierungsstrukturen, in denen die universitäre Bildung eine immer größere Rolle spielte. Die Karrierestrukturen scheinen im beobachteten Zeitraum auch immer gefestigter geworden zu sein, wie auch der soziale Status der Pastoren, ihr Schicksal und das ihrer Familien auch außerhalb der Amtszeit sicherte.

Herrn Bartholdi Krackevitzen, Greifswald 1642, in: VP 83, 54 („Ob er nun wol bey sothaner getrewen Verrichtung seines hohen Ampts allerhand Haß / Feindschafft / Widerstand / schimpfsieren der falschen Brüder / und der Welt Verfolgung empfinden müssen / ist er doch so leicht nicht weich oder zaghafftig worden / sondern hat sich beständig / geduldig und getrost erzeiget"); ders., Christliche Kampf und folgende // Gerechtigkeit Krone: // oder // LeichPredigt auf 2 Tim 4 v. 7. 8. // Des Weyland Ehrwürdigen / Andechti-// gen und Wolgelahrten Herrn // Erendridi // Loleii, Greifswald 1638, in: VP 28 und 85; Christian Groß, Mira facies Doctorum // Wunderbahre Gestalt // der Dienerr Christi // Ex 2. Corinth. 6. Cap. V. 9. & 10. // Bey Christlicher und Volckreicher Leichbegängnus // Des Weylandt Ehrwürdigen / Achtbahren // und Wollgelarten // Herrn // M. Danielis Langii, Stettin 1639, in VP 84, 238r–244r („die gottlosen / welche doch immer auch in der Kirche der gröste Hauffe sind / ist Gottes Wort ein Grewel [...] darum sollen wol Bösewichte gefunden werden / die uber dem Todt jhrer Prediger ihr Maul mit der bösen Rotte auffsperren / und sprechen - da / da [...] sie [= die Pastoren - M.P.] sind Kranckheiten / Armuth / Verachtung / Verleumbdung / Haß-Neid und dergleichen sonderlich für andern unterworffen").

77 APSz AKS I/34, 39–42, Jacob Faber an den Herzog, [1588] über den Tod von C. Stymmela schriebt er: „Fuerunt hactenus, et forte etiam dum sunt, qui Virum hunc praeter omne suu[m] meritum extreme oderunt, sed hoc quam indigne illi evenerit, nobis, qui familiariter cum ipso sumus versati, notum est"; LAG Rep. 5 Tit. 63 Nr. 103, 230r–240r, Joachim Hagen an den Herzog, Wusterhusen 12.09.1619 (der Vergleich mit Christus).

78 Johann Cogeler, Imagines // Elegantissimae // quae multum lucis ad // intelligendos doctrinae Christianae locos ad- // ferre possunt, Collectae, partim ex praelectio- // nibus Domini Philippi Melanthonis, Wittenberg 1558, F4 1v („Sic Ecclesia non adfert fructus, nisi scalpatur & ungatur, hoc est, sine castigationibus & sine divina consolatione consistere nequi"). Vgl. Joachim Prätorius, Christliche // Leichpredigt / bey // dem Begrebnus weiland der Ehr und // Tundenreichen Frawen Gerdrut Rungen, des // Ehrwürdigen und Hochgelarten Herrn Jacobi // Fabri, der heiligen Schrifft Doctoris, und // der Pommerschen Kirchen in Stettinischen // Fürstentum Superintendentis // Ehegemahl, // welche den 28. Monatstag Julii in // der Stifftskirchen zu S. Marien alhie mit Christlichen Ceremonien zu Erden be- // stätiget worden, Stettin 1600, B 1v („die frommen Gottseligen getribuliret / verxieret / geschmehet / verlestert / verfolget / und ihnen nach Ehr und glimpff / nach heil und wolfarth gestellet werde / unnd insonderheit auch wol Gottes dienern / die an Christi stete stehen").

Für das soziale Bild der Gruppe waren aber weitere Faktoren verantwortlich. Zusammenfassend scheint es bewiesen zu sein, dass pommersche Städte in vielen Bereichen eine selbständige Kirchenpolitik geführt haben. Sie beriefen des Öfteren fremde Pastoren und seltener Pfarrerssöhne ins Amt. Es bleibt allerdings offen, ob man diesen Befund als Beleg für die lange Dauer des städtischen Antiklerikalismus interpretieren soll. Es scheint plausibler zu sein, dass es in diesem Falle um die Suche nach Fachleuten geht, was z.B. durch die höhere Qualifikation der berufenen Pastoren bewiesen werden könnte. Man muss jedoch hinzufügen, dass die Unterschiede zwischen Pommern-Wolgast und Pommern-Stettin vielfältiger waren als bloße Unterschiede zwischen Städten und Dörfern sowie zwischen Patronatsverhältnissen. Die andere Dynamik der Karrieren und Stellenwechsel, welche sich nicht auf die besprochenen Faktoren beschränken lassen, weist auf andere – wirtschaftliche und politische – Ursachen hin.

Zur Herausbildung der Gruppe gehörte auch die Herauskristallisierung ihres Selbstverständnisses und Sonderbewusstseins, in der die Bildung und Erudition eine herausragende Bedeutung gewann, trotz oder vielleicht wegen einer gewissen „Inflation" der universitären Bildung, die immer öfter als „selbstverständliche" Voraussetzung der Zulassung zum Kirchenapparat angesehen wurde. Die Bereitschaft zum Leiden im Sinne der „Nachfolge Christi" stellte einen Teil des Sonderbewusstseins dar.

Tabelle 1, Herkunft der pommerschen Pastoren, ca. 1550–1618

		n	%	Gültige %	Kum. %
	Pommern Allgem.	*754*	*39,7*	*82,1*	
	Pommern-Wolgast	277	14,6	30,2	30,2
	Pommern-Stettin	450	23,7	49,0	79,2
	Pommern ?	27	1,4	2,9	82,1
	Fremde	*164*	*8,6*	*17,9*	
	Mecklenburg	38	2,0	4,1	86,3
	Brandenburg	39	2,1	4,2	90,5
	Sachsen	28	1,5	3,1	93,6
Herkunft	Polnisch	7	0,4	0,8	94,3
	andere	52	2,7	5,7	100
	Gesamt	**918**	**48,3**	**100**	
fehlt Angabe		983	51,7		
Gesamt		**1901**	**100**		

Tabelle 2, Amtseintritt der Pastoren in Pommern-Wolgast und Pommern-Stettin

			Herkunft			
			Pom.-Wolgast	Pom.-Stettin	Fremde	n
	vor 1550	n	9	14	9	32
		%	28,1%	43,8%	28,1%	100%
	1551–1560	n	27	22	14	63
		%	42,9%	34,9%	22,2%	100%
	1561–1570	n	30	33	18	81
		%	37,0%	40,7%	22,2%	100%
	1571–1580	n	12	49	13	74
		%	16,2%	66,2%	17,6%	100%
	1581–1590	n	33	57	23	113
		%	29,2%	50,4%	20,4%	100%
	1591–1600	n	35	78	26	139
		%	25,2%	56,1%	18,7%	100%
	1601–1610	n	42	60	18	120
		%	35,0%	50,0%	15,0%	100%
	1611–1620	n	37	63	17	117
		%	31,6%	53,8%	14,5%	100%
Amtseintritt	nach 1621	n	25	4	1	30
		%	83,3%	13,3%	3,3%	100%
Gesamt		n	250	380	139	769
		%	32,5%	49,4%	18,1%	100%

Tabelle 3, Herkunft der Kandidaten beim Amtseintritt

			Herkunft			Gesamt
			Pom.-Wolgast	Pom.-Stettin	Fremde	
1. Amt	Pom.-Wolgast	n	242	61	70	373
		%	87,7%	13,6%	42,9%	42,1%
	Pom.-Stettin	n	31	378	78	487
		%	11,2%	84,6%	47,9%	55,0%
	andere	n	3	8	15	26
		%	1,1%	1,8%	9,2%	2,9%
Gesamt		n	276	447	163	886
		%	100%	100%	100%	100%

Tabelle 4, Anteil der Patronatsherren bei erster Nomination (n= 1894)

Patronat \ 1. Amt	Pom.-Wolgast	Pom.-Stettin	Gesamt
Herzog	47,0%	29,1%	35,3%
Adel	31,6%	47,7%	39,9%
Stadt	4,7%	6,9%	5,8%
Universität	1,9%		0,7%
Herzog/Adel	2,7%	3,7%	3,2%
Herzog/Stadt	6,5%	8,3%	7,3%
Herzog/Universität	0,3%		0,1%
Adel/Stadt		1,7%	1,0%
Stadt/Universität	1,2%		0,5%
fehlt Angabe	4,3%	2,6%	6,2%
Gesamt	100	100%	100%

Tabelle 4a, Anteil der Patronen bei erster Nomination in beiden Teilen Pommerns; nach Herkunft der Pastoren (n = 824)

				Herkunft			
				Pom.-Wolgast	Pom. Stettin	Fremde	Gesamt
Pom.-Wolgast	Patronat	Herzog	n	131	27	26	184
			%	**71,2%**	14,7%	14,1%	100%
		Adel	n	60	15	18	93
			%	**64,5%**	16,1%	**19,4%**	100%
		Stadt	n	11	1	7	19
			%	**57,9%**	5,3%	**36,8%**	100%
		Universität	n	5	0	2	7
			%	71,4%	,0%	28,6%	100%
		Herzog/Adel	n	4	2	1	7
			%	**57,1%**	**28,6%**	**14,3%**	100%
		Herzog/Stadt	n	20	8	7	35
			%	**57,1%**	**22,9%**	**20,0%**	100%
		Herzog/ Universität	n	0	1	0	1
			%	,0%	100%	,0%	100%
		Stadt/ Universität	n	4	0	0	4
			%	100%	,0%	,0%	100%
	Gesamt		n	235	54	61	350
			%	67,1%	15,4%	17,4%	100%
Pom.-Stettin	Patron	Herzog	n	6	120	24	150
			%	4,0%	**80,0%**	16,0%	100%
		Adel	n	9	160	34	203
			%	4,4%	**78,8%**	16,7%	100%
		Stadt	n	3	37	4	44
			%	**6,8%**	**84,1%**	**9,1%**	100%
		Herzog/Adel	n	2	13	3	18
			%	11,1%	72,2%	16,7%	100%
		Herzog/Stadt	n	11	30	12	53
			%	**20,8%**	**56,6%**	**22,6%**	100%
		Adel/Stadt	n	0	6	0	6
			%	,0%	100%	,0%	100%
	Gesamt		n	31	366	77	474
			%	6,5%	77,2%	16,2%	100%

Tabelle 5, Gesellschaftliche Herkunft nach Vaters-/Schwiegervatersberuf

(Schwiegervatersberuf - wenn Beruf des Vaters fehlt)

		n	%	Kum. %
	Geistlichkeit	**280**	**64,1**	**64,1**
	Pastor	*254*	*58,1*	
	Kirchendiener	*21*	*4,8*	
	Schularbeiter	*5*	*1,1*	
	Verwaltung	**63**	**14,4**	**78,5**
	Zentralverwaltung, Professor	*11*	*2,5*	
	Lokale Elite	*51*	*11,7*	
	Lokale Aministration	*1*	*,2*	
	Bürger	**52**	**11,9**	**90,4**
	Kaufmann	*25*	*5,7*	
	Handwerker	19	4,3	94,7
	Bauer	4	,9	95,7
Beruf	Andere	19	4,3	100
	Gesamt	437	100	
Fehlend		1464		
Gesamt		1901		

Tabelle 5a, Vatersberuf

		n	%	Kum. %
	Geistlichkeit	**198**	**61,3**	**61,3**
	Pastor	*176*	*54,5*	
	Kirchendiener	*17*	*5,3*	
	Schularbeiter	*5*	*1,5*	
	Verwaltung	**46**	**14,2**	**75,5**
	Zentral-verwaltung, Professor	*8*	*2,5*	
	Lokale Elite	*37*	*11,5*	
	Lokale Aministration	*1*	*0,2*	
	Bürger	**44**	**13,6**	**89,2**
	Kaufmann	*21*	*6,5*	
	Handwerker	18	5,6	94,7
	Bauer	4	1,2	96,0
Beruf	Andere	13	4,0	100
	Gesamt	323	100	
Gesamt		1901		

Tabelle 5b, Schwiegervatersberuf

		n	%	Kum. %
	Geistlichkeit	**180**	**64,3**	64,3
	Pastor	*174*	*62,1*	
	Kirchendiener	*6*	*2,1*	
	Verwaltung	**45**	**16,1**	80,4
	Zentralverwaltung, Professor	*5*	*1,8*	
	Lokale Elite	*40*	*14,3*	
	Bürger	**28**	**10,0**	90,4
	Kaufmann	*15*	*5,4*	
	Handwerk	3	1,1	91,4
Beruf	andere	24	8,6	100
	Gesamt	**280**	100	

Tabelle 5c, Beruf eines Schwiegervaters aus der ersten Ehe

		n	%	Kum. %
	Geistlichkeit	**161**	**68,5**	**68,5**
	Pastor	*155*	*66,0*	
	Kirchendiener	*6*	*2,6*	
	Verwaltung	**34**	**14,5**	**83,0**
	Zentralverwaltung, Professor	*5*	*2,1*	
	Lokale Elite	*29*	*12,3*	
	Bürger	**21**	**8,9**	**91,9**
	Kaufmann	*10*	*4,3*	
	Handwerk	3	1,3	93,2
Beruf	andere	16	6,8	100
	Gesamt	**235**	100	

Tabelle 5d, Beruf der Schwiegerväter aus den nächsten Ehen

		n	%	Kum.%
	Geistlichkeit (nur Pastoren)	**19**	**42,2**	42,2
	Verwaltung (nur lokale Elite)	**11**	**24,4**	66,7
	Bürger	**7**	**15,6**	82,2
	Kaufmann	*5*	*11,1*	
	Andere	8	17,8	100
Beruf	Gesamt	**45**	100	
Gesamt		111		

Tabelle 6, Vatersberuf (Stadt/Dorf)

		Status		
		Stadt	Dorf	Gesamt
Vatersberuf	Geistlichkeit	47,7%	66,4%	61,3%
	Verwaltung	19,3%	12,3%	14,2%
	Bürger	20,5%	11,1%	13,6%
	Handwerk	6,8%	5,1%	5,6%
	Bauern	1,1%	1,3%	1,2%
	Andere	4,5%	3,8%	4,0%
Gesamt		100%	100%	100%

Tabelle 6a, Vaters-/Schwiegervatersberuf (Patronat)

			Vaters-/Schwiegervatersberuf						
			Geist-lichkeit	Verwal-tung	Bürger	Hand-werk	Bauern	andere	n
Patron	Herzog	n	**116**	21	21	6	1	10	175
		%	**66,3%**	12,0%	12,0%	3,4%	,6%	5,7%	100%
	Adel	n	**88**	14	9	6	2	4	123
		%	**71,5%**	11,4%	7,3%	4,9%	1,6%	3,3%	100%
	Stadt	n	**13**	**4**	**4**	**3**	1	2	27
		%	**48,1%**	**14,8%**	**14,8%**	**11,1%**	3,7%	7,4%	100%
	Universität	n	0	2	1	0	0	0	3
		%							
	Herzog/ Adel	n	12	1	1	1	0	0	15
		%	80,0%	6,7%	6,7%	6,7%	,0%	,0%	100%
	Herzog/ Stadt	n	**30**	**15**	**11**	**2**	0	1	59
		%	**50,8%**	**25,4%**	**18,6%**	**3,4%**	,0%	1,7%	100%
	Adel/Stadt	n	1	0	0	0	0	0	1
		%							
	Stadt/ Universität	n	5	3	2	0	0	1	11
		%	45,5%	27,3%	18,2%	,0%	,0%	9,1%	100%
Gesamt		n	265	60	49	18	4	18	414
		%	64,0%	14,5%	11,8%	4,3%	1,0%	4,3%	100%

Tabelle 6b, Vatersberuf (Patronat)

			Vaterberuf						Gesamt
			Geist-lichkeit	Verwal-tung	Bürger	Hand-werk	Bauern	andere	
	Herzog	n	77	14	19	5	1	6	122
		%	**63,1%**	11,5%	15,6%	4,1%	,8%	4,9%	100%
	Adel	n	62	14	7	6	2	2	93
		%	**66,7%**	15,1%	7,5%	6,5%	2,2%	2,2%	100%
	Stadt	n	9	2	3	3	1	2	20
		%	**45,0%**	**10,0%**	**15,0%**	**15,0%**	5,0%	10,0%	100%
	Universität	n	0	2	1	0	0	0	3
		%							
	Herzog/	n	9	1	1	1	0	0	12
	Adel	%	75,0%	8,3%	8,3%	8,3%	,0%	,0%	100%
	Herzog/	n	26	9	10	2	0	1	48
	Stadt	%	**54,2%**	**18,8%**	**20,8%**	**4,2%**	,0%	2,1%	100%
	Adel/	n	1	0	0	0	0	0	1
	Stadt	%							
	Stadt/	n	3	2	2	0	0	1	8
	Universität	%	37,5%	25,0%	25,0%			12,5%	100%
Patron	fehlt	n	11	2	1	1	0	1	16
	Angabe	%	68,8%	12,5%	6,3%	6,3%	,0%	6,3%	100%
Gesamt		n	198	46	44	18	4	13	323
		%	61,3%	14,2%	13,6%	5,6%	1,2%	4,0%	100%

Tabelle 6c, Heiratspolitik: Schwiegervatersberuf und Vatersberuf (1. Ehe)

			Vatersberuf						Gesamt
			Geist-lichkeit	Verwal-tung	Bürger	Hand-werk	Bauern	andere	
Schwiegervater	Geistlich-keit	n	40	13	14	9	1	2	79
		%	65,6%	65,0%	53,8%	100%			65,3%
	Verwal-tung	n	7	4	6	0	0	0	17
		%	11,5%	20,0%	23,1%				14,0%
	Bürger	n	6	0	5	0	1	1	13
		%	9,8%	,0%	19,2%				10,7%
	Handwerk	n	1	1	0	0	0	0	2
		%	1,6%	5,0%	,0%				1,7%
	andere	n	7	2	1	0	0	0	10
		%	11,5%	10,0%	3,8%				8,3%
Gesamt		n	61	20	26	9	2	3	121
%			100%	100%	100%	100%	100%	100%	100%

Tabelle 7, Universitätsimmatrikulationen der pommerschen Pastoren

	N	%	Gültige %	Kum. %
Greifswald	289	30,5	32,7	32,7
Wittenberg	195	20,6	22,0	54,7
Frankfurt/O.	164	17,3	18,5	73,2
Rostock	146	15,4	16,5	89,7
Königsberg	23	2,4	2,6	92,3
Leipzig	20	2,1	2,3	94,6
Jena	14	1,5	1,6	96,2
Gießen	6	,6	,7	96,8
Helmstedt	6	,6	,7	97,5
Tübingen	6	,6	,7	98,2
Marburg	5	,5	,6	98,8
Basel	2	,2	,2	99,0
Erfurt	2	,2	,2	99,2
Heidelberg	2	,2	,2	99,4
Göttingen	1	,1	,1	99,5
Ingolstadt	1	,1	,1	99,7
Köln	1	,1	,1	99,8
Kopenhagen	1	,1	,1	99,9
Leiden	1	,1	,1	100
Gesamt	885	93,5	100	
fehlt Angabe	62	6,5		
Gesamt	947	100		

Tabelle 7a, Universitätsimmatrikulationen der pommerschen Pastoren, nach Herkunft

		Herkunft						Gesamt
		Pom-Stettin	Pom-Wolgast	Pommern ?	Mecklemburg	Branden-burg	andere	
Greifswald	n	66	185	1	7	7	14	280
	%	18,9%	55,1%	10,0%	13,0%	13,5%	23,3%	32,5%
Wittenberg	n	100	49	2	7	11	21	190
	%	28,6%	14,6%	20,0%	13,0%	21,2%	35,0%	22,0%
Frankfurt/O.	n	103	20	4	4	20	9	160
	%	29,4%	6,0%	40,0%	7,4%	38,5%	15,0%	18,6%
Rostock	n	42	56	2	26	5	12	143
	%	12,0%	16,7%	20,0%	48,1%	9,6%	20,0%	16,6%
andere Univer.	n	39	26	1	10	9	4	89
	%	11,1%	7,7%	10,0%	18,5%	17,3%	6,7%	10,3%
Gesamt	n	350	336	10	54	52	60	862
	%	100%	100%	100%	100%	100%	100%	100%

Tabelle7b, Universitätsimmatrikulationen;

Vergleich Pommern-Wolgast und Pommern-Stettin.

		Amtseintritt									%
Herkunft		bis 1550	1551-1560	1561-1570	1571-1580	1581-1590	1591-1600	1601-1610	1611-1620	nach 1621	
Pom.-Stettin	Greifswald	33,3%	33,3%	26,9%	28,6%	23,1%	11,3%	22,0%	12,5%	18,2%	20,2%
	Wittenberg	44,4%	20,0%	42,3%	34,3%	25,6%	22,6%	28,0%	31,3%	9,1%	28,8%
	Frankf./O.	22,2%	26,7%	23,1%	25,7%	23,1%	32,1%	30,0%	29,7%	18,2%	27,5%
	Rostock		13,3%	7,7%	2,9%	17,9%	11,3%	14,0%	10,9%	27,3%	11,6%
	and. Univ.		6,7%		8,6%	10,3%	22,6%	6,0%	15,6%	27,3%	11,9%
	Gesamt	100%	100%	100%	100%	100%	100%	100%	100%	100%	100%
Pom.-Wolgast	Greifswald	66,7%	58,6%	76,0%	78,6%	56,8%	52,2%	50,8%	52,3%	38,5%	55,0%
	Wittenberg	22,2%	13,8%		7,1%	9,1%	19,6%	13,6%	20,5%	15,4%	13,9%
	Frankf./O.		6,9%	4,0%	7,1%	2,3%	8,7%	1,7%	6,8%	10,3%	5,5%
	Rostock	11,1%	20,7%	20,0%	7,1%	18,2%	8,7%	23,7%	11,4%	23,1%	17,2%
	and. Univ.					13,6%	10,9%	10,2%	9,1%	12,8%	8,4%
	Gesamt	100%	100%	100%	100%	100%	100%	100%	100%	100%	100%

Tabelle7c, Universitätsimmatrikulationen;
Vergleich Pommern-Wolgast und Pommern-Stettin; Stadt/Dorf

			Status		
			Stadt	Dorf	%
Pom.-Wolgast		Greifswald	40,5%	50,1%	47,5%
		Wittenberg	18,3%	17,6%	17,8%
		Frankfurt/O.	7,6%	6,8%	7,0%
		Rostock	22,9%	18,1%	19,4%
		andere Univer.	10,7%	7,4%	8,3%
	Gesamt		100%	100%	100%
Pom.-Stettin		Greifswald	16,1%	13,4%	14,6%
		Wittenberg	33,9%	22,3%	27,6%
		Frankfurt/O.	22,6%	40,6%	32,4%
		Rostock	13,1%	11,9%	12,4%
		andere Univer.	14,3%	11,9%	13,0%
	Gesamt		100%	100%	100%

Tabelle 8, Anzahl der besuchten Universitäten

		n	%	Gültige %	Kum. %
n	nur 1	407	43,0	60,7	60,7
	nur 2	156	16,5	23,3	84,0
	nur 3	39	4,1	5,8	89,9
	mehr als 3	68	7,2	10,1	100
	Gesamt	670	70,7	100	

Tabelle 9, Universitätsimmatrikulationen;

Vergleich Pommern-Wolgast und Pommern-Stettin; Patronat

			Patron								
			Herzog	Adel	Stadt	Univ.	Hrzg./ Adel	Hrzg./ Stadt	Adel/ Stadt	Stadt/ Univ.	n
Pom.-Wolgast	Universität	Greifs-wald	46,3%	53,5%	45,5%	55,6%	33,3%	50,0%		38,1%	47,6%
		Witten-berg	15,4%	15,2%	**18,2%**	11,1%	66,7%	**25,0%**		**23,8%**	17,5%
		Frank-furt/O.	6,1%	9,1%	4,5%			9,6%		4,8%	6,8%
		Ros-tock	22,8%	15,2%	**31,8%**	33,3%		5,8%		**23,8%**	19,9%
		andere Univer.	9,3%	7,1%				9,6%		9,5%	8,2%
	Gesamt (%)		100	100	100	100	100	100		100	100
Pom.-Stettin	Universität	Greifs-wald	14,0%	10,7%	18,0%		12,5%	16,1%			14,0%
		Witten-berg	**28,0%**	19,4%	**34,0%**			**35,5%**	25,0%		27,7%
		Frank-furt/O.	**34,0%**	**43,7%**	24,0%		37,5%	21,5%	50,0%		32,4%
		Ros-tock	11,0%	15,5%	12,0%		37,5%	9,7%	25,0%		12,8%
		andere Univer.	13,0%	10,7%	12,0%		12,5%	17,2%			13,1%
	Gesamt (%)		100	100	100		100	100	100		100

Tabelle 10, Universitätsimmatrikulationen;

Vergleich Pommern-Wolgast und Pommern-Stettin; Vatersberuf

				Vatersberuf			Gesamt
				Geistlich-keit	Säkular	Angabe fehlt	
Pom.- Wolgast	Universität	Greifswald	n	51	41	138	230
			%	22,2%	17,8%	60,0%	100%
		Wittenberg	n	27	15	44	86
			%	31,4%	17,4%	51,2%	100%
		Frankfurt/O.	n	6	9	19	34
			%	17,6%	26,5%	55,9%	100%
		Rostock	n	17	16	61	94
			%	18,1%	17,0%	64,9%	100%
		andere Univer.	n	13	17	10	40
			%	32,5%	42,5%	25,0%	100%
	Gesamt		n	114	98	272	484
			%	23,6%	20,2%	56,2%	100%
Pom.-Stettin	Universität	Greifswald	n	19	14	21	54
			%	35,2%	25,9%	38,9%	100%
		Wittenberg	n	15	19	68	102
			%	14,7%	18,6%	66,7%	100%
		Frankfurt/O.	n	24	20	76	120
			%	20,0%	16,7%	63,3%	100%
		Rostock	n	7	9	30	46
			%	15,2%	19,6%	65,2%	100%
		andere Univer.	n	6	10	32	48
			%	12,5%	20,8%	66,7%	100%
	Gesamt		n	71	72	227	370
			%	19,2%	19,5%	61,4%	100%

Tabelle 11. Dorf/Stadt-Mobilität

		n	%	Kum. %
Karriereverlauf	nur Stadt	279	14,7	14,7
	nur Dorf	1533	80,6	95,3
	Dorf-Stadt	61	3,2	98,5
	Stadt-Dorf	24	1,3	99,8
	misch.	4	0,2	100
	Gesamt	1901	100	

Tabelle 12. Ablauf der Karriere

		n	%	Kum. %
Karriere	1. Amt und Schluss	1535	64,3	64,3
	1. und weiter	366	15,3	79,6
	2. und Schluss	281	11,8	91,3
	2. und weiter	85	3,6	94,9
	3. und Schluss	77	3,2	98,1
	3 und mehr	45	1,9	100
	Gesamt	2389	100	

12a. Amtsdauer

		n	%	Gültige %	Kum. %
Amtsdauer (Jahre)	1–5	601	13,6	21,7	21,7
	6–10	472	10,7	17,0	38,7
	11–15	208	4,7	7,5	46,2
	mehr als 15	1491	33,8	53,8	100
	Gesamt	2772	62,9	100	
Fehlend		1634	37,1		
Gesamt		4406	100		

12b. Ablauf der Karriere

				Karriere						
				1. Amt u. Schluß	1. und weiter	2. und Schluß	2. und weiter	3. und Schluß	3 und mehr	n
Pom.-Wolgast	Amtsdauer	1–5	n	33	41	18	6	9	5	112
			%	10,6%	41,4%	20,0%	23,1%	28,1%	35,7%	19,5%
		6–10	n	45	29	17	12	8	3	114
			%	14,4%	29,3%	18,9%	46,2%	25,0%	21,4%	19,9%
		11–15	n	37	9	9	3	2	2	62
			%	11,9%	9,1%	10,0%	11,5%	6,3%	14,3%	10,8%
		mehr als 15	n	197	20	46	5	13	4	285
			%	63,1%	20,2%	51,1%	19,2%	40,6%	28,6%	49,7%
	Gesamt		n	312	99	90	26	32	14	573
			%	100%	100%	100%	100%	100%	100%	100%
Pom.Stettin	Amtsdauer	1–5	n	48	15	8	9	8	1	89
			%	9,1%	18,8%	10,8%	50,0%	44,4%	25,0%	12,4%
		6–10	n	46	26	10	2	1	2	87
			%	8,8%	32,5%	13,5%	11,1%	5,6%	50,0%	12,1%
		11–15	n	40	8	6	3	4	0	61
			%	7,6%	10,0%	8,1%	16,7%	22,2%	,0%	8,5%
		mehr als 15	n	391	31	50	4	5	1	482
			%	74,5%	38,8%	67,6%	22,2%	27,8%	25,0%	67,0%
	Gesamt		n	525	80	74	18	18	4	719
			%	100%	100%	100%	100%	100%	100%	100%

MARGIT KERN

„Omnia mea mecum porto". Soziale Interaktion und Autonomie – die Rolle des Gelehrten in bildlichen Darstellungen des 16. Jahrhunderts

„Poeta domum emit" („Ein Dichter hat ein Haus gekauft") lautet der Titel einer am Beginn des 16. Jahrhunderts erschienenen Spottschrift auf den erfolglosen Poeten Philipp Engelbrecht.[1] Eine Satire, die den Hausbesitz eines Schriftstellers kritisch reflektiert, würde heute nicht Unmut, sondern allenfalls Unverständnis hervorrufen. Im 16. Jahrhundert hingegen erschien vor allem dieses Bild geeignet, um die Normabweichung des Verspotteten auf den Punkt zu bringen. Das ist vor allem deshalb erstaunlich, weil der Erwerb von Grundbesitz an sich keinesfalls ungewöhnlich und schon gar nicht verwerflich war. Von einem Dichter wurde aber offensichtlich anderes erwartet: In dem Theaterstück diskutiert eine Gruppe von Poeten, ob es sich für einen Dichter schickt, Besitzer eines Hauses zu sein. Geistige Tätigkeit – so der Konsens – verlangt nach einer spezifischen Lebensform und ist unvereinbar mit einem Interesse an materiellen Gütern und Statussymbolen. Der Gelehrte befindet sich demnach in einer besonderen Position gegenüber dem Rest der Gesellschaft. Ihm werden ein eigenes Wertesystem und eigene kulturelle Praktiken zugeschrieben. Wie die soziale Distinktion und die Lebensführung einer geistigen Elite in den bildlichen Zeugnissen des 16. Jahrhunderts reflektiert wird, soll im folgenden untersucht werden.

Der eingangs geschilderte „Fall" des Poeten Engelbrecht dokumentierte bereits, daß das Rollenbild des Gelehrten eine bestimmte Differenz und Distanz zu den allgemein verbreiteten Handlungsmustern und Normen erkennen läßt. Diese Unabhängigkeit vom gesellschaftlichen Konsens ist, wie im folgenden zu zeigen sein wird, nicht mit der geistigen Unabhängigkeit und kritischen Distanz des Intellektuellen im 20. Jahrhundert gleichzusetzen[2], dennoch bezeichnet geistige Autonomie als Erbe einer antiken Weis-

---

1 Zu diesem Traktat vgl. im folgenden Albert Schirrmeister, Triumph des Dichters. Gekrönte Intellektuelle im 16. Jahrhundert. (Frühneuzeitstudien, N.F., Bd. 4.) Köln/Weimar/Wien 2003, 240–272.
2 Ob es für die Zeit vor dem 19. Jahrhundert sinnvoll ist, den Begriff des Intellektuellen anzuwenden, wurde in der jüngsten Zeit mehrfach von der Forschung diskutiert: Jutta Held (Hrsg.), Intellektuelle in der Frühen Neuzeit. München 2002; vgl. zuletzt den Bericht über eine Tagung in Wolfenbüttel: Meinrad von Engelberg, Tagungsbericht „Intellektuelle: Rollenbilder, Interventionsformen und Streitkulturen (1500–1800)" 5.7.2006–7.7.2006, Herzog August Bibliothek, Wolfenbüttel, in: URL http://hsozkult.geschichte.hu-

heitskonzeption auch in der Frühen Neuzeit[3] eine zentrale Kategorie. Neben einer gewissen Distanz wird vom Gelehrten idealerweise aber auch ein ganz bestimmtes Näheverhältnis zur Gesellschaft erwartet, wie vor allem die ersten Bildbeispiele im Anschluß demonstrieren sollen. Genau diese Spannung zwischen Nähe und Distanz läßt den Gelehrten der Frühen Neuzeit dem modernen Intellektuellen verwandt erscheinen, da der letztere gleichfalls seine geistige Unabhängigkeit und seine Stellung außerhalb der Gesellschaft nutzt, um für die Gesellschaft tätig zu werden. Der ideale Bezugspunkt für die Außenseiterposition bleibt in beiden Fällen ein spezifisches Interesse am Gemeinwohl.[4] Dieses Legitimationsmuster spielt im Selbstbild des Gelehrten schon im 16. Jahrhundert eine wichtige Rolle.

Bei den Darstellungen, die im folgenden analysiert werden, handelt es sich meist nicht um Porträts bestimmter Persönlichkeiten, sondern um Rollenbilder, in denen geistige Tätigkeit allgemein reflektiert wird. Eine Illustration der 1531 in Augsburg gedruckten deutschen Ausgabe von Ciceros „De officiis" etwa bezieht sich nicht auf einen herausragenden Gelehrten oder eine bestimmte Fachdisziplin, sondern die Bildunterschrift dieser Allegorie enthält generelle Aussagen über Wissenserwerb und das Gelehrtentum. In dem Holzschnitt sieht man einen Maler vor seiner Staffelei (Abb. 1) sitzen. Den Malstock auf die Leinwand gestützt, die Palette in der Hand ist er offenkundig im Begriff, die Gegenstände, die auf der Leinwand nur in Umrissen skizziert sind, in ein Ölgemälde zu verwandeln. Das Motiv der Malerei erscheint dabei recht ungewöhnlich: Es handelt sich um Geräte der Goldschmiedekunst, Kelche, Ketten, Ring, Kreuz und Krone, die hier von einem floralen Ornament gerahmt in dekorativer Anordnung aufgereiht sind. Erst die zur Illustration gehörige Textzeile klärt uns über den Sinn dieser ungewöhnlichen Szene auf:

---

berlin.de/tagungsberichte/id=1313 (abgerufen am 26.01.2007). Beiträge zu einer bisher nicht geschriebenen „Geschichte des Gebildeten" versammelt der Tagungsband Rudolf W. Keck/Erhard Wiersing/Klaus Wittstadt (Hrsg.), Literaten - Kleriker - Gelehrte. Zur Geschichte der Gebildeten im vormodernen Europa. (Beiträge zur historischen Bildungsforschung, Bd. 15.) Köln/Weimar/Wien 1996; zur Lebensführung und zur Statusunsicherheit des Gelehrten vgl. v.a. den Beitrag von Erhard Wiersing, Kleriker - Beamte - Gelehrte - Erzieher - Künstler. Vorüberlegungen zu einer Geschichte und Typologie des Gebildeten im vormodernen Europa, in: ebd., 15-56.

3 Zu den Tugendkonzeptionen der Reformationszeit und zur Bewertung der Klugheit vgl. ausführlicher Margit Kern, Tugend versus Gnade. Protestantische Bildprogramme in Nürnberg, Pirna, Regensburg und Ulm. (Berliner Schriften zur Kunst, Bd. 16.) Berlin 2002.

4 Mark-Georg Dehrmann hat in seiner Untersuchung der Konzepte von Einsamkeit im 18. Jahrhundert herausgearbeitet, daß der Einsame nicht notwendig den Bezug zur Gesellschaft verlieren muß und für diese Kulturtechnik den sehr anschaulichen Begriff der „produktiven Einsamkeit" verwandt. Mark-Georg Dehrmann, Produktive Einsamkeit. Gottfried Arnold - Shaftesbury - Johann Georg Zimmermann - Jacob Hermann Obereit - Christoph Martin Wieland. Hannover 2002. Auch im 16. Jahrhundert wurde, wie im Folgenden zu zeigen sein wird, die Isolation des Gelehrten immer in einer funktionalen Beziehung zur Gesellschaft gedacht.

„Ich mal hie gold vnd köstlich stein /
Der zier vnd nutz man achtet klein.
Dem gleich all kunst der weysen stet /
So sy nit in die wirckung get."[5]

Goldschmiedegeräte auf der Leinwand zu illuminieren, statt sie realiter zu formen und brauchbar zu machen ist eine nutzlose Arbeit. Die sinnlose Handlung des Malers wird in einem zweiten Schritt mit der Geistestätigkeit des Weisen parallel gesetzt, dessen Inventionen keine Wirkung, keinen praktischen Nutzen haben. Anwendungsorientierte Wissensproduktion ist hier gefragt, um mit dem heutigen forschungspolitischen Vokabular zu sprechen. Eine Weisheitskonzeption steht zur Disposition, die dem Erkenntnisgewinn per se einen Wert beimißt und Gelehrsamkeit auch ohne eine konkrete gesellschaftliche Anwendung hochschätzt.

Das „utile", der Nutzen, spielte im 16. Jahrhundert vor allem in der städtischen Ethik eine wichtige Rolle.[6] Traktate um das Verhältnis zwischen Gemein- und Eigennutz[7] sowie Diskussionen im Anschluß an Cicero um das Verhältnis von honestum und utile,

---

5 Cicero. Officia. Ein Buch / So Marcus Tullius Cicero der Römer / zu seynem Sune Marco / von den tugentsamen ämptern / vnd zu gehörungen eynes wol vnd rechtlebenden Menschen / in Latein geschriben / Welchs auff begere / Herren Johansen von Schwartzenbergs verteütschet, Augsburg (H. Steiner) 1531, fol. 14r.

6 Zur mittelalterlichen Tradition des Gemeinen Nutzens vgl. Walther Merk, Der Gedanke des gemeinen Besten in der deutschen Staats- und Rechtsentwicklung, in: ders. (Hrsg.), Festschrift Alfred Schultze. Weimar 1934, 451–520; Peter Blickle, Gemeindereformation. Die Menschen des 16. Jahrhunderts auf dem Weg zum Heil. München 1985, 196–202. Zum Begriff des Gemeinen Nutzens bei Johann von Schwartzenberg, der im 16. Jahrhundert De officiis übersetzte, vgl. Gustav Radbruch, Aus Lieb der Gerechtigkeit und um gemeines Nutz willen. Eine Formel des Johann von Schwarzenberg, in: Schweizerische Zeitschrift für Strafrecht 55, 1941, 113–133. Es handelt sich hier um Begriffe, die zwar über eine längere Tradition verfügen, aber nun verstärkt propagiert werden; vgl. Thomas A. Brady, Jr., Rites of Autonomy, Rites of Dependence: South German Civic Culture in the Age of Renaissance and Reformation, in: Steven Ozment (Hrsg.), Religion and Culture in the Renaissance and Reformation. (Sixteenth century essays and studies, Bd. 11.) Kirksville 1989, 9–23, hier 12; zur Auffassung Luthers und Melanchthons vom Gemeinen Nutzen vgl. Brita Eckert, Der Gedanke des gemeinen Nutzen in der lutherischen Staatslehre des 16. und 17. Jahrhunderts, Diss. Frankfurt a. M. 1976, bes. 27 f.; zur Neubewertung des Eigennutz als Kompensation für die unternehmerischen Risiken im frühkapitalistischen Wirtschaftssystem vgl. Winfried Schulze, Vom Gemeinnutz zum Eigennutz. Über den Normenwandel in der ständischen Gesellschaft der frühen Neuzeit, in: HZ 243, 1986, 591–626.

7 Leonhard Fronsperger, Von dem Lob deß Eigen Nutzen, Frankfurt a. M. (Sigmund Feyerabend & Simon Hüter) 1565. Hans Sachs beklagt etwa, daß der Eigennutz die Nächstenliebe vertrieben und mißhandelt habe, vgl. Berndt Hamm, Bürgertum und Glaube. Konturen der städtischen Reformation. Göttingen 1996, 198 f.; vgl. auch Die Welt des Hans Sachs. 400 Holzschnitte des 16. Jahrhunderts, hrsg. von den Stadtgeschichtlichen Museen Nürnberg (Ausstellungskat. Nürnberg, Kaiserburg.) Nürnberg 1976, 152, Kat. Nr. 155 und 226, Kat. Nr. 238; Winfried Theiß, Der Bürger und die Politik. Zu den zeitkritischen Dichtungen von Hans Sachs, in: Horst Brunner/Gerhard Hirschmann/Fritz Schnelbögl (Hrsg.), Hans Sachs und Nürnberg. Bedingungen und Probleme reichsstädtischer Literatur. Hans Sachs zum 400. Todestag am 19. Januar 1976. (Nürnberger Forschungen, Bd. 19.) Nürnberg 1976, 76–104, bes. 94 f.

von Ehrenhaftem und Nützlichem, zeigen deutlich, daß die Nützlichkeit und Nutzbarkeit einer Handlung oder eines Gegenstandes in den handwerklich und kaufmännisch geprägten städtischen Gemeinschaften einen ganz zentralen Wert repräsentierte.

Das belegt auch eine weitere Gruppe von Darstellungen des 16. Jahrhunderts, die sich dem Thema des Gelehrten und seiner Funktion für die Gesellschaft widmet, obwohl das erst auf den zweiten Blick deutlich wird. Es handelt sich um Bilder der vier antiken Temperamente, im besonderen der Melancholie, die – wie hinlänglich bekannt – nach einer überwiegend negativen Beurteilung im Mittelalter, in der Frühen Neuzeit aufgewertet wurde. In einer irrtümlich Aristoteles zugeschriebenen Quelle, den Problemata, ist davon die Rede, daß alle herausragenden Menschen Melancholiker seien, daß die Melancholie mithin auf eine herausragende geistige Befähigung schließen lasse.[8] Und auch in diesen Allegorien auf das Gelehrtentum wird die theoretische Erkenntnis mit der Forderung nach praktischer Nutzanwendung konfrontiert. In zwei Gemälden von Lucas Cranach d. Ä. (Abb. 2 und Abb. 3), die aufgrund ihrer parallelen Kompositionsstruktur und ihrer sehr ähnlichen Maße unschwer als Pendants zu erkennen sind, werden die Möglichkeiten des melancholischen Temperaments antithetisch[9]

---

8 Zum melancholischen Temperament als Voraussetzung überdurchschnittlicher Fähigkeiten vgl. Raymond Klibansky/Erwin Panofsky /Fritz Saxl, Saturn und Melancholie. Studien zur Geschichte der Naturphilosophie und Medizin, der Religion und der Kunst. Frankfurt a.M. 1990, 55–92 und 351–394; Peter-Klaus Schuster, Melencolia I. Dürers Denkbild. 2 Bde. Berlin 1991. Bd. 1, 107 f.

9 „Nach Panofsky-Saxl ist bei dieser und den folgenden Melancholie-Darstellungen Cranachs der Dualismus zwischen irdischer Munterkeit und melancholischem Tiefsinn dargestellt – im Gegensatz zu der Einheitlichkeit, die die Stimmung des Dürerschen Stiches beherrscht. Die Beschäftigungsart der Hauptfigur hat bisher keine befriedigende Deutung gefunden." Max J. Friedländer/Jakob Rosenberg, Die Gemälde von Lucas Cranach. Basel/Boston/Stuttgart 1979, 125, Kat. Nr. 276 f. „Bei Cranach ist trotz der äußeren Übereinstimmungen mit Dürers Frauengestalt von dieser positiven Auffassung nichts zu spüren. Melancholie als Saturngabe hat hier keine positive Qualität, sie wird von einer wilden Hexenschar verkörpert. Die Frau gleicht einer Zauberin, einer sinnenden Hexe." Günther Bandmann, Melancholie und Musik. Ikonographische Studien. (Wissenschaftliche Abhandlungen der Arbeitsgemeinschaft für Forschung des Landes Nordrhein-Westfalen, Bd. 12.) Köln/Opladen 1960. 75. „Auf dem Kopenhagener Melancholie-Bild Cranachs von 1532 [= Abb. 2] reiten nackte Frauen und ein Mann auf Widdern, einem Schwein und einem Hund. Die auch in anderen Melancholie-Bildern Cranachs faßbaren erotischen Anspielungen wurden als Projektion der Gedanken aufgefaßt, die der Melancholiker hervorbringt." Christian Müller, Die Melancholie im Garten des Lebens Matthias Gerungs „Melancolia 1558" in Karlsruhe, in: Jahrbuch der Staatlichen Kunstsammlungen in Baden-Württemberg 21, 1984, 7–35, hier 33. Raymond Klibansky hat in der erweiterten Neuauflage die ursprüngliche Interpretation beibehalten, die besagte, daß „die ‚Melancholien' Cranachs mit Teufelswerk und Hexerei zu tun" (Klibansky/Panofsky/Saxl, Saturn und Melancholie [wie Anm. 8], 549) haben: „Wo Dürer den Einfluß Saturns im Sinne hat, sieht Cranach, Luther folgend, das Wirken Satans." (Ebd., bes. 563 sowie 533–36 und 562–68); vgl. auch Thomas DaCosta Kaufmann, Hermeneutics in the History of Art: Remarks on the Reception of Dürer in the Sixteenth and Early Seventeenth Centuries, in: Jeffrey Chipps Smith (Hrsg.), New Perspectives on the Art of Renaissance Nuremberg. Austin 1985, 22–39, bes. 33 f. Lediglich Schuster, Melencolia I (wie Anm. 8), Bd. 1, 377 f. verweist auf den Tugend-Aspekt des Kopenhagener Gemäldes, er

gegenübergestellt und so implizit Formen besonderer intellektueller Fähigkeiten diskutiert.

Am rechten Bildrand der Gemälde befindet sich jeweils eine weibliche Figur, die im
Begriff ist, einen Stock zu schnitzen. Diese Übereinstimmung der Tätigkeiten macht die
Differenzen in der geistigen Grundhaltung der beiden Hauptfiguren umso deutlicher.
Während eine die Augen niedergeschlagen hat und mit hängenden Schultern in sich
versunken, isoliert ist, nichts vom Treiben der Putten um sich herum wahrnimmt, sitzt
die geflügelte Personifikation in dem anderen Gemälde deutlich aufrechter und blickt
auf drei Putten, die im Begriff sind, eine große, schwere Kugel mit Hilfe von Stöcken
durch einen Holzreif hindurchzubewegen. Die Putten machen sich ganz offensichtlich
die Hebelwirkung zu nutze, um mit ihren beschränkten Leibeskräften einen Gegenstand
zu bewegen, der fast ebenso groß, aber wesentlich schwerer als sie selbst zu sein
scheint. Das Schnitzen der Hauptfigur erhält vor diesem Hintergrund einen besonderen
Sinn: Hier entsteht offenkundig ein weiterer, längerer Stab, der zum Gelingen des phy-
sikalischen Experiments beizutragen vermag. Ganz anders dagegen das Verhältnis zwischen dem melancholischen Temperament und seiner Anhängerschaft in dem anderen
Gemälde: Hier läßt sich weder eine Blickbeziehung noch ein gemeinsames Projekt erkennen. Während ein Teil der Putten tanzt und sich in heftigen, unkontrollierten Bewe-
gungen ergeht, finden sich andere in tiefem Schlummer. So gegensätzlich das Aktivi-
tätspotential der Putten ist, so eint sie doch die Sinn- und Ziellosigkeit der Handlungen.

Die positive und die negative Beurteilung der verschiedenen Kapazitäten des melancholischen Temperaments in diesem Bildpaar wird noch durch ein anderes Motiv deutlich zum Ausdruck gebracht, durch das wilde Heer, das in beiden Gemälden an unterschiedlichen Stellen auftritt. Dort, wo die faule oder ziellose Verschwendung geistigen
Vermögens geschildert wird, befindet sich das wilde Heer im Raum und verströmt den
krankhaften, schädlichen Odem der Melancholie. Dort hingegen, wo die individuelle
Befähigung in den Dienst einer gemeinschaftlichen Aufgabe gestellt wird, reiten die
wilden Heerscharen in einiger Entfernung durch die Landschaft vor dem Fenster und
nähern sich nicht, die schädliche Einflußnahme bleibt aus. Zusammenfassend wird so
deutlich: Der Wert der intellektuellen Tätigkeit bemißt sich nach ihrer
Anwendungsorientiertheit, nach konkreten Zielen, die das soziale Umfeld diktiert und
die keinesfalls nur Selbstzweck sind.

Daß das melancholische Genie eine Sonderstellung in der Gesellschaft innehat[10],
macht auch ein 1589 entstandener Holzschnitt (Abb. 4) von Jost Amman deutlich. Die

---

wertet jedoch auch das Gegenbild als positive Stellungnahme zum melancholischen Temperament. Allgemein zum melancholischen Temperament vgl. zuletzt Jean Clair (Hrsg.), Melancholie. Genie und Wahn in
der Kunst (Ausstellungskat. Paris, Galeries Nationales Du Grand Palais, Berlin, Neue Nationalgalerie, Staat-
liche Museen zu Berlin.) Ostfildern-Ruit 2005.

10 Aleida Assmann hat darauf aufmerksam gemacht, daß Melancholie und Konversation im 16. Jahrhundert
als Gegensatzpaar galten, da sie Einsamkeit und Geselligkeit repräsentierten. Sie weist darauf hin, daß dieser

weibliche Personifikation ist hier ebenfalls gänzlich in sich gekehrt und allein den geo-
metrischen Problemen zugewandt, die Zirkel, Kugel und Maßstab symbolisieren. Der
Blasebalg hingegen, der meist die Verirrungen des Geistes durch den Dämon andeutet,
liegt unbeachtet hinter der Figur. In den zugehörigen Textzeilen richtet sich
Melancholia mit folgenden Worten an den Betrachter:

> „Hienauß / dortnauß / mein sinn sich lenckt /
> Und manche seltsam Kunst erdenckt.
> Bist du mein Freundt / thu mich nicht jrren /
> Sonst wirstu mir mein Hirn verwirren.
> Mir bringt kein freud der Kinder schreyen /
> Der Hüner gätzen / Eyer legen.
> Laß mich nur bleiben bey meim sinn /
> sonst wirstus haben klein gewin."[11]

Der Gelehrte lebt fern der Gemeinschaft[12], er ist selbst der kleinsten Form menschlicher
Vergesellschaftung, der Familie, abgeneigt, „der Kinder schreyen" bringt ihm „kein
freud". Auch Freundschaften sind der geistigen Tätigkeit nachgeordnet. Aber die Tole-
rierung dieser – unter Anführungsstrichen – „asozialen" Grundzüge in der Haltung des
Gelehrten bringt der Gesellschaft letztlich Vorteile: „Laß mich nur bleiben bey meim
sinn / sonst wirstus haben klein gewin".

Im folgenden soll nun die Frage gestellt werden, inwieweit diese Grundmerkmale des
Melancholikers in der Darstellung zeitgenössischer Geistesgrößen eine Rolle spielen.
Dies läßt sich sehr gut anhand eines druckgraphischen Werkes überprüfen, das eine
Reihe von bedeutenden nachantiken Erfindungen vorstellt. Die um 1590 bei dem Ant-
werpener Verleger Philipp Galle gedruckte Stichserie „Nova reperta" ist einer seit der
Antike bekannten Textgattung zuzurechnen, in der prominente technische und wissen-
schaftliche Errungenschaften beschrieben werden. Für unseren Zusammenhang ist vor
allem ein Blatt (Abb. 5) aus der neunzehnteiligen Serie besonders aufschlußreich, das
Amerigo Vespucci und seiner astronomischen Entdeckung, dem „Kreuz des Südens",
gewidmet ist.[13]

Aspekt des melancholischen Temperaments in der Forschung bisher vernachlässigt wurde. Aleida Assmann,
Vae soli. Über die Entdeckung sozialer Tugenden in der frühen Neuzeit, in: Festschrift Walter Haug und
Burghart Wachinger. 2 Bde. Tübingen 1992, Bd. 1, 87–102.

11 Allegorie der Melancholie, aus: Jost Amman, Wappen- und Stammbuch. Frankfurt a. M. (Sigismund Feyerabend) 1589, fol. Nr.; vgl. Carl Becker, Jobst Amman. Zeichner und Formschneider. Kupferätzer und Stecher.
Leipzig 1854, 89 f., Kat. Nr. 24b.

12 Zur Einsamkeit als Kulturtechnik, die seit der Antike Wertschätzung genoss vgl. Aleida Assmann/Jan
Assmann (Hrsg.), Einsamkeit. (Archäologie der literarischen Kommunikation, Bd. 6.) München 2000; zur
weiteren Entwicklung dieses Konzepts vgl. Dehrmann, Produktive Einsamkeit (wie Anm. 4).

13 Vgl. im Folgenden Uta Bernsmeier, Die Nova Reperta des Jan van der Straet. Ein Beitrag zur Problemge-
schichte der Entdeckungen und Erfindungen im 16. Jahrhundert. Diss. Hamburg 1986, 143 f.; vgl. auch Vik-
toria Schmidt-Linsenhoff, Amerigo erfindet America. Zu Jan van der Straets Kupferstichfolge „Nova

Im Titel des Stichs ist das astronomische Gerät des Gelehrten als „Astrolabium" bezeichnet, obwohl es sich anschaulich um eine Armillarsphäre handelt, die der Bestimmung der Sternenposition dient. Die Textzeilen in der linken Hälfte des Blattes verweisen auf Dante, der in der „Divina Comedia" das „Kreuz des Südens" beschrieb, bevor
Vespucci es am Sternenhimmel erkannte. Bemerkenswert ist jedoch vor allem die Darstellung des Astronomen unter dem nächtlichen Sternenhimmel. Vespucci steht offensichtlich am Meeresstrand, in der rechten unteren Bildecke erkennt man ein Boot. Eine
Laterne beleuchtet notdürftig den Arbeitstisch des Gelehrten. Die offene Kiste und das
Schreibzeug charakterisieren die wissenschaftliche Tätigkeit des Astronomen, der neben der Armillarsphäre einen Zirkel in der Hand hält. Auf die Bedeutung der schlafen-
den Gefährten und der Laterne in dem Blatt hat Uta Bernsmeier hingewiesen.[14] Die
nächtliche Szene wird so dem Bildtypus der biblischen Ölbergdarstellung angeglichen.
An die Stelle Christi des Erlösers tritt hier Amerigo Vespucci, der einsam wacht, während seine Jünger schlafen. Der Erlöser ist allein und fern der Gemeinschaft tätig, für
die er sich opfert. Für diese herausgehobene Position, die den Gelehrten von seinen
Mitmenschen unterscheidet und ihn notwendig auch von diesen entfernt, ist vor allem
die ruhelose nächtliche Tätigkeit sinnbildlich geworden.

Schlaflosigkeit charakterisiert etwa auch in einer um 1600 entstandenen Zeichnung
von Marten de Vos den Philosophen Aristoteles (Abb. 6), der an einem Tisch sitzt, die
Hand aufgestützt, Uhr und verlöschende Kerze als Vergänglichkeitssymbole vor sich.[15]
Die Geste seiner rechten Hand geht auf einen Topos der Naturphilosophie zurück, der
bereits von Plinius in der „Historia naturalis" erwähnt wird.[16] Die Kraniche (Abb. 7)
halten im Schlaf einen Stein in der Kralle, um sich am Einschlafen zu hindern. Durch
den Lärm des herabfallenden Steins, der den Vogel weckt, ist nächtliche Wachsamkeit
garantiert. Der Kranich konnte daher auch zum Sinnbild von Umsicht, Sorgfalt und
Fleiß werden – die Inschriften der Zeichnung verweisen ebenfalls auf diese Tugenden:
Neben „VIGILANTIA" ist hier „cloeckheyt ofte Sorrecvuldicheyt nersticheyt of
wackerheyt", das heißt „Klugheit und Sorgfalt, Fleiß und Wachsamkeit / Tüchtigkeit"
zu lesen. Wie die 1640 von Georg Rem und Peter Isselburg veröffentlichten Embleme
des Nürnberger Rathaussaals (Abb. 7) erläutern, dient dieser Weckmechanismus der

---

Reperta", in: Heide Wunder/Gisela Engel (Hrsg.), Geschlechterperspektiven. Forschungen zur Frühen Neuzeit. Königstein/Taunus 1998, 372–394.

14 Bernsmeier, Nova Reperta (wie Anm. 13), 54 f.

15 Adelheid Reinsch, Die Zeichnungen des Marten de Vos. Stilistische und ikonographische Untersuchungen.
Diss. Tübingen 1967, 217; Doutrepont erwähnt die Zeichnung nicht. Antoinette Doutrepont, Martin de Vos et
l'Entrée triomphale de l'Archiduc Ernest d'Autriche à Anvers en 1594, in: Bulletin de l'Institut Historique Belge
de Rome 18, 1937, 125–197.

16 Plinius, Naturalis historiae Buch 10, 30, 58–60; Aristoteles, De an. hist. Buch IX, 10, 614b; vgl. auch
Horapollo, The Hieroglyphics of Horapollo. Übers. v. George Boas. (The Bollingen Series, Bd. 23.) New York
1950, 106. Zum Sinnbild der „grus vigilans" vgl. Hans Martin von Erffa, Grus vigilans. Bemerkungen zur Emblematik, in: Philobiblon Jg. 1, Heft 4, 1957, 286–308; Kern, Tugend (wie Anm. 3), 277–290.

Gemeinschaft: „Pro grege", „Für die Herde" müht sich der Kranich, den tiefen Nacht-
schlaf zu verhindern.[17] Von dem großen antiken Philosophen, der einen Stein in der
ausgestreckten Hand über einem Becken hält, ist Ähnliches anzunehmen.

Der Weise schläft nicht und ist auch dann noch unermüdlich tätig, wenn ihn die Gefährten längst verlassen haben. Er bedarf der menschlichen Gemeinschaft nicht, obwohl
er ihr Nutzen bringt, das noch bereits Jost Amman in seinem Holzschnitt hervor. Die
Vorstellung von der Autonomie des Weisen läßt sich auf die antike Weisheitskonzeption des Stoizismus zurückführen, die unter anderem in der Emblematik der Frühen Neuzeit rezipiert wurde.[18] Der Weise verfügt nach stoischer Lehre über ein vollendetes
Wissen um den Lauf der Welt, so daß er alle zukünftigen Geschehnisse zu antizipieren
vermag. Fortuna hat keine Macht mehr über ihn, seine Entscheidungen und sein Handeln sind immer angemessen, da ihm kein unvorhergesehenes Ereignis widerfahren
kann. Auf diese Weise hat sich der stoische Sapiens über die äußere Bedingtheit des
Lebens erhoben. Nicht nur der materiellen Güter, auch der sozialen Bindungen und der
Fürsorge anderer bedarf er nicht mehr. Dieses antike Lebensideal der Entmachtung des
Schicksals durch Autonomie und Askese kommt in den Emblemata Alciats in dem
Lemma „omnia mea mecum porto" („Ich trage alles, was mein ist, bei mir") zum Aus-
druck. Die folgenden Zeilen des Epigramms erläutern die zugehörige Geisteshaltung:

> „Also förcht er kein Dieb noch wind
> Verachtet auch die Regen gschwind
> Ist also vor Menschen verwart
> Vnd vor den Göttern vngespart."[19]

Der Ausspruch „omnia mea mecum porto" geht auf Ciceros Paradoxa (I, 1, 8) zurück.
Bias, einer der sieben Weisen Griechenlands[20], mußte auf der Flucht aus seiner Vater-
stadt Priene all seine Habe zurücklassen, und er soll diesen Verlust mit einem Verweis
auf seine geistige Autonomie ungerührt hingenommen haben. In dem 1611 in Köln erschienenen „Nucleus emblematum" des Gabriel Rollenhagen (Abb. 8) erscheint mit
demselben in einer umlaufenden Inschrift zitierten Motto die Schildkröte als Pictura,
um das Autonomiekonzept zu visualisieren. Der Panzer, den die Schildkröte stets mit

---

17 Peter Isselburg/Georg Rem, Emblemata Politica. Faksimiledruck nach der Auflage Nürnberg 1640. Hrsg. und
eingeleitet v. Wolfgang Harms. (Nachdrucke deutscher Literatur des 17. Jahrhunderts.) Bern 1982, o.P., Nr. 21;
vgl. Matthias Mende, Das alte Nürnberger Rathaus. Baugeschichte und Ausstattung des großen Saales und der
Ratsstube. Bd. 1. Hrsg. von der Stadt Nürnberg, Stadtgeschichtliche Museen. Nürnberg 1979, 333–337.

18 Zum stoischen Weisen vgl. im folgenden Maximilian Forschner, Die stoische Ethik. Über den Zusammenhang von Natur-, Sprach- und Moralphilosphie im altstoischen System. Stuttgart 1981, 196–211.

19 „Sic furem haud metuit, sic ventos temnit et himbres, / Tutus apudque uiros, tutus apudque deos." Zit.
nach Arthur Henkel/Albrecht Schöne (Hrsg.), Emblemata. Handbuch zur Sinnbildkunst des XVI. und XVII.
Jahrhunderts. Stuttgart 1967. Sp. 1191.

20 Zu den Sieben Weisen der Antike vgl. Wolfgang Rösler, Die Sieben Weisen, in: Aleida Assmann (Hrsg.),
Weisheit. (Archäologie der literarischen Kommunikation, Bd. 3.) München 1991, 357–365.

sich trägt, bietet ihr immer Obdach und macht das Tier so unabhängig von materiellen Gütern und Machterwerb[21], wie die zugehörige Textzeile festhält:

> „Mit mir trage ich mein Haus und alles, was mein ist, durch dies selbst bin ich reicher und mächtiger als viele Könige."[22]

Eine ähnliche Tierallegorese unter dem Bild der Schildkröte findet sich in den 1627 erstmals erschienenen „Emblemata moralia" des Jacob Cats. Das holländische Epigramm folgt genau der stoischen Weisheitskonzeption. Hier die deutsche Übersetzung:

> „Ein Weiser trägt sein Guth und Geld
> Bey sich an allem Ort der Welt.
> Die Schild-Kröth' hat ihr Hauß bey sich an allen Enden /
> Sie ist allstets darein / wo sie sich auch mag wenden:
> Wann offt ein Fuchs und Wolff muß aus dem Loch heraus /
> So hat dieselbe doch dennoch ihr eigen Hauß.
> Wer sich von Jugend an der Weißheit hat ergeben /
> Dem schafft sie aller Orth was nöthig zu dem Leben:
> Sein Hauß ermangelt ihm auch in der Frembde nicht /
> Da denen die sonst reich es offtermals gebricht."[23]

Wahrer Reichtum und wirkliche Weisheit liegen in der Unabhängigkeit. Die Tatsache, daß das Motto „omnia mea mecum porto" auch als Druckermarke Verwendung fand, kündet von der weiten Verbreitung der antiken Weisheitskonzeption. Das 1559 datierte Signet des Hugues de la Porte (Abb. 9) zeigt wohl den biblischen Helden Simson mit den Toren von Gaza (Buch Richter 16,3), da dieser durch seine übermenschliche physische Kraft eine ähnliche Autonomie gegenüber äußeren Umständen erlangte wie der stoische Weise vermittels seines Weltwissens.[24]

Zusammenfassend lassen sich die zentralen Themen der Gelehrtenikonographie so auf den Punkt bringen: Der Gelehrte lebt in der vita solitaria und befindet sich aufgrund seiner Weisheit in einer großen Unabhängigkeit von materiellen Gütern, aber auch von

---

21 Die Bedürfnislosigkeit und soziale Ungebundenheit des Weisen wurde in der Tierallegorese häufig mit Muscheln und Schalentieren visualisiert. Ulla B. Kuechen erwähnt einige dieser Sinnbilder, allerdings ohne in ihnen das Autonomiekonzept des Weisen verbildlicht zu sehen. Ulla B. Kuechen, Wechselbeziehungen zwischen allegorischer Naturdeutung und der naturkundlichen Kenntnis von Muschel, Schnecke und Nautilus. Ein Beitrag aus literarischer, naturwissenschaftlicher und kunsthistorischer Sicht, in: Walter Haug (Hrsg.), Formen und Funktionen der Allegorie. Symposion Wolfenbüttel 1978. (Germanistische-Symposien-Berichtsbände, hrsg. von Albrecht Schöne, Bd. 3.) Stuttgart 1979, 478–514.

22 „Mecum porto domumque meam meaque omnia multis / Regibus hoc ipso ditior et potior." Gabriel Rollenhagen, Nucleus emblematum selectissimorum. Nachdruck der Ausgabe Köln, 1611. (Emblematisches Cabinet.) Hildesheim u.a. 1985, 74.

23 Zit. nach Henkel/Schöne (Hrsg.), Emblemata (wie Anm. 19), Sp. 610.

24 Albert Fidelis Butsch (Hrsg.), Die Bücher-Ornamentik der Renaissance. 2 Bde. Leipzig/München 1878/1881, Bd. 2, Taf. 19.

sozialen Strukturen. Seine einsame Tätigkeit richtet sich aber dennoch idealerweise auf die Nutzanwendung von Erkenntnissen in der Gesellschaft.

Eine ganz andere Rolle ist den Gelehrten in den bildlichen Repräsentationen zugedacht, die in der Reformationsforschung als Vorläufer einer politisch emanzipierten bürgerlichen Öffentlichkeit im Sinne von Jürgen Habermas[25] diskutiert wurden. Vor allem in der Untersuchung von Flugschriften der Reformationszeit hat man die These formuliert, in diesem Medium liege eine veränderte Kommunikationsstruktur vor, da theologische und ethische Positionen nicht nur von den Eliten rezipiert, sondern in propagandistischer Absicht auch an breitere Bevölkerungskreise herangetragen wurden.[26] Der 1973 von Jürgen Schutte geprägte Begriff einer „reformatorischen Öffentlichkeit" versucht, diesen neuen Verlauf von Meinungsbildungsprozessen vermittels der Flugschriften abzubilden.[27] Die hier nur kurz skizzierte Entwicklung wirft die Frage auf, welche Rolle den gelehrten Eliten in der Polemik der Reformationszeit zugedacht war. Vermittels welcher Kategorien wird die intellektuelle Kompetenz und Autorität einer bestehenden Führungsschicht negiert und die einer anderen neu definiert? Die folgenden Beispiele sollen zeigen, wie im Rahmen eines Neusemantisierungsprozesses eine Weisheitskonzeption dekonstruiert wird und eine andere Definition des Verhältnisses zwischen Glauben und Wissen an ihre Stelle tritt. In einigen Titelholzschnitten von Haug Marschalcks „Blindenspiegel" wird nicht nur die Weisheitslehre der römischen Kirche angezweifelt, sondern auch das daraus abgeleitete Monopol in der Heilsverwaltung in Frage gestellt.

Um die ikonographische Tradition deutlich zu machen, auf die sich die Titelholzschnitte in polemischer Inversion beziehen, sei zunächst Hans Schäufeleins Holzschnitt (Abb. 10) für den 1512 in Augsburg gedruckten „Neu Layenspiegel"[28] von Ulrich Tengler zum Vergleich herangezogen. Auf dem Titelblatt des juristischen Handbuchs ist eine Auseinandersetzung unter Rechtsgelehrten zu sehen, die an ihren Roben und

---

25 Jürgen Habermas, Strukturwandel der Öffentlichkeit. Untersuchungen zu einer Kategorie der bürgerlichen Gesellschaft, 15. Aufl. Darmstadt 1984.

26 Bernd Balzer, Bürgerliche Reformationspropaganda. Die Flugschriften des Hans Sachs in den Jahren 1523–1525. (Germanistische Abhandlungen, Bd. 42.) Stuttgart 1973; ausführlicher Bericht zur Forschungslage: Heike Talkenberger, Sintflut. Prophetie und Zeitgeschehen in Texten und Holzschnitten astrologischer Flugschriften 1488–1528. (Studien zur Sozialgeschichte der Literatur, Bd. 26.) Tübingen 1990, 15–19. Vgl. auch Michael Schilling, Bildpublizistik der frühen Neuzeit. Aufgaben und Leistungen des illustrierten Flugblatts in Deutschland bis um 1700. Tübingen 1990.

27 Jürgen Schutte, „Schympff red". Frühformen bürgerlicher Agitation in Thomas Murners „Großem Lutherischem Narren" (1522). (Germanistische Abhandlungen, Bd. 41.) Stuttgart 1973.

28 Dabei handelt es sich um eine „systematische Realencyklopädie der populären Rechtswissenschaft für den Praktiker" (ADB, Bd. 37, 569).

Hüten[29] erkennbar sind. Neben den Büchern als Instrumenten der Wahrheitsfindung erscheint an prominenter Stelle im Bild, an der Rückwand des Raumes, ein monumentaler Spiegel. Er reflektiert das Licht der göttlichen Weisheit, das von der Glorie im oberen Bilddrittel ausgeht. Zwar sind göttliche und irdische Weisheit durch das Wolkenband voneinander getrennt, aber „per speculum", indirekt durch das Medium des Spiegels, doch eng aufeinander bezogen. Der Spiegel wird so als Medium der Gotteserkenntnis inszeniert, er ist ein Zeichen der Geistinspiriertheit der im Raum versammelten Gelehrten.

Ganz anders dagegen das Verhältnis von Spiegel und Erkenntnis auf dem Titelholzschnitt[30] (Abb. 11) des 1522 in Augsburg gedruckten „Blindenspiegel" von Haug Marschalck[31], obwohl auf diesem Blatt, das Hans Burgkmair zugeschrieben wird, sogar zwei Spiegel dargestellt sind. Einer, der einen Zeremonienstab bekrönt, soll offensichtlich die Selbsterkenntnis visualisieren, da er von einem Gelehrten in der Hand gehalten wird. Der andere schwebt schräg nach unten gekippt in einer Wolkenglorie. Himmlische Wesen sind, von ein paar schemenhaften Engeln abgesehen, nicht mehr erkennbar, lediglich das Christusmonogramm im Zentrum des Spiegels und die von ihm ausgehenden Lichtstrahlen verweisen auf die Sphäre des Göttlichen. Mit dem zweiten Spiegel ist also Gotteserkenntnis gemeint. Die in einem Landschaftsraum stehenden Theologen sind wie die Gelehrten in dem vorhergehenden Holzschnitt einander zugeneigt und ins Gespräch vertieft. Die wesentliche Änderung, welche die Sinnzusammenhänge des ursprünglichen Bildtypus vollständig umkehrt, besteht darin, daß die Motive des Sehens, im übertragenen Sinn des Wissens, in eine Ikonographie der Blindheit und mithin des Nicht-Wissens verwandelt wurden. Die Instrumente der Weisheit sind unbrauchbar geworden, weil die Gelehrten Augenbinden tragen, die Lichtemanation über sich nicht wahrnehmen. Ihnen gebricht es schon an Selbsterkenntnis wie das Tuch auf dem Spiegel des Zeremonienstabes anzeigt, wie sollten sie dann der Gotteserkenntnis fähig sein.

---

29 Zu den Kopfbedeckungen der Universitätsgelehrten vgl. Andrea von Hülsen-Esch, Gelehrte im Bild. Repräsentation, Darstellung und Wahrnehmung einer sozialen Gruppe im Mittelalter. (Veröffentlichungen des Max-Planck-Instituts für Geschichte, Bd. 201.) Göttingen 2006, 124–132 und 174–179.

30 Wolfgang Wegner, Beiträge zum graphischen Werk Daniel Hopfers, in: Zeitschrift für Kunstgeschichte 20 1957, 239–259, hier: 251; Franz-Heinrich Beyer, Eigenart und Wirkung des reformatorisch-polemischen Flugblatts im Zusammenhang der Publizistik der Reformationszeit. (Mikrokosmos. Beiträge zur Literaturwissenschaft und Bedeutungsforschung, hrsg. von Wolfgang Harms, Bd. 39.) Frankfurt a. M. u.a. 1994, 69 f. und 227, Kat. Nr. 18.2., Abb. 26.

31 Haug Marschalck, Der Spiegel der Blinden, in: Adolf Laube, Flugschriften der frühen Reformationsbewegung (1518–1524). 2 Bde. Berlin 1983, Bd. 1, 128–155; bei diesem Werk handelt es sich um die religiöse Flugschrift eines Laien über den Evangelientext Mt. 23, 16 bzw. Mt. 23, 24. Marschalck stand im Dienst der Stadt Augsburg und war ein Anhänger der evangelischen Bewegung. Zu Haug Marschalck vgl. Helmut Gier/Reinhard Schwarz (Hrsg.), Reformation und Reichsstadt – Luther in Augsburg, (Ausstellungskat. Augsburg, Stadt- und Staatsbibliothek.) Augsburg 1996, 37 f., Kat. Nr. 9.

Doch damit nicht genug, die Figuren agieren, ohne es zu sehen, am Abgrund. Die
Selbstzerstörung der alten, unfähigen Eliten steht also unmittelbar bevor.

Diese Grundkonstellation, mit der Kritik am Theologenstand geübt wird, tritt in der
Augsburger Ausgabe von 1523 (Abb. 12)[32] in erweiterter Form nochmals auf. Im Vor-
dergrund des von Hans Weiditz geschaffenen Holzschnitts steht hier ein Bischof, der
mit einem Mönch auf einer Kanzel disputiert. Die Kanzel trägt den Schriftzug „Scotus",
so daß in diesem Holzschnitt noch einmal explizit an den sophistischen Gottesspekula-
tionen der Scholastik Kritik geübt wird, denn nicht nur der Mönch und der Bischof tragen Augenbinden; auch der Spiegel, der von der Kanzel herabgereicht wird, ist durch
ein Tuch verhüllt, so daß aus ihm keine göttliche Wahrheit hervorzuscheinen vermag.
Die Predigt des Duns Scotus spiegelt demnach nicht die wahre Heilslehre wider, diese
ist im Hintergrund unbemerkt geblieben. Dort erscheint Christus mit dem Segensgestus
in den Wolken. Er wendet sich jedoch nicht den kirchlichen Würdenträgern, sondern
den Bauern im einfachen Gewand zu, welche die Arme euphorisch zu ihm emporgeho-
ben haben, um den Sohn Gottes anzubeten. Der Affektausdruck dieser Geste steht in
offenkundiger Spannung zur unbewegten vor kirchlichen Ehrenzeichen und Prunkge-
wändern starrenden Körperhaltung des Klerus. Der emotionale Ausdruck der Bauern
kündet von einer spontanen, unvermittelt artikulierten Frömmigkeit. Es bedarf, so dürfte
die Szene zu lesen sein, weder theologischer Kenntnisse noch einer kirchlichen Ver-
mittlungsinstanz – ja ganz im Gegenteil, diese scheinen die Gotteserkenntnis eher zu
verhindern als zu fördern.[33] Unschwer erkennt man hier eine Visualisierung von Luthers Theologie des „allgemeinen Priestertums der Gläubigen".[34]

Das Mißtrauen in die kirchliche Heilsverwaltung und der starke Antiklerikalismus
der Reformationszeit hinterließen auch in einer Radierung Daniel Hopfers zu Matthäus
XXIII ihre Spuren. In dem Blatt ist Christus dargestellt, der vor den Pharisäern warnt,
die Bildinschrift jedoch aktualisiert diese Warnung:

---

32 Vgl. Robert W. Scribner, For the Sake of Simple Folk. Popular Propaganda for the German Reformation.
(Cambridge Studies in Oral and Literate Culture, Bd. 2.) Cambridge 1981, 47 f.

33 Zum Laisierungsprozeß vgl. Maria E. Müller, Bürgerliche Emanzipation und protestantische Ethik. Zu den
gesellschaftlichen und literarischen Voraussetzungen von Sachs' reformatorischem Engagement, in: Thomas
Cramer/Erika Kartschoke (Hrsg.), Hans Sachs. Studien zur frühbürgerlichen Literatur im 16. Jahrhundert. (Beiträge zur Älteren Deutschen Literaturgeschichte, Bd. 3.) Bern 1978, 11–40, hier: 14–29. Zum Topos „die Gelehrten, die Verkehrten" vgl. Jan-Dirk Müller, Zum Verhältnis von Reformation und Renaissance in der deutschen
Literatur des 16. Jahrhunderts, in: August Buck (Hrsg.), Renaissance – Reformation. Gegensätze und Gemein-
samkeiten. Vorträge. (Wolfenbütteler Abhandlungen zur Renaissanceforschung, Bd. 5.) Wiesbaden 1984, 227–
253, hier: 233 f.; Heiko Augustinus Oberman, Die Gelehrten die Verkehrten: Popular Reponse to Learned Culture in the Renaissance and Reformation, in: Steven Ozment (Hrsg.), Religion and Culture in the Renaissance and
Reformation. (Sixteenth Century Essays and Studies, Bd. 11.) Kirksville 1989, 43–63.

34 Zur allgemeinen Priesterschaft aller Getauften vgl. Bernhard Lohse, Martin Luther. Eine Einführung in sein
Leben und sein Werk, München 1981, 187–190.

„Wee euch o ir schrifftglerten und phariseier gleysner, daun ir verschlist das reich der himel
vor den menschen, wann ir get nit hinein, unnd die dar kumen last ir auch nit hinein gehn.“[35]

Nicht die Gelehrten, der „gemein Mann" tritt hier als religiöser Reformer auf.[36] Die
Theologen hingegen verharren in ihrer Prunkliebe und halten an den überkommenen
Zeremonien fest, die sie selbst und die ihnen anvertrauten Gläubigen fern von Gott halten. Aber nicht nur die kirchlichen Eliten werden kritisiert – in einem anderen 1522 gedruckten Titelholzschnitt[37] (Abb. 13) des Blindenspiegels hat Hans Burgkmair die
Grundelemente der Komposition stark reduziert und die Auswahl der Handlungsträger
modifiziert. Im Zentrum befindet sich ein runder Spiegel mit dem Christusmonogramm,
das als strahlende Gnadensonne inszeniert wird. Um die Kreisform herum sind vier Figuren angeordnet, die offensichtlich verschiedene Bevölkerungsgruppen repräsentieren
sollen, da sie unterschiedlich gekleidet sind. Rechts unten befindet sich ein Bauer und
links ein Bürger, die mit erhobenen Händen ehrfürchtig auf das leuchtende Christus-
wappen blicken. Blind für das Heilszeichen, mit einer Augenbinde, wird in den oberen
beiden Ecken nicht nur ein Kardinal, sondern auch ein Kurfürst dargestellt.

Zum einen wird in diesen Holzschnitten das kirchliche und das weltliche Regiment
sowie die Haltung der religiösen und politischen Entscheidungsträger zur Einführung
der Reformation kritisiert, zum anderen greift die Ikonographie einen Topos auf, der
seit dem Mittelalter ununterbrochen aktuell blieb. Der von Heiko Augustinus Oberman
ausführlich untersuchte Kampf „contra vanam curiositatem"[38], der in den theologischen
Traktaten seit Tertullian immer wieder thematisiert wurde, lehrt, daß Weisheit nicht mit
Frömmigkeit zu verwechseln ist. Nur die Einfalt ermöglicht es, sich dem Willen Gottes
zu unterwerfen. Die Klugheit dagegen führt häufig zur Sünde der Superbia, da sie den
göttlichen Ratschluß nicht annimmt, sondern mit Gott rechtet und sich gegen seinen
Willen auflehnt.[39] Für Luther ist die Anerkenntnis der eigenen Erlösungsbedürftigkeit

---

35 Zit. nach Wegner, Beiträge (wie Anm. 30), 250.

36 Im Rahmen der Reformation wurde von Laien die bisherige Praxis in Frage gestellt, daß bestimmte Spezialisten mit der Weisheitspflege betraut waren. Bereits Jutta Held sah in dieser neuen Rolle des Autodidakten eine wichtige Vorform des modernen Intellektuellen, da letzterer gleichfalls seine Kompetenz nicht aus
einer beruflichen Spezialisierung, sondern aus seiner geistigen Befähigung und Unabhängigkeit bezieht. Jutta Held, Intellektuelle in der Frühen Neuzeit, in: dies. (Hrsg.), Intellektuelle (wie Anm. 2), 9–17, hier 10 f.

37 Wegner, Beiträge (wie Anm. 30), 250; Beyer, Eigenart (wie Anm. 30), 69 f. und 227, Kat. Nr. 18.1., Abb. 27.

38 Zu diesem Topos vgl. Heiko Augustinus Oberman, Contra vanam curiositatem. Ein Kapitel der Theologie
zwischen Seelenwinkel und Weltall. (Theologische Studien, Bd. 113.) Zürich 1974; vgl. auch Carlo Ginzburg,
Hoch und niedrig. Erkenntnisverbote im 16. und 17. Jahrhundert, in: Freibeuter 10, 1981, 9–23.

39 Seine Ablehnung der Klugheit und Vernunft in Glaubensdingen begründet etwa Luther damit, daß die intellektuellen Tugenden unausweichlich zu Superbia führen, zur sündhaften Erhebung gegen Gott. Denn jene, welche „sich auff yhre weisheit allein verlassen, wöllen auch ynn Götlichen dingen und geistlichen sachen von yhrer
klugheit nicht umb eyn har breyt weichen, woellen yhr ding schlechts unverdampt haben und gar nicht unweis für
Gott gehalten sein" (WA 23, 684, 6–9).

der eigentliche und einzige Weg zu wahrer Gotteserkenntnis.[40] Dieser theologischen Position entsprechen die Augsburger Holzschnitte. Die kritische Haltung eines stadtbürgerlichen Publikums gegenüber theoretischer Gelehrsamkeit bezog sich daher auch auf den religiösen Bereich. Dies kommt etwa in dem um 1540 entstandenen Bildprogramm der Ulmer Rathausfassade zum Ausdruck.[41] Die Quintessenz des in einer Zeichnung von 1080 (Abb. 14) überlieferten Bildzyklus ist in der rechten unteren Ecke des Blattes allegorisch zusammengefaßt. Neben der Personifikation der Fides befindet sich die Inschrift: „Sine fide prudentia vana" – „Ohne Glauben ist die Klugheit nichtig".

Abschließend läßt sich festhalten, daß Gelehrsamkeit in der stadtbürgerlichen Bildkultur des 16. Jahrhunderts nicht als Wert an sich inszeniert wird, sondern daß die vita solitaria stets auf die vita activa bezogen bleibt.[42] Sie erhält daraus ihre Berechtigung und ihre Funktion. Die Lebenspraxis und die Anwendung des Wissens entscheiden über dessen Qualität.

Und was lehren uns diese Darstellungen über die Gelehrten der Frühen Neuzeit? Nichts unmittelbar, muß man abschließend warnen, da es sich bei den bildlichen Repräsentationen um einen künstlerischen Reflex auf die Realität und nicht um ein Abbild der gesellschaftlichen Wirklichkeit handelt. Das analysierte Bildmaterial dokumentiert, welche Kritikpunkte, welche Normen, an die Eliten herangetragen wurden, es gibt aber keine Auskunft darüber, inwieweit jene den an sie herangetragenen Vorstellungen auch entsprachen. Der Vorwurf mangelnder religionspolitischer Intervention und die Forderung nach gesellschaftlicher Relevanz des Wissenserwerbs zeigen jedoch deutlich, nach welchen Kategorien die Wissenskultur der Frühen Neuzeit vermessen wurde. Die in ihren Würdezeichen und damit indirekt in ihrem Streben nach Besitzstandswahrung gefangenen Eliten werden kritisiert, weil sie sich auf ihre angestammten Ämter und nicht

---

40 Vgl. Karl-Heinz zur Mühlen, Reformatorische Vernunftkritik und neuzeitliches Denken. Dargestellt am Werk M. Luthers und Fr. Gogartens. (Beiträge zur historischen Theologie, hrsg. von Johannes Wallmann, Bd. 59.) Tübingen 1980, 44–167.

41 Zu diesem Bildprogramm vgl. Hans Koepf, Das Ulmer Rathaus, (2. Aufl. Ulm 1983); Susan Tipton, Tugendspiegel einer christlichen Obrigkeit: Die Fassadendekoration des Ulmer Rathauses, in: Ulm und Oberschwaben. Mitteilungen des Vereins für Kunst und Altertum in Ulm und Oberschwaben 47/48, 1991, 72–118; Susan Tipton, Res publica bene ordinata. Regentenspiegel und Bilder vom guten Regiment. Rathausdekorationen in der Frühen Neuzeit. (Studien zur Kunstgeschichte, Bd. 104.) Hildesheim u.a. 1996, 466–473; Kern, Tugend (wie Anm. 3), 196–201.

42 Zur stadtbürgerlichen vita activa-Konzeption vgl. Peter Michael Lipburger, „Quoniam si quis non vult operari, nec manducet..." Auffassungen von der Arbeit vor allem im Mittelalter, in: Mitteilungen der Gesellschaft für Salzburger Landeskunde 128, 1988, 47–86, hier: 79–85; Ilja M. Veldman, Images of Labor and Diligence in sixteenth-century Netherlandish prints: the work ethic rooted in civic morality or Protestantism? in: Simiolus 21, 1992, 227–264, hier: 229; Kern, Tugend (wie Anm. 3). Zur Hervorhebung der vita activa als spezifisch bürgerliche Lebensform im italienischen Humanismus vgl. Florian Matzner, Vita activa et Vita contemplativa. Formen und Funktionen eines antiken Denkmodells in der Staatsikonographie der italienischen Renaissance. (Europäische Hochschulschriften, Reihe 28, Kunstgeschichte, Bd. 206.) Frankfurt a. M. u.a. 1994, 52–65.

auf ihren Intellekt und die Eingebungen göttlicher Gnade verlassen. Auch hier werden ähnlich wie im Bild der Schildkröte materielle Interessen und Weisheitsstreben als unvereinbare Gegensätze bezeichnet. Kein Wunder also, daß der Dichter Philipp Engelbrecht durch den Richterspruch am Ende der Spottschrift „Poeta domum emit" („Ein Dichter hat ein Haus gekauft") gezwungen wird, sein Haus zu verkaufen, um wieder so zu leben, wie es einem gelehrten Poeten geziemt.[43]

---

43 Schirrmeister, Triumph (wie Anm. 1), 240 und 268f.

Abbildungen:

Abb. 1 Der Petrarcameister, Atelierszene (Holzschnitt in: „Officia", von Cicero, Augsburg 1531, fol. 14r.), Staatsbibliothek zu Berlin – Preußischer Kulturbesitz

Abb. 2 Lucas Cranach d.Ä., Die Melancholie, Gemälde auf Holz, 51 x 97 cm, 1532, Kopenhagen, Statens Museum for Kunst

Abb. 3 Lucas Cranach d.Ä., Die Melancholie, Gemälde auf Holz, 62 x 84 cm, 1533, Verbleib unbekannt, ehem. Den Haag, Sammlung A. Volz

Abb. 4 Jost Amman, Allegorie der Melancholie,
Holzschnitt in: „Wappen- und Stammbuch", Frankfurt 1589

Abb. 5 Jan van der Straet, Astrolabium (Amerigo entdeckt das Sternbild „Kreuz des
Südens"), Kupferstich in: „Nova Reperta", Antwerpen um 1590

Abb. 6 Marten de Vos, Die Wachsamkeit (Vigilantia) – Aristoteles, Federzeichnung mit Bister laviert, 33,9 x 20,2 cm, Stedelijk Prentenkabinett Antwerpen

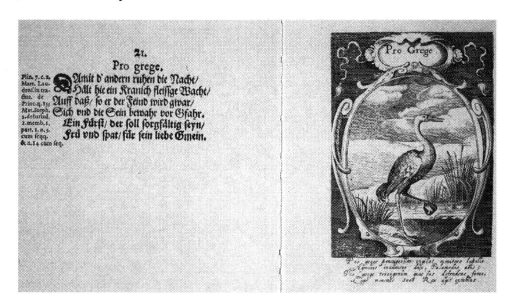

Abb. 7 „Pro grege", Emblem aus: Georg Rem, „Emblemata Politica", Nürnberg 1640, Kupferstich von Peter Isselburg

Abb. 8 Die Schildkröte, Emblem aus: Gabriel Rollenhagen, „Nucleus emblematum", Köln 1611, S. 74

Abb. 9 Druckermarke, Signet des Hugues de la Porte, Lyon 1559

Abb. 10 Hans Schäufelein, Holzschnitt in: „Neu
Layenspiegel", von Ulrich Tengler, Augsburg 1512,
fol. c iiijv.

Abb. 11 Hans Burgkmair (zugeschrieben), Titelholzschnitt für: Haug Marschalck, „Blindenspiegel",
Augsburg 1522

Abb. 12 Hans Weiditz, Titelholzschnitt für: „Blindenspiegel", von Haug Marschalck, Augsburg 1523,
Herzog August Bibliothek Wolfenbüttel

Abb. 13 Hans Burgkmair, Titelholzschnitt für: „Blindenspiegel", von Haug Marschalck, 1522

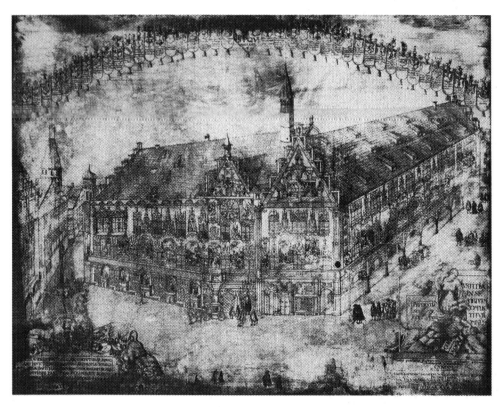

Abb. 14 Paul Wille, Das Ulmer Rathaus, Federzeichnung (Detail), 1680, Ulm, Stadtarchiv

Abbildungsnachweis:

Abb. 1 Der Petrarcameister, Atelierszene (Holzschnitt in: „Officia", von Cicero, Augsburg 1531, fol. 14r.), Staatsbibliothek zu Berlin – Preußischer Kulturbesitz [Foto: Kunsthistorisches Institut, Freie Universität Berlin]

Abb. 2 Lucas Cranach d.Ä., Die Melancholie, Gemälde auf Holz, 51 x 97 cm, 1532, Kopenhagen, Statens Museum for Kunst [Foto: Kunsthistorisches Institut, Freie Universität Berlin]

Abb. 3 Lucas Cranach d.Ä., Die Melancholie, Gemälde auf Holz, 62 x 84 cm, 1533, Verbleib unbekannt, ehem. Den Haag, Sammlung A. Volz [Foto: Kunsthistorisches Institut, Freie Universität Berlin]

Abb. 4 Jost Amman, Allegorie der Melancholie, Holzschnitt in: „Wappen- und Stammbuch", Frankfurt 1589 [Foto: Kunsthistorisches Institut, Freie Universität Berlin]

Abb. 5 Jan van der Straet, Astrolabium (Amerigo entdeckt das Sternbild „Kreuz des Südens"), Kupferstich in: „Nova Reperta", Antwerpen um 1590 [Foto: Kunsthistorisches Institut, Freie Universität Berlin]

Abb. 6 Marten de Vos, Die Wachsamkeit (Vigilantia) – Aristoteles, Federzeichnung mit Bister laviert, 33,9 x 20,2 cm, Stedelijk Prentenkabinett Antwerpen [Foto: Kunsthistorisches Institut, Freie Universität Berlin]

Abb. 7 „Pro grege", Emblem aus: Georg Rem, „Emblemata Politica", Nürnberg 1640, Kupferstich von Peter Isselburg [Foto: Kunsthistorisches Institut, Freie Universität Berlin]

Abb. 8 Die Schildkröte, Emblem aus: Gabriel Rollenhagen, „Nucleus emblematum", Köln 1611, S. 74 [Foto: Kunsthistorisches Institut, Freie Universität Berlin]

Abb. 9 Druckermarke, Signet des Hugues de la Porte, Lyon 1559 [Foto: Kunsthistorisches Institut, Freie Universität Berlin]

Abb. 10 Hans Schäufelein, Holzschnitt in: „Neu Layenspiegel", von Ulrich Tengler, Augsburg 1512, fol. c iiijv. [Foto: Kunsthistorisches Institut, Freie Universität Berlin]

Abb. 11   Hans Burgkmair (zugeschrieben), Titelholzschnitt für: Haug Marschalck, „Blindenspiegel", Augsburg 1522 [Foto: Kunsthistorisches Institut, Freie Universität Berlin]

Abb. 12   Hans Weiditz, Titelholzschnitt für: „Blindenspiegel", von Haug Marschalck, Augsburg 1523, Herzog August Bibliothek Wolfenbüttel [Foto: Kunsthistorisches Institut, Freie Universität Berlin]

Abb. 13   Hans Burgkmair, Titelholzschnitt für: „Blindenspiegel", von Haug Marschalck, 1522 [Foto: Kunsthistorisches Institut, Freie Universität Berlin]

Abb. 14   Paul Wille, Das Ulmer Rathaus, Federzeichnung (Detail), 1680, Ulm, Stadtarchiv [Foto: Kunsthistorisches Institut, Freie Universität Berlin]

PATRIZIO FORESTA

Ein protestantischer Jurist aus dem Nürnberger Gelehrtenumfeld um 1530 als frühneuzeitlicher Intellektueller?

Im Rahmen einer Studie des Frankfurter KFK 435 „Wissenskultur und gesellschaftlicher Wandel" entstanden die hier vorgetragenen Überlegungen.[1] Von der Forschungshypothese ausgehend, dass sich infolge der lutherischen Reformation in der ersten Hälfte des 16. Jahrhunderts eine neue „Gelehrtengruppe" und zugleich eine neue soziale Schicht im Alten Reich herausbildete, soll hier zunächst der Forschungsansatz beschrieben werden; zweitens soll die Frage nach der Quellenlage erörtert werden, wobei auch die Tragweite des Forschungsansatzes der so genannten *Cambrige School* für die Forschungsfrage zu thematisieren ist.[2] Schließlich sollen Entstehungskontext und einige Punkte aus dem Gutachten des Nürnberger Ratskonsulenten Johann Müllner von 1531 präsentiert und analysiert werden.

1.

Gerade weil innerhalb des Forschungsprojekts über die Rolle der Theologen und Juristen für das politische Denken des frühneuzeitlichen Luthertums geforscht wurde, soll in erster Linie die Anwendung des Begriffes „Intellektuelle" auf die neuen Gelehrtengrup

---

1 Zum Projekt ausführlich der Forschungsbericht Luise Schorn-Schütte/Anja Moritz/Patrizio Foresta, „Die Zeitliche Sachen mit und neben den religion sachen zusuchen". Zum Verhältnis von protestantischem gelehrten Wissen und politisch-sozialem Wandel im 16. Jahrhundert, in: Jahrbuch der historischen Forschung in der Bundesrepublik Deutschland. Berichtsjahr 2004, hrsg. v. der Arbeitsgemeinschaft außeruniversitärer historischer Forschungseinrichtungen (AHF) in der Bundesrepublik Deutschland. München 2005, 69–76.
2 Zur breit gefächerten Debatte über die Cambridge School und die New History of Ideas vgl. Günther Lottes, „The State of the Art". Stand und Perspektiven der „Intellectual History", in: Frank-Lothar Kroll (Hrsg.), Neue Wege der Ideengeschichte. Festschrift für Kurt Kluxen zum 85. Geburtstag. Paderborn 1996, 27–45; Luise Schorn-Schütte, Einleitung, in: dies. (Hrsg.), Aspekte der politischen Kommunikation im Europa des 16./17. Jahrhunderts. Politische Theologie - Res Publica-Verständnis - konsensgestützte Herrschaft. (Historische Zeitschrift. Beihefte - Neue Folge 39), München 2004, 1–12, insbesondere 1–8; dies., Obrigkeitskritik und Widerstandsrecht. Die politica christiana als Legitimationsgrundlage, in: ebd., 19–232; dies., Politische Kommunikation in der Frühen Neuzeit: Obrigkeitskritik im Alten Reich, in: Geschichte und Gesellschaft 32, 2006, 273–314, insbesondere 276–281; dies., Historische Politikforschung. Eine Einführung. München 2006.

pen problematisiert werden, wobei der Begriff selbst auch auf seine Deutungskraft für die Erfassung frühneuzeitlichen gesellschaftlichen Wandels geprüft werden muss.

Sozialer Wandel und die Herausbildung einer neuen intellektuellen Schicht waren miteinander verzahnt, denn „eine Klasse, die sich keine eigene Kategorie von Intellektuellen zu schaffen vermag, ist zum Scheitern verurteilt", so Eugenio Garin zu den Überlegungen Antonio Gramscis über die Rolle der Intellektuellen.[3] Demzufolge erschüfen neue soziale und politische Kräfte, die nach Erfolg strebten, auch eine neue Intellektuellenschicht. Garin, durch die Erfahrung des Faschismus und des Zweiten Weltkrieges tief gezeichnet, betrachtet andererseits das Engagement für das politische Leben als unverzichtbare Voraussetzung für die Existenz des Intellektuellen, andernfalls wäre er „verstümmelt" und könnte die zivile Funktion, die ihm obliegt, nicht erfüllen. Der ideale Intellektuelle sei deshalb ein Mensch, der dem Gemeinwesen sein eigenes Wissen zur Verfügung stelle und seine Fähigkeiten dazu nutze, das Leben aller positiv in Bewegung zu setzen und zum Besseren zu ändern, um den allgemeinen Fortschritt der Gesellschaft zu ermöglichen. Frühneuzeitliche Vorläufer dieses politisch und kulturell engagierten Bürgers seien, so Garin, die italienischen Humanisten des Spätmittelalters gewesen.[4]

Doch genau das ist, so Giuliano Procacci, ein zentrales Problem der italienischen und europäischen Geschichte. In seiner „Geschichte Italiens und der Italiener", geht er der Frage nach, welches Verhältnis zur gesellschaftlichen Realität der Städte und Staaten ihrer Heimat die Humanisten hatten, und wie ihre politische Haltung und ihr kollektives Verhalten als Intellektuelle gewesen ist. Ebensolche Fragen stellten sich die Humanisten selbst. Genauso gewichtig und „legitim" ist es auch zu prüfen, ob und inwiefern sich die kulturelle Tätigkeit der einzelnen Humanisten in einer Erneuerung des politischen Handelns und Denkens der Zeit niedergeschlagen habe, und ob und welche Möglichkeiten es für sie als Intellektuelle gegeben habe, eine politische Erneuerung der Gesellschaft zu bewirken.[5] Wie ein roter Faden durch Politik, Wirtschaft und Kultur zieht sich in Procaccis Darlegung die Frage, ob und wie die Intellektuellen mit ihrem nach Raum

---

3 Eugenio Garin, Intellettuali italiani del XX secolo, 2. Auflage Roma 1987, 293: „La lezione del passato sembrava, ai suoi occhi [di Gramsci], dimostrare proprio che una classe che non sa crearsi la proprio categoria di intellettuali è destinata alla sconfitta". Andere grundlegende Studien Garins zum Thema Intellektuelle, Gelehrte, Humanisten: Eugenio Garin, Umanisti, artisti, scienziati. Studi sul Rinascimento italiano. (Nuova biblioteca di cultura 301) Roma 1989; ders., Scienza e vita civile nel Rinascimento italiano. (Biblioteca universale Laterza) Roma/Bari 1993; ders., L'umanesimo italiano. Filosofia e vita civile nel Rinascimento. (Economica Laterza 30) Roma/Bari 1994.

4 Eugenio Garin, Intervista sull'intellettuale, hrsg. v. Mario Ajello. (Saggi tascabili Laterza 208) Roma/Bari 1997, 4.

5 Giuliano Procacci, Geschichte Italiens und der Italiener. Aus dem Italienischen übersetzt von Friederike Hausmann. München 1983, 92–93.

und Zeit unterschiedlich ausgeprägten „Verantwortungsbewusstsein gegenüber der Gemeinschaft" am Schicksal ihres Landes teilhatten.[6]

Intellektuelle erfüllten freilich auch weitere Funktionen, waren sie doch als politische Berater, Experten der Regierungskunst sowie „Organisatoren des Konsenses" tätig.[7] Im offensichtlichen Widerspruch hierzu steht das gegenteilige (und modernere) Bild eines Intellektuellen, der als bedingungsloser Kritiker der zeitgenössischen Macht agiert, sich außerhalb des Traditionsrahmens politischer Kultur zu situieren und der Klassifizierung als „Intellektueller" bewusst zu entziehen sucht. Mit welchen Konsequenzen für das Verständnis seiner eigenen politischen und sozialen Rolle dies geschieht, bleibt noch offen, ebenso die Frage, ob sich der moderne Intellektuellen-Begriff auch zur Charakterisierung der politischen und kulturellen Eliten der Frühneuzeit verwenden lässt. Denn an der hier skizzierten Debatte wird deutlich, dass die Nürnberger Gelehrten sich nicht von Politik und Macht abgrenzten, sondern in die *civitas* hineinzuwirken trachteten. Juristen und Theologen Nürnbergs gehörten zum einen aufgrund ihrer Ausbildung und des ausgeübten Berufes einer bürgerlichen Gelehrtenkultur an, partizipierten zum anderen durch ihre Beratungstätigkeit am politischen Leben ihrer Gemeinde. Konstatieren lässt sich auch der Anspruch auf eine soziale und politische Rolle im Leben Nürnbergs durch die Juristen und Theologen, die Teilhabe an Schicksal und Politik der Stadt durch die Ausübung ihres Amtes und durch ihren Einsatz für das städtische Wohl sowie durch die „gelehrte" Beeinflussung mit Hilfe ihrer Gutachtertätigkeit. Die Gutachten der Juristen und Theologen zu spezifischen reichspolitischen Rechtsangelegenheiten z.B. dienten zur Entscheidungsfindung der städtischen Obrigkeit und zur Bestimmung des politischen Kurses der Stadt. Mit der gebotenen Vorsicht lassen sich somit Garins Überlegungen zur Figur des politisch engagierten Intellektuellen auf der Grundlage ihrer sozialen Stellung, Ausbildung, Funktion und Wirkung auf die Juristen und Theologen des Nürnberger Umfeldes anwenden. Nicht zuletzt gehörte Johann Müllner dem Humanistenkreis um Joachim Camerarius und Eobanus Hessus an.

2.

Eine wichtige Quellensammlung zum Thema Obrigkeitskritik und Widerstandsrecht stellt das Kompilationswerk „Europäische Staats-Consilia" von Johann Christian Lünig dar; es gewährt Einsicht in viele Gutachten aus der politischen Diskussion des 16. Jahrhunderts über legitime Not- und Gegenwehr. Die Gutachten, die für den Forschungsansatz von Belang sind, werden deshalb systematisch aufgelistet (siehe Anhang 1.).[8]

---

6 Ebd., jeweils 192, 198.

7 Vivanti, Presentazione (wie Anm. 2), xvii.

8 Johann Christian Lünig, Europäische Staats-Consilia oder curieuse Bedenken... die... vornehmlich das heil[ige] Röm[ische] Reich Teutscher Nation concernieren, Leipzig 1715. Exemplar Hessische Landesbibliothek Wiesbaden, Signatur: 4° Eh 7502. Biographisches über Lünig (* Schwalenberg 1662; † Leipzig 1740), in: DBA, I 788, 430–438; II 837, 439; III 586, 108.

Lünig, Rechtsgelehrter, Stadtschreiber der Stadt Leipzig und Verfasser des monumentalen 24-bändigen Werkes „Das Teutsche Reichsarchiv"[9], beabsichtigte mit den Staats-Consilia an erster Stelle einen Beitrag zur deutschen Rechtsgeschichte zu leisten. Gegenstand der Sammlung sind die „deroselben gegenwärtige von mir colligirte Europäische Staats-Consilia, welche vom Anfange des Sechzehenden Seculi, nach beschehener Reformation der Kirche, bis auf gegenwärtige Zeit, von grossen Herren, hohen Collegiis, vornehmen Ministren, und andern berühmten Männern, in Religions-Staats-Kriegs und andern wichtigen Sachen, abgefasset worden".[10]

Die 663 Gutachten der „Staats-Consilia" umfassen zwei Bände von insgesamt über 3000 Seiten, und decken einen Zeitraum von circa zwei Jahrhunderten ab. Die Editions- bzw. Kompilationskriterien Lünigs können aus dem Abschnitt „An den Leser" entnommen werden. Sein Anliegen sei nicht gewesen, eine historische Ausführung von dem zu präsentieren, was sich seit den Anfängen der Reformation bis zum Jahr 1715 ereignet hatte, und „denenjenigen, welche derer geist- und weltlichen Historien kundig, mehr als zu viel bekannt [sind], und deswegen ganz unnöthig, dasselbe, der Länge nach, allhier auszuführen", sondern „die Concilia und Bedenken... welche bey ein und anderem zweifelhaften Fall... gestellt und abgefasst worden" zusammenzubringen. Diese seien „zwar hin und wieder bey ein und anderem Historico oder Publicisten" – an dieser Stelle erwähnt Lünig unter seinen Vorgängern den Weimarer Hofrat und Hofhistoriographen Friedrich Hortleder – „wie auch in unterschiedenen Manuscriptis befindlich, doch hat bishero niemand die Mühe gegeben, solche in einer guten Ordnung" zusammenzutragen.[11]

In einer grundlegenden Abhandlung von Eberhard Isenmann wird die Bedeutung der Quellensammlung Lünigs neben der klassischen des Hortleder für die Erarbeitung der Widerstandsdebatte im 16. Jahrhundert bestätigt.[12] Zwar ist Hortleder ein unausweichlicher Bezugspunkt von Lünig gewesen, dennoch hat der Leipziger Gelehrte manches „zusammengebracht", was über das Editionsanliegen Hortleders hinausging und daher umso interessanter ist.

Eine der ersten Überlegungen richtete sich auf die Zuverlässigkeit der bei Lünig gedruckten, freilich nicht im heutigen Sinne kritisch edierten Texte, denn ein weiterer und

---

9 Ders., Das teutsche Reichsarchiv aus den berühmtesten Scribenten, raren Manuscriptis, und durch kostbare Correspondez zusammen getragen alles in eine richtige Ordnung gebracht... und ans Licht gegeben. 24 Bde., unveränderte reprografischer Nachdruck der Ausgabe Leipzig 1710–1722. (Nachdrucke zur Geschichte des öffentlichen Rechts 27) Genschmar 2003.

10 Lünig, Staats-Consilia (wie Anm. 9), aus der Einführung (ohne Foliozahl).

11 Ebd.

12 Eberhard Isenmann, Widerstandsrecht und Verfassung in Spätmittelalter und Früher Neuzeit, in: Barbara Stollberg-Rilinger/Helmut Neuhaus (Hrsg.), Menschen und Strukturen in der Geschichte Alteuropas. (Historische Forschungen 73) Berlin 2002, 37–70. Dazu auch ders., Reichsrecht und Reichsverfassung in Konsilien reichsstädtischer Juristen (15.–17. Jahrhundert), in: Roman Schnur (Hrsg.), Die Rolle der Juristen bei der Entstehung des modernen Staates. Berlin 1986, 545–628, insbesondere 613–617.

zentraler Schwerpunkt der Forschung gilt dem Thema der politischen Kommunikation bzw. der Kommunikation über Politik. Es kann konstatiert werden, dass im methodisch wegweisenden und bewusst programmatisch angelegten Aufsatz Quentin Skinners *Meaning and Understanding in the History of Ideas* das Verhältnis der *New History of Ideas* zur Text- und Quellenedition nicht erörtert wurde.[13] Eine Stellungnahme durch Skinner wäre in diesem Sinne umso wichtiger gewesen, als die Rekonstruktion eines „Kontextes" zum einen von der Existenz einer ausreichend ausgedehnten Debatte ausgeht und sie zum anderen auch vom quellenkritischen Umgang mit den überlieferten Zeugnissen abhängt.[14]

Isenmann weist in einer Anmerkung seiner oben erwähnten Abhandlung ausdrücklich auf die Notwendigkeit einer Auseinandersetzung mit den von ihm eingesehenen Gutachten unter Einbeziehung archivalischer Quellen hin.[15]

Um den Kontext der Nürnberger Debatte zu rekonstruieren, galt es festzustellen, ob Lünig ein zuverlässiger Kompilator gewesen ist. Es wurden Stichproben vorgenommen und die bei Lünig gedruckte Fassung des anonymen Gutachtens Nr. XIV., „Bedencken, ob man in Glaubens-Sachen sich der Defension wider den Kayser gebrauchen möge" (Anhang 1., Nr. 8) mit anderen verglichen.[16]

Das Ergebnis war, dass Hortleders, Lünigs und Scheibles Schreibweisen deutlich voneinander abweichen, wenngleich Inhalt, Gliederung, Argumentation, Reihenfolge der Absätze identisch sind. Vom unterschiedlichen Wortlaut des Titels abgesehen scheint Lünig, wenngleich mit Unterschieden, Hortleder gefolgt zu sein, da die beiden Abdrucke von der Schreibweise her am ähnlichsten sind. Scheible hat zwei Abschriften und die Fassung Hortleders kollationiert und die von ihm genannte Fassung A (im Staatsarchiv Nürnberg), die seiner Edition zugrunde liegt, durch die Fassung H (Hortleder) verbessert. Außerdem konnte er das Gutachten auf den 19. November 1530 datie-

---

13 Quentin Skinner, Meaning and Understanding in the History of Ideas, in: History and Theory 8, 1969, 3-53.

14 Olaf Asbach, Von der Geschichte politischer Ideen zur ‹History of political discourse›? Skinner, Pocok und die «Cambridge School», in: Zeitschrift für Politikwissenschaft 12, 2002, 637–667, und Schorn-Schütte, Historische Politikforschung (wie Anm. 8), 81–82.

15 Isenmann, Widerstandsrecht (wie Anm. 13), 50, Anm. 43. Das Ergebnis der Forschungsarbeit im SFB ist eine Edition, sie wird 2011 erscheinen, hg. durch L. Schorn-Schütte und C. S. Park, unter Vorarbeiten von A. Kürbis und P. Foresta.

16 Handschriftlich Überlieferung: SA Nürnberg, Fst. Ansbach, Rep. Nr. 111, Religionsakten Suppl. Nr. 1, fol. 280r–287v und 332r–344v, Es wirt gefragt, ob man in deß glaubens sache die defension wider den kayser gebrauchen muge. Gedruckt in Friedrich Hortleder, Der römischen keyser- und königlichen Majesteten... Handlungen und Außschreiben... von Rechtmässigkeit, Anfang, Fort- und endlichem Ausgang des Teutschen Krieges... vom Jahre 1546 biß auff das Jahr 1558. 2. Auflage Gotha 1645, Buch II., Kap. VIII., 78–82, und in Lünig, Staats-Consilia (wie Anm. 9), 53–57. Veröffentlicht in Heinz Scheible (Hrsg.), Das Widerstandsrecht als Problem der deutschen Protestanten (1523-1546). (Texte zur Kirchengeschichte 10) Gütersloh 1969, 69–77.

ren, erwähnt allerdings den Abdruck Lünigs nicht. Infolgedessen ist davon auszugehen, dass Lünig allen Einwänden zum Trotz ein zuverlässiger Zeuge ist.

In beiden Sammlungen gibt es eine Anzahl von Gutachten, die das Problem des Widerstandrechts behandeln. Im Anhang 1. ist ein chronologischer Überblick einiger Gutachten aus der Lünig'schen Sammlung zu lesen, die Ende 1529-Anfang 1530 und dann Anfang 1531 erstellt wurden. Diese Reihenfolge entspricht keineswegs jener Hortleders und auch nicht Lünigs „guter Ordnung", denn in manchen Fällen ist die von den beiden Rechtsgelehrten vorgeschlagene Datierung offensichtlich falsch.

Wie ebenfalls dem Anhang 1. zu entnehmen, handelt es sich bei der Lünig'schen Sammlung um 12 Schriftstücke, die nicht die ganze Breite der Debatte über das Widerstandsrecht im Alten Reich erfassen können, die jedoch einen bedeutenden Teil der damaligen Diskussion wiedergeben.[17] Diese kann mithilfe etlicher unveröffentlichter Archivalien und bereits edierter Schriftstücke zum Problem des Widerstands gegen den Kaiser im Umfeld Kursachsens, der Reichsstadt Nürnberg und der Markgrafschaft Brandenburg-Ansbach genauer rekonstruiert werden (Anhang 2.). Im Anhang 1. wurde auch die korrekte chronologische Reihenfolge der bei Lünig gedruckten Gutachten aufgestellt. Involviert waren unter anderen Lazarus Spengler (1479–1534), Ratschreiber der Stadt Nürnberg, der Theologe Johannes Brenz (1499–1570) und der Nürnberger Reformator Andreas Osiander (1498–1552), später dann auch der Theologe Wenzeslaus Linck und die Ratskonsulenten im Dienste des Nürnberger Rats Johann Müllner (gest. 1540), Valentin Kötzler, Johann Heppstein und Christoph Scheurl (1481–1542). Die Gutachten gehen einerseits auf den Zeitraum zwischen dem zweiten Speyerer Reichstag im März 1529 und dem Augsburger Reichstag Juni 1530, andererseits auf die Zeit nach der Jahreswende 1530–1531 zurück.

3.

Die Ausgangslage Ende 1529 war hauptsächlich durch zwei Meinungsfronten charakterisiert: auf der einen Seite Spengler, einige Nürnberger Ratsherren und die Ansbacher, die das Recht der Gegenwehr gegenüber dem Kaiser verneinten; auf der anderen Seite vor allem Hessen und Kursachsen, die ein solches befürworteten. Aus diesen beiden Grundauffassungen entstand die Debatte und entfaltete sich in juristischen und theologischen Gutachten. Die damalige Diskussion um ein aktives Widerstandrecht durch die

---

17 Einige Stücke aus dem Schriftencorpus, das die Diskussion über das Thema Widerstand gegen den Kaiser zwischen November 1529 und Januar 1530 und zwischen Februar und März 1530 betrifft, sind auch in der Reihe der Deutschen Reichstagsakten herausgegeben worden. Vgl. Deutsche Reichstagsakten, Jüngere Reihe (=DRTA/JR). Band VIII, bearbeitet von Wolfgang Steglich. Göttingen 1970–1971, hier VIII/1, 468–509. Zur Auseinandersetzung zwischen Philipp von Hessen und Georg von Brandenburg über das Widerstandsrecht gegen den Kaiser im Frühjahr 1530 vgl. ebd., 567–574, und Hans von Schubert, Beiträge zur Geschichte der evangelischen Bekenntnis- und Bündnisbildung 1529/30, in: Zeitschrift für Kirchengeschichte 30, 1909, 271–351, hier 284–293, 298–306.

Reichsfürsten und -städte führte zu einer „Zuspitzung, Neuakzentuierung und Neubewertung der Frage der kaiserlichen Machtvollkommenheit und des kaiserlichen Monopols legitimer Gewaltausübung" und schlug sich in einer beträchtlichen Anzahl juristischer und theologischer Schriften nieder.[18] An und für sich war die Vorstellung eines möglichen rechtmäßigen Widerstandes nicht neu und entstammte nicht dem konfessionellen Ringen, denn sie war in den Rechtsvorstellungen der spätmittelalterlichen Kommentatoren verankert, die auf dem römischen Recht beruhend die juristische Grundlage für die zeitgenössische Auseinandersetzung mit dem Kaiser boten. Man begegnet zudem Widerstandsvorstellungen in zahlreichen anderen Kontexten, wie die zahlreichen Studien von Angela De Benedictis zeigen.[19] Doch der historische Kontext, in dem die protestantischen Juristen die Kommentare eines Azo, Cino da Pistoia, Bartolus oder Innozenz zum „ius resistendi" auf die aktuellen Rechtsangelegenheiten anwenden mussten, war aufgrund der konfessionellen Spaltung selbstverständlich ein ganz anderer. Darin ist der ausschlaggebende Faktor zu sehen, der die Debatte über das Widerstandsrecht im Alten Reich überhaupt erst entfachte: Der religiös-politische Inhalt sprengte den tradierten juristischen und theologischen Denkrahmen. Bei aller kasuistischen Genauigkeit der Jurisprudenz war ein solches Ereignis wie die Glaubensspaltung und die Etablierung einer kirchlichen Alternative zur *respublica christiana* ein deutliches „Übermaß an Veränderung, ein Zuviel an Auflösung, ein Zuviel an Ordnungsverlust",[20] dem man zunächst mit den traditionellen juristischen Methoden begegnen musste.

Den entscheidenden Anstoß zur Diskussion in Nürnberg gab das Gutachten (ein „judicium und grund deß kaisers außnemens halben")[21] von Lazarus Spengler von Mitte November 1529 (Anhang 2., Nr. 2).[22] Bereits am 29. September 1529 hatte sich der

---

18 Isenmann, Reichsrecht (wie Anm. 13), 613.

19 Angela De Benedictis, Sapere, coscienza e scienza nel diritto di resistenza, in: dies/Karl-Heinz Lingens (Hrsg.), Wissen, Gewissen und Wissenschaft im Widerstandsrecht (16.-18. Jh.). (Studien zur europäischen Rechtsgeschichte, Bd. 165) Frankfurt am Main 2003, 1–47. Dazu auch: dies., Identità comunitarie e diritto di resistere, in: Paolo Prodi/Wolfgang Reinhard (a cura di), Identità collettive tra Medioevo ed Età Moderna. Convegno internazionale di studio. (Quaderni di discipline storiche, Bd. 17) Bologna 2002, 265–294; dies., Resistere: nello Stato di diritto, secondo il diritto "antico", nell'Europa del "diritto al presente", in: Quaderni fiorentini per la storia del pensiero giuridico moderno 31, 2002, 299–348.

20 Winfried Schulze, Deutsche Geschichte im 16. Jahrhundert. (Edition Suhrkamp, Bd. 1268) Frankfurt a. M. 1987, 13.

21 Brief Spenglers an Georg Vogler, 15. November 1529: „Ich hab mein judicium und grund deß kaisers außnemens halben... in ain verzaichnus gepracht, damit ich nit on schrift und Gottes wort handel und beschließ. Ist etwas lang. Will euch das lassen abschreiben und uber etlich tag zuschicken". In DRTA VIII/1 (wie Anm. 20), 358–360, hier 359.

22 Ob ainer christlichen oberkait mit got und gutem gewissen zustee, sich gegen dem kaiser in gewaltiger handlung deß evangelions mit gewalt aufzuhalten und ime mit der thatt zu widerstreben. Gedruckt in Hortleder, Rechtmässigkeit (wie Anm. 19), I. Buch, Kap. VII., 7–11, und Lünig, Staats-Consilia (wie Anm. 9), 30–34 (Anhang 1., Nr. 2). Veröffentlicht in Scheible, Widerstandsrecht (wie Anm. 19), 29–39, und DRTA

kursächsische Theologe Johannes Bugenhagen in einem Gutachten an Johann den Beständigen für das Widerstandsrecht gegen den Kaiser ausgesprochen (Anhang 2., Nr. 1).[23] Spengler schloss hingegen in seinem „judicium" die Zulässigkeit solch eines gewaltsamen Widerstands aus und vertrat „kompromisslos die Position des leidenden Ungehorsams", so Eberhard Isenmann.[24] Durch die Vermittlung des Ansbacher Sekretärs Georg Vogler, einem engen Freund Spenglers, gelangten zwei Überarbeitungen der ersten Fassung des Gutachtens jeweils in die Hände des Landgrafen Philipp von Hessen und des Theologen Johann Brenz, der sich am folgenden 27. November zum Bedenken Spenglers zustimmend äußerte (Anhang 2., Nr. 3).[25] Der Landgraf nahm am 21. Dezember 1529 Stellung gegen den Text Spenglers (Anhang 2., Nr. 4)[26], der ihm in der so genannten „Fürsten-Fassung" bzw. „Ansbach/Hessen-Fassung" vorlag: Der Ansbacher Sekretär Georg Vogler ließ eine Abschrift der ersten Fassung von Spenglers Gutachten in der Ansbacher Kanzlei anfertigen und versah sie mit Anmerkungen und Kommentaren, damit sie an Philipp von Hessen geschickt werden konnte; dabei ersetzte er „Nürnberg" durch „der Fürst" und änderte den Kontext sinngemäß, weil er sicherlich zum einen die Landgrafschaft Hessen und wahrscheinlich auch das Fürstentum Brandenburg-Ansbach vor Augen hatte, er zum anderen Spenglers Argumente nicht nur auf eine Reichsstadt wie Nürnberg für anwendbar hielt. Von diesen Abweichungen abgesehen stimmen beide Fassungen miteinander überein.[27] In der Lünig'schen Sammlung finden

---

VIII/1 (wie Anm. 20), 468–483. Aufgrund des Briefes Spenglers an Vogler (siehe Anm. 20) datiert Scheible das Gutachten Spenglers auf einen Zeitpunkt vor dem 15. November 1529. Vgl. dazu auch Andreas Osiander d. Ä., Gesamtausgabe. Band 3, Schriften und Briefe 1528 bis April 1530, hrsg. v. Gerhard Müller/Gottfried Seebaß. Gütersloh 1979, 451–452.

23 Gedruckt in Hortleder, Rechtmässigkeit (wie Anm. 19), II. Buch, Kap. III., 63–65, und Lünig, Staats-Consilia (wie Anm. 9), 17–19 (Anhang 1., Nr. 1). Veröffentlicht in Scheible, Widerstandsrecht (wie Anm. 19), 25–29. Vgl. auch Osiander, Gesamtausgabe III (wie Anm. 23), 452.

24 Isenmann, Widerstandsrecht (wie Anm. 13), 51–53, hier 53.

25 Handschriftliche Überlieferung: SA Nürnberg, Fst. Ansbach, Rep. Nr. 111, Religionsakten Suppl. Nr. 1a, fol. 216r–221v. Gedruckt in Hortleder, Rechtmässigkeit (wie Anm. 19), I. Buch, Kap. IV., 3–4, Lünig, Staats-Consilia (wie Anm. 9), 19–20 (Anhang 1., Nr. 3), und Johannes Brenz, Anecdota Brentiana. Ungedruckte Briefe und Bedenken von Johannes Brenz, hrsg. v. Theodor Pressel. Tübingen 1868, 44–46. Veröffentlicht in Scheible, Widerstandsrecht (wie Anm. 19), 40–42, und DRTA VIII/1 (wie Anm. 20), 483–486. Vgl. Dazu auch Osiander, Gesamtausgabe III (wie Anm. 23), 451.

26 Einrede auf das gestellt bedenncken, ob kay. Mt.alls unnserm hern und obern inn des Evangelii sachen aus gutem christlichem grund moge widerstanndt bescheen mit gewallt unnd der that. Handschriftliche Überlieferung: SA Nürnberg, Fst. Ansbach, Rep. Nr. 111, Religionsakten Suppl. Nr. 1a, fol. 347r–350r. Gedruckt in Hortleder, Rechtmässigkeit (wie Anm. 19), II. Buch, Kap. XII, 88–89. Vollständig veröffentlicht in Scheible, Widerstandsrecht (wie Anm. 19), 43–47, und DRTA VIII/1 (wie Anm. 20), 487–491.

27 Bedencken ob sich gebure wider Kay. Mat. mit der that zuhanndelns ob uuns gleich ir Mat. von Gottes wort zutringen understunde. Handschriftliche Überlieferung: SA Nürnberg, Fst. Ansbach, Rep. Nr. 111, Religionsakten Suppl. Nr. 1a, fol. 352r–360v. Zur „Fürsten-Fassung" bzw. „Ansbach/Hessen-Fassung" vgl. Scheible, Widerstandsrecht (wie Anm. 19), 29–30, Anm. 74, und DRTA VIII/1 (wie Anm. 20), 468. Der von

sich weder die Widerlegung der Gutachten Spenglers und Brenz' durch Philipp von Hessen noch die darauf folgenden Antworten Brenz' und Spenglers von Anfang Januar 1530 (Anhang 2., Nr. 5–6).[28]

Interessant für den Ablauf der politischen Kommunikation ist hierbei, dass Philipp von Hessen und Brenz eine Fassung zur Begutachtung zugeschickt wurde, aus welcher Absender und Adressat nicht erkennbar waren. Der Landgraf seinerseits kannte den Verfasser des ersten Gutachtens Spenglers nicht und schrieb es Georg Vogler zu, da dieser eben den Text in der Ansbacher Kanzlei überarbeiten ließ. Spengler schließlich vermutete in seiner Widerlegung, der kursächsische Kanzler Brück sei der Verfasser des Gutachtens, das Philipp von Hessen verfasst hatte.[29]

Im Januar 1530, nach der gescheiterten Tagung zu Schmalkalden, wurden die Verhandlungen zwischen den evangelischen Reichsständen über die Bündnis- und Bekenntnisfrage fortgeführt. Das Gutachten Osianders (Anhang 2., Nr. 7) ist vor dem Hintergrund der vorhergehenden Diskussion und des bevorstehenden „Tages zu Nürnberg" zu verstehen.[30] Wie bekannt befürwortete Osiander das Recht der niederen Obrigkeiten, dem Kaiser zu widerstehen, falls er sein Amt missbrauchen würde, und trennte dezidiert Amt und Person.[31] Der Herrscher, könnte abgesetzt werden, falls er durch sein widerrechtliches Handeln seine Amtsfunktion verloren hätte.[32] Osiander äußerte sich zum

---

Vogler überarbeitete Text der „Fürsten-Fassung" wurde bisher im kritischen Apparat der DRTA herausgegeben. Die hier vorgeschlagene Bezeichnung „Ansbach/Hessen-Fassung" ist möglicherweise treffender, da sie auch die Implikationen auf reichspolitischer Ebene berücksichtigt.

28 Ableinung der Einred auff das gestellt bedencken, ob K. Mt. in sachen des Evangeliums mog mit gutem gwissen widerstandt gescheen und Ein kurtze defension auf die bescheen einred deren, die do arguirnund schliessenn, das man zu handthabung deß Evangelions, unnd damit man beym wort gotes pleiben, der kay. Mät. mit christlichem gutem grund, thatlichen widerstanndt thun mogen. Handschriftliche Überlieferung: SA Nürnberg, Fst. Ansbach, Rep. Nr. 111, Religionsakten Suppl. Nr. 1a, jeweils fol. 297r–315v und 390r–395r (gekürzte und veränderte Fassung). Gedruckt in Hortleder, Rechtmässigkeit (wie Anm. 19), I. Buch, jeweils Kap. X., 16–24, und Kap. XI., 24–27. Das Bedenken Brenz' wurde mit falscher Datierung in Brenz, Anecdota Brentiana (wie Anm. 26), 47–63, gedruckt. Veröffentlicht in DRTA VIII/1 (wie Anm. 20), jeweils 487–491, 492–501 und 501–509. Die Antwort Spenglers an Philipp von Hessen wurde auch in Scheible, Widerstandsrecht (wie Anm. 19), 50–56, veröffentlicht.

29 Scheible, Widerstandsrecht (wie Anm. 19), 43, Anm. 123, 44, Anm. 129, und 50, Anm. 161. Zur Überlieferung der erwähnten Gutachten vgl. DRTA VIII/1 (wie Anm. 20), 468–469, und ebd. VIII/2, 1215, Nr. 1157.

30 Wie ferr der Oberkeit oder Gewallt gehorsam zulaisten sey. Handschriftliche Überlieferung: SA Nürnberg, Fst. Ansbach, Rep. Nr. 111, Religionsakten Suppl. Nr. 1a, fol. 371r–375r. Registraturvermerk von Georg Vogler, fol. 320r: „Ain <getilgt ander> ratschlag vonn Nurnberg ob sich gezim ins glaubens sachen gegen dem kaiser mit der that zuwerhen". Gedruckt in Hortleder, Rechtmässigkeit (wie Anm. 19), Buch. II., Kap. X., 83 85, und Lünig, Staats-Consilia (wie Anm. 9), 57–59 (Anhang 1., Nr. 4). Veröffentlicht in Osiander, Gesamtausgabe III (wie Anm. 23), 451–467.

31 Siehe dazu ausführlich den Beitrag von Anja Kürbis in diesem Band.

32 Osiander, Gesamtausgabe III (wie Anm. 23), 459–467, insbesondere 464–466.

Thema des Widerstandsrechts gegen den Kaiser in einem weiteren und ebenfalls gewichtigen Gutachten vom Januar 1531 (Anhang 2., Nr. 9).[33] Er wird hierbei vermutlich den Nürnberger Ratskonsulenten Valentin Kötzler zurate gezogen haben, dessen Positionen mit jenen Osianders übereinstimmten. Bekannt sind darüber hinaus drei weitere Gutachten von Wenzeslaus Linck (Anhang 2., Nr. 10, 11 und 12) und ein anonymes theologisches Gutachten (Anhang 2., Nr. 13), die sich alle gegen die Auffassungen Osianders richten.[34]

Als Antwort auf beide Schriften Osianders ist vermutlich das Gutachten Johann Müllners vom Januar 1531 entstanden (Anhang 2., Nr. 14).[35] Müllner verfasste in jener Zeit ein weiteres Gutachten (Anhang 2., Nr. 16), das zwar dem Thema des Widerstandsrechts gewidmet war, das Gutachten Osianders scheint er nicht gekannt zu haben; vielmehr nimmt es Stellung zum kursächsischen Gutachten zum Widerstandsrecht vom En-

---

33 SA Nürnberg, Rst. Nürnberg, Ratskanzlei, A-Laden 127, Nr. 7, fol. 258r–284v (Autograph Osianders), Ob die vnterthanen, iren aigen Oberherren in etlichenn verderblichen, vnnd vnchristlichen Furnehmen, mit gewalt widerstannd thun mogen, vnnd, wem, des gleichen, in welchen fällen, oder vrsachen, solcher widerstand gepüre, und ebd., Ratschlagbuch Nr. 24 (RSB 24), fol. 428r–471v, Andrea Osianders Rathschlag, ob die unterthanen ihre äignen Ober-Herren, in ettlichen verderblichen unndt unchristlichen furnehmen, mit gewalt widerstandt thun mugen, und wann, deßgleichen in welchen fällen oder Ursachen widerstandt gebuhre (Abschrift). Veröffentlicht in Andreas Osiander d. Ä, Gesamtausgabe. Band 4, Schriften und Briefe Mai 1530 bis Ende 1532, hrsg. v. Gerhard Müller/Gottfried Seebaß. Gütersloh 1981, 158–206.
34 Handschriftliche Überlieferung der Gutachten Links: SA Nürnberg, Rst. Nürnberg, Ratskanzlei, A-Laden 127, Nr. 7, fol. 153r–156r, Ob man sich der Obrigkait, oder dem Kaiser, mit gewlt müge widersetzen, wo er unbilliger weise das Evangelion dempffen will; fol. 158r–165v, Ob man der Oberkait, so frevenlich gewalt ubet, widersteen müge; fol. 166r–171r (fol. 170r–171r von einer zweiten Hand), Wie musst im aber ein Christenliche herschafft thuen, wenn ir Oberherre sye gewaltiglich wider Got unnd recht tzwinget. Zur Zuschreibung an Link vgl. Osiander, Gesamtausgabe III (wie Anm. 23), 452, Anm. 15. Anonymes theologisches Gutachten, Uber die frag, von dem gewalt des kaysers inn des glaubenns unnd gewissens sachen. Handschriftliche Überlieferung: SA Nürnberg, Fst. Ansbach, Rep. Nr. 111, Religionsakten Suppl. Nr. 1a, fol. 362r–368v, (eine weitere Abschrift auf fol. 376r–381r). Gedruckt in Hortleder, Rechtmässigkeit (wie Anm. 19), Buch. II., Gutachten Nr. XI., 85–88, und Lünig, Staats-Consilia (wie Anm. 9), 59–61 (Anhang 1., Nr. 5). Dazu vgl. Osiander, Gesamtausgabe III (wie Anm. 23), 456–457, mit Anm. 48. Bernhard Schneider vermutet, dass es sich um ein hessisches Gutachten handeln könnte, da Art, Format und Wasserzeichen des Papiers für Ansbach ungewöhnlich sind.
35 SA Nürnberg, Rst. Nürnberg, Ratskanzlei, A-Laden 127, Nr. 7, fol. 196r–200r (Reinschrift), Ob Kay. Mt. vnbillichem gewalt mit thättlicher gegenwere mug widerstanndt geschehen, und fol. 201r–203v (Konzept), Ob Kay. Mt. vnbillichen gewalt mit thetehn gegenwer muege widerstant geschehn. Weitere Abschriften in ebd., Fst. Ansbach, Rep. Nr. 111, Religionsakten Suppl. Nr. 1a, fol. 322r–325v, und Ratschlagbuch Nr. 24 (RSB 24), fol. 394r–400v. Vgl. auch fol. 247r–255v, Ratschlag das keyserlichen unpillichen gwalt mit der that widerstand geschehen müge. Gedruckt in Hortleder, Rechtmässigkeit (wie Anm. 19), I. Buch, Kap. IX., 14–16, und Lünig, Staats-Consilia (wie Anm. 9), 38–40 (Anhang 1., Nr. 9). Das Gutachten wird analysiert in: Adolf Engelhardt, Die Reformation in Nürnberg. Neue Beiträge zur Reformationsgeschichte. 3 bde., Nürnberg 1936–1939, II, 279–282.

de Oktober 1530 (Anhang 1., Nr. 7).[36] Gleiches gilt für ein Gutachten eines anderen Ratskonsulenten der Stadt Nürnberg, Christoph Scheurl (Anhang 2., Nr. 15).[37] Zwei weitere Gutachten, die im Gegensatz zu denjenigen von Müllner und Scheurl die Thesen Osianders unterstützten, wurden zwischen Juni 1530 und Januar 1531 von den Nürnberger Ratskonsulenten Johann Heppstein und Valentin Kötzler redigiert (Anhang 2., Nr. 8 und 17).[38]

Über den „Advocatus Noricus" Johann Müllner gibt es nur wenige Informationen. Er stammte vermutlich aus Franken, war Lizenziat der Rechte und zuerst als Stadtrat in Bamberg tätig. Müllner soll 1526 nach Nürnberg übergesiedelt sein, wo er sich dem Humanistenkreis um Joachim Camerarius und Eobanus Hessus anschloss, wurde Advokat und ein Jahr später Ratskonsulent der Stadt. Ebenfalls in Nürnberg verstarb er am 27. Februar 1540.[39] 1526 nahm er außerdem als Gesandter der Stadt Nürnberg zusammen mit Christoph Kreß und Bernhart Baumgartner am Speyerer Reichstag teil.[40] Überliefert sind spärliche Informationen über seine Bestallung im Februar 1527 als Ratskonsulent, allerdings ohne Doktorwürde, wie es sonst für die Ratskonsulenten üb-

---

36 SA Nürnberg, Rst. Nürnberg, Ratskanzlei, A-Laden 127, Nr. 7, fol. 205r–215v (Reinschrift), Ratschlag das Kayserlicher Maiestat vnpillichem Gewalt nit sol mit gewalt widerstannden sonnder geduldt werden, und fol. 217r–226v (Konzept), sowie ebd., Ratschlagbuch Nr. 24 (RSB 24), H. D. Müllners Bedencken, daß Kaijserliche Mayestät unbillichem gewaldt nit söll mit gewaldt widerstandten sondern geduldet werdten, fol. 400v–411v (Abschrift). Dieses zweite Gutachten Müllners wird in Osiander, Gesamtausgabe III (wie Anm. 23), 456, und ebd. IV (wie Anm. 33), 161–162, erwähnt. Das Gutachten der kursächsischen Juristen veröffentlicht in Scheible, Widerstandsrecht (wie Anm. 19), 63–66.

37 SA Nürnberg, Rst. Nürnberg, Ratskanzlei, A-Laden 127, Nr. 7, fol. 227r–235v (Reischrift), Warumb die unntern magistrat unnd Regenten der Reychstet in kayserlichen Rechten nit gegrundet seyn, unnserm aller gnedigsten Herrn dem Romischen Kayser, thetlichen widerstannd zuthun, 17. Januar 1531, und ebd., Ratschlagbuch Nr. 24 (RSB 24), fol. 411v–421r (Abschrift), H. D. Scheurls Rathschlag Warumb die Unternn magistrat unndt Regenten der Reichs-Stätten im Kaijserlichen rechten nit gegründet sein, unserem aller gnedigisten Herrn, dem Römischen Käijser thättlichen widerstandt zue thun. Vgl. Osiander, Gesamtausgabe III (wie Anm. 23), 456, Anm. 45 und Isenmann, Widerstandsrecht (wie Anm. 13), 54–55.

38 SA Nürnberg, Rst. Nürnberg, Ratskanzlei, A-Laden 127, Nr. 7, jeweils fol. 57r–74r, Auß Romischer Key. Mt. unnsers aller gnedigsten herrn außschreiben unnd erfordern zu ietzigem Reichstags allen Churfursten, Fursten und Stenden des Reichs zugesanndt (Gutachten Heppsteins); fol. 173r–185v, Ratschlag das Kayserlicher Maiestat vnbillichen Vergewaltigung Innhalt der Recht mit gewalt moeg widerstannden werden (Gutachten Kötzlers, Reinschrift), und ebd., Ratschlagbuch Nr. 24 (RSB 24), fol. 359r–375r, Rathschlag dz Kaijserlicher Mayestat unbillichen vergewälltigung inhalt der Recht mit gewalldt möge widerstandten werdten (Gutachten Kötzlers, Abschrift). Zu all diesen Gutachten siehe Osiander, Gesamtausgabe III (wie Anm. 23), 455–457, und ebd. IV (wie Anm. 33), 161–164.

39 DBA, I 880, 316–317.

40 Eugen Franz, Nürnberg, Kaiser und Reich. Studien zur Reichsstädtischen Außenpolitik. München 1930, 96. Vgl. die Gutachten Müllners und der Nürnberger Juristen auf dem Speyerer Reichstag vom März 1529 in Deutsche Reichstagsakten, Jüngere Reihe (=DRTA/JR). Band VII, bearbeitet von Johannes Kühn. Göttingen 1935, 1187–1195, insbesondere 1194–1195, und Osiander, Gesamtausgabe III (wie Anm. 23), 341–342.

lich war. 1539, kurz vor seinem Tod, wurde seine Bestallung erneuert; er war immer noch als Lizenziat eingetragen.[41]

Obwohl man nicht viele Auskünfte besitzt, kann mit Sicherheit ausgeschlossen werden, dass es sich um jenen Johann Müllner bzw. Molitor handelt, der 1528 in Nürnberg geboren wurde und Vater des berühmten Stadtchronisten und Stadtschreibers Nürnbergs Johannes Müllner war.[42] Beide scheiden aufgrund ihres Geburtsdatums als Verfasser des Gutachtens aus. Auf Basis der derzeitigen Kenntnisse ist es nicht möglich zu entscheiden, wie die drei gleichnamigen Johann Müller bzw. Müllner miteinander verwandt waren. Von Johann Molitor bzw. Müller ist bekannt, dass er in Wittenberg studierte und dort 1551 als Magister lebte. Er kam 1567 nach Nürnberg, war Diakon zu St. Lorenz und ab 1575 an St. Sebald. Er war überdies mit mehreren angesehen Gelehrten befreundet, die das lutherisch-humanistische Milieu der Pfarrei St. Sebald prägten.[43]

1531 setzte sich der Ratskonsulent Müllner mit dem Problem des aktiven Widerstands gegen den Kaiser auseinander; er fragt sich „ob kay. mt. vnbillichem gewalt mit thättlicher gegenwere müg widerstanndt geschehen".[44] Müllner führt eine Fülle von Beispielen auf, um die Herren Älteren von Nürnberg im Einklang mit dem Gutachten Spenglers zu überzeugen, dass „meine herrn [die Herren Älteren von Nürnberg] hoch beschwerlich achten, wider aide vnd gelubde irem naturlichen herrn [dem Kaiser] sich mit der thate zvwidersetzen, vnd zuvor in einer sachen des glaubens, der nit mit krieg erhalten vnd erlangt, sonnder durch hertzlichs gebet, vnd aus der gnad gotes gegeben wirdet", und dass „kay mt nit sol widerstandt mit der thatte geschehen, sonder wir sollen mer nachuolgen die ebenbilde der christen in angeender kirchen, damals sich die christen nit zusamen verbunden, vnnd den vnglaubigen kaisern thettlichen kein widerstandt gethan haben".[45]

---

41 SA Nürnberg, Reichsstadt Nürnberg, Losungamt, 35 neue Laden, Urkunden (Rst. Nbg., LosungA, 35n. Lad., Urk.), V 43/2 Nr. 1739, 4. Februar 1527, der Lizenziat Johann Müllner tritt auf zwölf Jahre als Jurist in die Dienste der Stadt Nürnberg, und ebd., V 43/1 Nr. 1628, 20. Januar 1539, der Lizentiat Johann Müllner tritt auf fünf Jahre als Jurist in die Dienste der Stadt Nürnberg.

42 DBA, I 874, 93–102; III 649, 396–399.

43 NDB, Bd. 18, 515.

44 SA Nürnberg, Rst. Nürnberg, Ratskanzlei, A-Laden 127, Nr. 7, fol. 196r. Das Gutachten wird in Osiander, Gesamtausgabe IV (wie Anm. 33), 161–162, zusammengefasst und inhaltlich in Isenmann, Widerstandsrecht (wie Anm. 13), 54 analysiert. Dabei handelt sich um „ein nach dem Augsburger Bekenntnisreichstag von 1530 erstattetes Rechtsgutachten… [das] in wesentlichen Punkten die reichsrechtliche Position des Ratschreibers [Spengler] auf der Grundlage des römisch-kanonischen Rechtes, entsprechend dem mos italicus systematisch argumentierend ohne den humanistischen verfassungsgeschichtlichen Rekurs der späteren Rechtsgelehrten französischen Monarchomachen [stützt]".Das Gutachten Müllners wird zusammenfassend analysiert auch in Isenmann, Reichsrecht (wie Anm. 13), 614.

45 SA Nürnberg, Rst. Nürnberg, Ratskanzlei, A-Laden 127, Nr. 7, Zitate jeweiles fol. 196r und 200r. Lünig, Staats-Consilia (wie Anm. 9), jeweils 38 und 40.

Müllner geht von C. 11, 47, 1 aus („Nulli prorsus nobis insciis atque inconsultis quorumlibet armorum movendorum copia tribuatur"), und folgert dementsprechend, dass „kein unterthan volk sameln oder krieg anfahen muge, dann allein der kaiser, und wem sein mt. dasselb erlaubt", und dass „one das sein die krieg unrecht"[46]; dabei unterstreicht er zum einen das Gewaltmonopol des Kaisers als „irem [der Herren Älteren von Nürnberg] naturlichen herrn" gemäß dem römischen Recht, Streitkräfte zwecks Kriegsführung zu rekrutieren; als zweites zieht er Beispiele aus der Notwehrlehre heran, „in welchen ein yetzlicher sein selbs richter sein mag" und vielleicht „eins kaisers aigne person möge angegriffen werden" könnte, die Fälle also, in denen ein solcher Widerstand aufgrund natürlichen sowie gesetzten Rechtes erlaubt sein könnte: Mordversuch, flagranter Ehebruch, Notzucht bzw. Entführung der eigenen Familienmitglieder, wobei selbstredend „solche felle... nit vff andere handlung, vnd vnbilliche gebot des kaisers, zuvor im christlichen glauben furgenomen, getzogen werden [können]"[47] Gleichwohl soll gegen die Obrigkeit, selbst wenn sie sich unchristlich verhält, kein Widerstand geleistet werden.[48] Ganz anderer Meinung war Andreas Osiander, der einen ähnlichen Fall in seinem Gutachten zum Widerstandsrecht konstruiert hatte: Hätte ein Fürst vor, die Ehefrau eines Untertanen zu schänden, täte er es nach Gottes Ordnung, wenn man zwischen Amt und Person nicht unterschiede, denn „es sey kain obrigkait on von Got"; Ehebruch bzw. Notzucht wäre also „ein ordnung Gottis", differenzierte man nicht zwi-

---

46 Ebd., fol. 196r. Lünig, Staats-Consilia (wie Anm. 9), 38.

47 Hierzu zahlreiche Belegstellen aus dem römischen Recht: vgl. C. 8, 4, 1: „Recte possidenti ad defendendam possessionem, quam sine vitio tenebat, inculpatae tutelae moderatione illatam vim propulsare licet"; C. 9, 9, 4pr: „Gracchus, quem Numerius in adulterio noctu deprehensum interfecerit, si eius condicionis fuit, ut per legem iuliam impune occidi potuerit, quod legitime factum est, nullam poenam meretur"; D. 1, 1, 3: „Ut vim atque iniuriam propulsemus: nam iure hoc evenit, ut quod quisque ob tutelam corporis sui fecerit, iure fecisse existimetur, et cum inter nos cognationem quandam natura constitui, consequens est hominem homini insidiari nefas esse"; D. 48, 8, 1, 4: „Item divus Hadrianus rescripsit eum, qui stuprum sibi vel suis per vim inferentem occidit, dimittendum". Dazu Diethelm Böttcher, Ungehorsam oder Widerstand? Zum Fortleben des mittelalterlichen Widerstandsrechts in der Reformationszeit (1529–1530). (Historische Forschung, Bd. 46) Berlin 1991, 33: „[Die Notwehr] erstreckt... sich sowohl auf den Schutz von Leib und Leben als auch auf den Schutz der Ehre als auch auf die Erhaltung von Hab und Gut und sogar auf dessen Wiederschaffung".

48 SA Nürnberg, Rst. Nürnberg, Ratskanzlei, A-Laden 127, Nr. 7, Zitate jeweiles fol. 196r: „War ist auch, das kay mt, so sye ichtzit vnchristlichs gebeut, nit solle gehorsam gelaistet werden, xi q. 3. c. resistat". In Anlehnung an Decretum II, C. XI, q. 3, c. 97. Lünig, Staats-Consilia (wie Anm. 9), 38. Müllner äußert sich hier kritisch gegenüber der Position Osianders; dazu Osiander, Gesamtausgabe IV (wie Anm. 33), 185–187, insbesondere 187: „Ehbrechen ist nicht von Got verordnet. Darumb: Wer aim fursten den ehbruch weret, widerstrebt kainer obrigkait".Vgl. Isenmann, Widerstandsrecht (wie Anm. 13), 54: „Auch der obrigkeitliche Status des Nürnberger Rates ändert nichts an dem Verbot aktiven Widerstands gegen den Kaiser, denn die Obrigkeit des Rats hört als die einer unteren Gewalt durch Gebot des obersten Hauptes auf".

schen „ambt und bevelh", die „warlich von Got [sein]", und „des fursten person", die folglich „nicht von Got noch Gottis ordnung" sei.[49]

Müllner eignet sich eine Unterscheidung an, die bereits im bekannten Gutachten Melanchthons zum Widerstandsrecht thematisiert wurde: Der Reformator hatte hervorgehoben, dass das Prinzip „vim vi repellere licet" von D. 43, 16, 1, 27 im Gegensatz zur von Müllner angeführten Stelle der Digesten C. 3, 5, 1 steht: „Item potest opponi contra rationem [D. 43, 16, 1, 27] alia ratio [C. 3, 5, 1]: Nemo debet esse iudex in propria causa, nec nos debemus iudicis hoc est superioris officium occupare".[50] Andererseits folgt er der Lehre der Kommentatoren, die den Widerstand als eine Sonderform der Notwehr begriffen, gehörte doch jener nicht zum Traditionsgut des römischen Rechtes: Wie hätten im Übrigen die „kaiserlichen recht" einen Tatbestand überhaupt vorsehen können, der sich gegen denjenigen gerichtet hätte, aus dessen Autorität die „kaiserlichen recht" selbst hervorgingen? Daher musste der Widerstand unter der Notwehr subsumiert werden und konnte nicht de iure, sondern lediglich de facto erlaubt sein. Die Kommentatoren fanden nur einige wenige Stellen im Codex Iustinianus, die privaten Widerstand gegen untere Executivbeamte in besonderen Fällen ermöglichen. Ähnliches gilt für die Nothilfe, wozu auch keine römischen Quellen vorhanden sind; daher wandten die Kommentatoren eine Rechtsanalogie an, um den Tatbestand zu erklären.[51]

Auch gibt es einen großen Unterschied „vnter nit gehorsam [zu] sein eim ungerechten gebot des kaisers vnd eins kaisers vngerechten gebot mit gewalt [zu] begegnen": Dieses sei „im rechten verbotten", jenes „wirdet gebotten unnd zugelassen". Auch wenn das natürliche Gesetz es erlaube, „das sich ymandts gewalts mit gewalt aufhalten möge"[52], könne hingegen die auf diesem „naturlichs gesetz" beruhende „thettlich gegenwere" nicht akzeptiert werden, denn „dieweil die obrikeit aus den naturlichen

---

49 Osiander, Gesamtausgabe IV (wie Anm. 33), 185–186.

50 Scheible, Widerstandsrecht (wie Anm. 19), 58. Zur Datierung vgl. Böttcher, Ungehorsam oder Widerstand? (wie Anm. 47), 180–182. C. 3, 5, 1 („Generali lege decernimus neminem sibi esse iudicem vel ius sibi dicere debere. In re enim propria iniquum admodum est alicui licentiam tribuere sententiae"); D. 43, 16, 1, 27: „Vim vi repellere licere Cassius scribit idque ius natura comparatur: apparet autem, inquit, ex eo arma armis repellere licere". Zu Melanchthons Stellung bezüglich des Widerstandrechtes siehe Isabelle Deflers, Lex und ordo. Eine rechtshistorische Untersuchung der Rechtsauffassung Melanchthons. (Schriften zur Rechtsgeschichte, Bd. 121) Berlin 2005, 224–234.

51 Dazu jeweils Böttcher, Ungehorsam oder Widerstand? (wie Anm. 47), 92–93, und Andreas Wacke, Notwehr und Notstand bei der aquilischen Haftung. Dogmengeschichtliches über Selbstverteidigung und Aufopferung, in: Zeitschrift der Savigny-Stiftung für Rechtsgeschichte. Romanistische Abteilung 106, 1989, 469–501, hier 488.

52 Die klassischen Belegstellen aus dem römischen Recht in D. 4, 2, 12, 1: „Quaeri poterit, an etiam ei qui vim fecerat passo vim restitui praetor velit per hoc edictum ea quae alienavit. Et pomponius scribit libro vicensimo octavo non oportere ei praetorem opem ferre: nam cum liceat, inquit, vim vi repellere, quod fecit passus est"; D. 9, 2, 45, 4: „Qui, cum aliter tueri se non possent, damni culpam dederint, innoxii sunt: vim enim vi defendere: omnes leges omniaque iura permittunt"; D. 43, 16, 1, 27.

rechten vnd gesetz sein grundt hat, so kan sie durch ein anders naturlichs gesetz nit geschmelert oder aufgehaben werden, sonsten weren die naturlichen gesetz widereinander, das nit sein kan, dhweil dieselben stet vnd vnwandelbar sein". Die „naturlichen gegenwere" bzw. Notwehr („aus not gedrungen sein") gilt ihrerseits nach der Auslegung der Rechtsgelehrten nur „allein zwischen sondern personen, vnd gar nit wider die obrist obrikait", zudem ist eine solche Möglichkeit „im rechten in einer nemlichen sonderlichen zall ausgedruckt", wobei in den oben genannten Fällen „vnser strittiger fall, die religion belangend, nit begriffen ist".[53] Spräche man ein solches Recht den Untertanen zu, „so must von not wegen meiner herrn vnterthanen zugelassen werden, das sye iren oberkaiten, so sye gewalts beschuldigt werden, widersteen möchten mit der thatte". Demnach könne „khain pollicey vff erdtrich... erhalten werden", wie die „bewrisch entbörung" wenige Jahre zuvor allzu deutlich bewiesen habe; daher sei auch nach römischem Recht „solchs widersteen der obrikait stattlich verbotten".[54]

Ferner, und hier greift Müllner Osianders Gutachten direkt auf, sei diejenige Auffassung falsch, die behaupte, „alle obrikeit sei on mitel vnnd gleich von got, vnnd im fall, so der kaiser vnrecht handelt, so seyen meine herrn ime gleich".[55] Ganz im Gegenteil: „meiner herrn obrikeit [ist] inen von got durch mitel kay mt als ein regal, dem kaiser gehorig zugegeben... Aber kay mt gewalt ist on mitel von got". Müllner allegiert als Beweis dafür Nov. 6pr. („Maxima quidem in hominibus sunt dona Dei a superna collata clementia sacerdotium et imperium, illud quidem divinis ministrans, hoc autem humanis preasidens ac diligentiam exhibens"). Daraus folgt, dass „ir [der Herren Älteren] obrikait als ein vntergewalt höret auf durch gebot ires obristen haubts", denn „wie des kaisers gewalt on mitel von got ist, so sol denselben nyemandts dann got allein, äigengeweltigklich widersteen, so lang derselb nit durch die, so inen erwelet, abgesetzt

---

53 SA Nürnberg, Rst. Nürnberg, Ratskanzlei, A-Laden 127, Nr. 7, fol. 196v. Lünig, Staats-Consilia (wie Anm. 9), 38. Zur hier von Müllner erwähnten „nemlichen sonderlichen zall" der Fälle, in denen Widerstand gegen die Obrigkeit erlaubt ist, vgl. die eingehende Analyse der legistischen Widerstandslehre durch Böttcher, Ungehorsam oder Widerstand? (wie Anm. 47), 84–93. Zum Verhältnis von Naturrecht und Widerstandsrecht Merio Scattola, Das Naturrecht vor dem Naturrecht. Zur Geschichte des ›ius naturae‹ im 16. Jahrhundert. (Frühe Neuzeit, Bd. 52) Tübingen 1999, 55–76. Zu Notwehr und Widerstandsrecht Robert von Friedeburg, Widerstandsrecht und Konfessionskonflikt. Notwehr und Gemeiner Mann im deutsch-britischen Vergleich 1530 bis 1669. (Schriften zur europäischen Rechts- und Verfassungsgeschichte, Bd. 27) Berlin 1999; ders. Widerstandsrecht im Europa der Neuzeit: Forschungsgegenstand und Forschungsperspektiven, in: ders. (Hrsg.), Widerstandsrecht in der frühen Neuzeit. Erträge und Perspektiven der Forschung im deutsch-britischen Vergleich. (Zeitschrift für Historische Forschung. Beiheft 26) Berlin 2001, 11–59.

54 Ebd., fol. 197r. Lünig, Staats-Consilia (wie Anm. 9), 38. In Anlehnung an C. 1, 9, 14pr, und D. 50, 17, 176: „Non est singulis concedendum, quod per magistratum publice possit fieri, ne occasio sit maioris tumultus faciendi". Isenmann, Widerstandsrecht (wie Anm. 13), 55.

55 In Anlehnung an Röm 13,1: „Jedermann sei untertan der Obrigkeit, die Gewalt über ihn hat. Denn es ist keine Obrigkeit außer von Gott; wo aber Obrigkeit ist, die ist von Gott angeordnet".

wirdet".[56] „Ein lauter wortgetzennck", ein „verdeckte[s] schulgetzenck des concreti vnnd abstracti" von den „mussigen" sei es auch, wenn man die Meinung vertrete, „obrikeit vnd oberherre seien von einander getailt vnnd das yemandts der obrikeit gehorsam sein konne zugegen des oberherrn".[57] Wie Leib und Seele seien sie untrennbar, sie „[können] nit gesondert sein", solange die Obrigkeit durch diejenigen abgesetzt wird, die sie gewählt hat.

Die Schlussfolgerung Müllners ist eindeutig: „Vnnd obgleich ein oberherr der exusia oder der obrikait sich mißbrauchet, so bleibt er dannost ein oberherr, gleich wie ein vnrechter richter, ob er schon ein vnrecht vrtail spricht, ein richter bleibt"; es ist außerdem unwahrscheinlich, dass „ye auf erden ein solche exusia oder obrikeit khomen sey, die so stracks dem gebot gotes vnd den naturlichen rechten sei nachgangen, vnd wer sie demselben nit recht vnd stracks nachgangen, das sie derhalben khein oberherre bliben seye". Wer also „zugegen des oberherrn handelt, der handelt auch zugegen der oberkeit vnnd fellet in die straff legis juliae majestatis, also das er am leben gestrafft werden solle [D. 48, 4, 1, 1 und D. 48, 4, 3]". Die „sonderung" zwischen Person und Amt sei „mer in gedenken der mussigen, dann im werck".[58] Nach der Glosse des Azos zu D. 50, 17, 167 („Qui iussu iudicis aliquid facit, non videtur dolo malo facere, qui parere necesse habet") war es möglich, einem Richter zu widerstehen, der außerhalb seines Amtes und somit als persona privata handelte. Dies lag aber nicht in der „Ungerechtigkeit des Befohlenen", sonder in der „Privatheit des Befehlenden" begründet: Handelt ein Richter in Ausübung seines Amtes, so soll seinen Anordnungen Folge geleistet werden, selbst wenn sie rechtswidrig ist.[59] Deshalb beharrt Müllner darauf, dass dem Richter als persona publica nicht widerstanden werden darf, und dass ein solches Argument auf den Kaiser nicht zutrifft, weil dieser nie und nimmer als Privatperson handeln kann. Der Jurist verstand dabei die Position Osianders falsch, der ja nicht den Widerstand gegen die Obrigkeit als solche, sondern nur gegen die „person des herrn" billigte, sofern sie un-

---

56 SA Nürnberg, Rst. Nürnberg, Ratskanzlei, A-Laden 127, Nr. 7, fol. 197v. In Anlehnung an D. 4, 8, 4: „Nam magistratus superiore aut pari imperio nullo modo possunt cogi: nec interest ante an in ipso magistratu arbitrium susceperint. Inferiores possunt cogi". Vgl. Isenmann, Widerstandsrecht (wie Anm. 13), 54: „Die Gewalt (potestas) der unteren Obrigkeiten stammt zwar auch von Gott, sie wird jedoch als ein dem Kaiser zugehöriges Regal durch den Kaiser vermittelt, so daß ein Widerstandsrecht nicht mit dem Argument begründet werden kann, jegliche Obrigkeit sei von Gott und wenn der Kaiser widerrechtlich handle, seien ihm die anderen Obrigkeiten gleich".

57 Vgl. Osiander, Gesamtausgabe IV (wie Anm. 33), 183–187.

58 SA Nürnberg, Rst. Nürnberg, Ratskanzlei, A-Laden 127, Nr. 7, fol. 198v–199r. Lünig, Staats-Consilia (wie Anm. 9), 39, und Isenmann, Widerstandsrecht (wie Anm. 13), 54: „Eine Scheidung der abstrakten amtsrechtlichen ‚Obrigkeit' oder ‚Exusia' von der konkreten Person des ‚Oberherrn' und die mit einer solchen Unterscheidung eröffnete Möglichkeit, den Gehorsam gegenüber der Obrigkeit gegen die Person auszuspielen und gegen eine widerrechtliche handelnde Obrigkeit vorzugehen, lehnt der Jurist [Müllner]... als eine wenngleich gefährliche Gedankenspielerei der Müßigen ohne reale Fundierung ab".

59 Böttcher, Ungehorsam oder Widerstand? (wie Anm. 47), 85–86.

christlich handelt.[60] Der Unterschied lag vielmehr darin, was unter „Obrigkeit" bzw. „Exusia" zu verstehen war, und wie diese konnotiert war. Wäre der Kaiser aus welchem Grund auch immer keine Obrigkeit mehr, sondern eine Privatperson, dann könnte man ihm legitimerweise nach den Grundsätzen des Naturrechts („vim vi repellere licet") Widerstand leisten, denn die „naturlichen gegenwere" bzw. Notwehr gilt ihrerseits „allein zwischen sondern personen, vnd gar nit wider die obrist obrikait", wie auch Müllner selbst zugibt.[61] Es bleibt demnach zu fragen, ob ein Widerstand gegen eine ungerechte Obrigkeit überhaupt als Widerstand zu bezeichnen wäre, denn wenn ein Herrscher zum Tyrannen degradiert wird und daher als abgesetzt gilt, ist er keine Obrigkeit mehr, sondern ein Privatmann, dessen Gewalt jedermann („meniglich") mit Gewalt widerstehen kann („vim vi repellere licet"). Somit lässt sich ein Ausdruck wie „de facto resistere" (und nicht „de iure"!) erklären. Angela De Benedictis folgend soll außerdem noch einmal betont werden, dass es sich hier eigentlich nicht so sehr um ein *ius resisitendi* bzw. Widerstandsrecht als solches handelt, sondern vielmehr um eine Wahlmöglichkeit, die unter bestimmten Bedingungen durch das Recht gestattet wird („non si tratta tanto di un 'diritto', ma di una scelta possibile che a determinate condizioni è consentita dal 'diritto'").[62]

Außerdem gab es auch ganz konkrete Gründe, so argumentierte Müllner gegen Osiander weiter, einen Krieg gegen den Kaiser und dessen Folgen, wie „vil blutvergiessen vnnd widerwertigkeit auch entbörung der inwoner", unbedingt zu vermeiden: Dabei wäre Nürnberg „nit allein vmb das wort, sonder auch vmb leib vnd leben, ere vnnd gut" gekommen. Müllner versucht dadurch der Meinung derjenigen entgegenzuwirken, „die yetzo zum krieg rathen" und „die ersten seyn wurden, die ires rathes lone empfingen", falls es zur militärischen Auseinandersetzung mit den kaiserlichen Truppen käme. Jeder könne außerdem begreifen, dass „wenig christlicher ordnung bei den kriegsleufften bleiben" würde, denn daraus würde „nit allein mangel der prediger, sonder auch mercklich ergernus des wort gotes ervolgen", und „vil tausent menschen [würden] darundter erwurgt vnd also vill mer sele zur helle gefurt, dann durch den krieg erhalten".[63]

Müllner wagt einen weiteren Schritt, indem er den Gedanken der „mussigen" Theologen ihren christlichen Charakter insofern aberkennt, als er sich fragt, was letztlich gottgefälliger wäre: dem Kaiser zu widerstehen oder nicht. Müllner wirkte in einer Zeit, in der Frömmigkeit zusammen mit gesundem Menschenverstand und praktischer Erfahrung primäre Voraussetzung für einen „consiliarius" waren. Aufgrund seiner Eigen-

---

60 Osiander, Gesamtausgabe IV (wie Anm. 33), 183.

61 SA Nürnberg, Rst. Nürnberg, Ratskanzlei, A-Laden 127, Nr. 7, fol. 196v.

62 Angela De Benedictis, Rebellare-resistere: comunicazione politica come conflitto tra norme in età moderna, 1. Frau Prof. De Benedictis sei an dieser Stelle ein herzlicher Dank dafür ausgesprochen, dass sie dem Verfasser einen Einblick in das unveröffentlichte Manuskript gewährte.

63 Ebd., fol. 199r+v. *Lünig*, Staats-Consilia (wie Anm. 9), 40.

schaften und seiner fachspezifischen Ausbildung, die aus ihm einen „gebildete[r] und vielseitig einsetzbare[r] Generalist" machten, lehnte Müllner jedwede theologische Auseinandersetzung ab.[64]

Ganz im Gegensatz zu dem, was in anderen Schriften behauptet werde, würde durch den Widerstand gegen den angreifenden Kaiser „das wort gotes mer dann durch die handlung des kaisers nidergedruckt". Die Nächstenliebe sei auch kein tragfähiges Argument hierfür, sich „wider... [den eigenen] naturlichen herrn... [zu] wapnen", denn auch wenn „ein christliche obrikait iren vnterthan vnd nechsten als sich selbs lieben, so volgt doch nit daraus, das sye dem kaiser irem naturlichen oberherrn mit der thatte begegnen solle".[65] Noch schlimmer wäre es, wenn Nürnberg den Kaiser besiegen würde, denn dadurch, und „nit on verletzung irer gewissen, irer eren vnd aidspflicht" würde „das gotlich wort nit erhalten, sonder vill mer vrsach gegeben, das got von vnsers trewloß wesens wegen das wort von vns neme". Welche Option bliebe dann der Stadt Nürnberg im Falle eines Angriffes durch den Kaiser? „Wir haben kein beuelh von got mit werender hand das euangelium zuuerteidigen", schreibt Müllner am Schluss seiner Ausführungen und fährt fort, dass „die christen mit dem munde got bekennet vnd von hertzen geglaubet auch mit irem sterben betzeugt haben, das ein christen mensch nach dem gebot des euangelij dem vbel vnd dem kreutz nit widersteen solle".[66] Für Nürnberg käme nur der leidende Gehorsam infrage, den Isenmann auch in Spenglers Gutachten konstatierte; gleichzeitig „ist bei derselben christlichen gemut allzeit zuhoffen, das vf abziehen kay mt alle ding wieder in vorigen christlichen stand bracht werden" und „das kay mt vns die ytzigen obrikeit nit absetzet".[67]

---

64 *Michael Stolleis*, Grundzüge der Beamtenethik (1550–1650), in: Schnur, Die Rolle der Juristen (wie Anm. 13), 286–289.

65 SA Nürnberg, Rst. Nürnberg, Ratskanzlei, A-Laden 127, Nr. 7, fol. 199r. *Lünig*, Staats-Consilia (wie Anm. 9), 39–40. Die Nächstenliebe war das tragende Argument in Osianders Gutachten und wurde mehrfach herangezogen: *Osiander*, Gesamtausgabe IV, 173–178 und *passim*, insbesondere aber 173–174: „ Was die liebe Gottis und des nechsten fordert, das muß geschehen, wan es gleich die andern gepot alle verpüten [...] Und herwiderumb, was die liebe Gottis und den nechsten waigert oder verpeut, das muß unterwegen [untersagt] bleiben, wan es gleich die andern gesetz alle erlaubten [...] Daraus ja unwidersprechlich volgen muß: Wann die liebe Gottis und des nechsten erfordert, das man den obrherren in iren unchristlichen, verderblichen furnehmen widerstand thue, das dasselbig one sund wol geschehen kann, ja geschehen soll".

66 Ebd., fol. 200r. Vgl. auch ebd., fol. 198v–199r: „Vnnd ist wol verlich, aus solchem verdecktem schulgetzenck des concreti vnnd abstracti sich lassen verusachen, vnd wider die hellen wort gotes (sagende), das dem vbel nit widerstannden werden, vnd ein ytzlicher sein kreutz vff sich fassen soll etc., zu verlichem blutvergiessen bewegen, vnd nit vill lieber ob dem leiden, das die lauter schrifft lobet, halten vnd fraidig werden". In Anlehnung an Mt 5, 39; Mk 8, 34; 1 Petr 2, 19–24. Die Stellen werden auch im Gutachten Osianders herangezogen.

67 Ebd., fol. 199v. Lünig, Staats-Consilia (wie Anm. 9), 40.

4.

Am Beispiel der erwähnten Gutachten sind, Wege, Themen und Protagonisten der „politischen Kommunikation" über das Widerstandsrecht um 1530 in Nürnberg sichtbar geworden. Die Ausgangshypothese wird bestätigt, dass um 1530 in Nürnberg eine breite Diskussion über die Stellung der Stadt gegenüber Reich und Kaiser, die Religionspolitik sowie die Rolle der Nürnberger gelehrten Elite stattfand.

In Müllners Ausführungen tritt in Abgrenzung von den Theologen deutlich sein Selbstbewusststein als Jurist zutage. Hier dient ein solches Selbst- und zugleich Amtsverständnis als Mittel, den Geltungsbereich beider Wissensbestände zu bestimmen, indem sie in den Ausführungen des Juristen voneinander unterschieden und abgegrenzt werden. Den Anspruch, die Regierenden der *respublica* zu beraten, können nur Fachkundige der Politik erheben. Dieses Prädikat schreibt Müllner lediglich den Rechtsgelehrten zu, zu denen er selbst gehört und deren Mitglieder er nicht als Fremdkörper innerhalb der städtischen Gesellschaft Nürnbergs, sondern als politische Entscheidungsträger ansah. Dieses Verständnis entspricht dem humanistischen Bild des Intellektuellen, das von Eugenio Garin skizziert worden war. Müllner versuchte im wahrsten Sinne des Wortes politisch zu wirken und sich in seiner Funktion als Ratskonsulent der Stadt Nürnberg von der Macht nicht fern zu halten.

Angesichts des Umfangs der juristischen Kompetenzen kann man berechtigterweise auch von einer Expertentätigkeit gelehrter Juristen, also von einer Gelehrtengruppe sprechen. Neben der Ausbildung und dem Karrieremuster der Rechtsgelehrten, ihrer juristischen Tätigkeit und ihrem Gehalt sollte aber auch die Position eines jeden Juristen im Rahmen der städtischen bzw. territorialen Politik berücksichtigt werden, denn viele juristische Gutachten waren in erster Linie Äußerungen zur Rechtslage, die den Prozess der unmittelbaren politischen Entscheidungsfindung unterstützen und begleiten sollten.

Aus sozialgeschichtlicher Sicht spielten die Juristen eine dominante Rolle: „men of law were uniquely fitted by their social role and the nature of their experience with the world to interpret it plausibly to contemporaries. Engaged to a special degree in the task of meeting the essential needs of a changing society, they were in a better position than other groups in Europe to give expression to society's changing perceptions".[68] In diesem Sinne sollte, so Corrado Vivanti, mit dem Ausdruck „Intellektuelle" eine Gruppe gesellschaftlicher Subjekte bezeichnet werden, deren Funktion und Selbstbewusstsein nur im Blick auf den kulturellen Kontext erfasst werden kann. Die „Distanz" sei ein Problem der Intellektuellengruppe des 20./21. Jahrhunderts, jedoch kein grundsätzliches Phänomen.[69]

---

68 Bouwsma, Lawyers (wie Anm. 16), 309.

69 Vivanti, Presentazione (wie Anm. 2), xx: „Con il termine 'intellettuali' designeremo dunque orientativamente una categoria generica di soggetti sociali di cui si può cogliere la funzione e – quando esista – la coscienza soltanto in relazione al loro contesto socio-culturale e soltanto nel momento in cui tale relazione è attiva. La cosiddetta 'separatezza' è il problema di un gruppo particolare di intellettuali, parte di un gruppo

Unter dieser Vorraussetzung passen auch die frühneuzeitlichen Nürnberger Juristen zur Gruppe der Intellektuellen wie sie Eugenio Garin beschreibt: Ein Intellektueller ist dadurch charakterisiert, dass sich seine Tätigkeit nicht auf das einsame Nachdenken beschränkt, denn in demselben Augenblick, in dem er ein moralisches Problem angeht oder über den Sinn des Daseins reflektiert, muss er auch das Leben der Gesellschaft beeinflussen. Das Engagement im umfassenden Sinne ist etwas ganz anderes, als sich für ein Ereignis zu interessieren. Das Engagement ist vielmehr ein Bestandteil intellektuellen Handelns.[70]

Anhang 1.

Gutachten zur Widerstandsdebatte 1529–1531 in den Staats-Consilia von J. C. Lünig

1. Gutachten Nr. III., Johannes Bugenhagen an Johann von Sachsen, 29. September 1529: „Bedencken Johannis Bugenhagii Pomerani, an Churfürst Johannes zu Sachsen, ob man das Evangelium wider den Käyser mit dem Schwerdt schutzen möge? de Anno 1529".

2. Gutachten Nr. VII., von Lazarus Spengler, vor dem 15. November 1529: „Ein Nürnbergisch Theologisch Bedencken, daß man Käyserlicher Maiestät, in Sachen, das Evangelium belangend, nicht wiederstehen möge, de Anno 1530".

3. Gutachten Nr. IV., Johannes Brenz an Georg von Brandenburg-Ansbach, 27. November 1529: „Schreiben Doct. Johann Brentii an Marggraf Georgen zu Brandenburg, worinnen er auf dessen Begehren sein Bedencken giebt: Wenn die Römische Käyserliche Majestät etwas unbilliges in Sachen, die zeitliche oder ewige Wohlfahrt betreffend, fürnähme, ob einem Chur-Fürsten oder Stande des Reiches gebühre, solchem gewaltiglich zu widerstreben? de Anno 1529".

4. Gutachten Nr. XV., von Andreas Osiander, nach dem 10. Januar 1530: „Ein Theologisches Bedencken von Nürnberg, daß nicht alle, sondern nur die ordentliche Gewalt von Gott, und daß derowegen die Unter-Obrigkeit im Reich wohl befugt, wider die unordentliche Gewalt des Obern in Glaubens-sachen ihre Unterthanen zu schützen, de Anno 1531".

5. Gutachten Nr. XVI., Anonym: „Ein ander Theologisches Bedencken, worinn die Maynung des vorherstehenden Theologischen Bedenckens [Nr. 4.] verworffen wird, de Anno 1531".

---

più vasto nell'ambito di una specifica società, in un certo periodo di tempo; non è un elemento connotativo costante, che si possa astrarre e ricollocare o riconoscere sempre in qualsiasi altro contesto".

70 Garin, Intervista (wie Anm. 4), 6–7: „Ecco uno dei nessi che stanno alla base del mestiere di intellettuale [...] L'attività dell'uomo di pensiero non può limitarsi alla riflessione solitaria. Nel momento stesso in cui affronta il problema morale, o s'interroga sul senso dell'esistenza, deve anche influire su quella che è la vita associata. L'impegno nel senso più largo possibile, che è cosa ben diversa dall'essere organici a qualcosa o qualcuno, è un fattore intrinseco al mestiere di intellettuale".

6. Gutachten Nr. V., Johann Heppstein, 22. Juni 1530: „Bedencken derer von Nürnberg: Wenn der Käyser Carolus V. die Religions-sachen bis auf ein Concilium, in den alten Stand wiederum gesetzt haben wollte, was darauf zu antworten und zu thun seyn möchte? gestellt auf dem Reichs-Tage zu Augspurg, Sonntags nach Margarethae, Anno 1530".

7. Gutachten Nr. XII., kursächsische Juristen, kurz vor 26. Oktober 1530: „Bedencken etlicher vortrefflicher Rechts-Gelehrten zu Wittenberg, über die Frage: Ob man einem Richter, der wider Recht procedirt, Widerstand thun möge? de Anno 1531".

8. Gutachten Nr. XIV., anonymes juristisches Gutachten, nach dem 19. November 1530: „Bedencken, ob man in Glaubens-Sachen sich der Defension wider den Kayser gebrauchen möge".

9. Gutachten Nr. IX., von Nürnberger Ratskonsulenten Johannes Müllner: „Bedencken D. Johann Müllers in Nürnberg, warum sich nicht gebühre, mit der That wider die Käyserliche Majestät in Glaubens-Sachen zu streben? de Anno 1531", wohl Mitte Januar 1531.

10. Gutachten Nr. VIII., die Ansbacher Theologen für Markgraf Georg von Brandenburg-Ansbach, 8 [?] Februar 1531: „Marggraf Georgens zu Brandeburg Theologisches Bedencken, ob die Christlichen Stände der Käyserlichen Majestät, die das Evangelium verfolget, mit gutem Gewissen gewaltiglich Widerstand thun mögen? de Anno 1531".

11. Gutachten Nr. XI., etwa 1530: „Ein Theologisches Bedenken, daß auf den Fall, wenn die Juristen um Rath gefraget würden, daß die Churfürsten, Fürsten und Stände des Reiches, nicht ohne alles Beding, sondern mit gewisse Maaß und Beding, Käyserlicher Majestät unterthan, in unbedingten Fällen aber frey und exemt wären, sie, die Theologi, derer Churfürsten, Fürsten und Stände Gewissen nicht beschweren, noch gefangen nehmen wollen, ob sie sich gleich gegen den erwehlten Obern wehren, und ihre Unterthanen schützen würden, de Anno 1531".

12. Gutachten Nr. XIII. von Münsteraner Syndikus Johannes Wick: „D. Johann Wicks zu Bremen Bedencken, ob man dem Käyser widerstreben möge? de Anno 1531".

Anhang 2.

Gutachten zur Nürnberger Widerstandsdebatte 1529–1531

1. Johannes Bugenhagen an Johann den Beständigen von Sachsen, Wittenberg, 29. September 1529: „Ob auch gotlich sey, vorbundniß zu machen wedder die feinde mit den steden, die das sacrament Christi vorleugnen und anch vormanung sich nicht bessern [...] Ob man auch dem keyere muge mit gewalt geweldlich wedderstreben, wen er mit geawalt wolte uns uberzihen umb Gots? wortes willen".

2. Lazarus Spengler, vor dem 15. November 1529: „Ob ainer christlichen oberkait mit got und gutem gewissen zustee, sich gegen dem kaiser in gewaltiger handlung deß evangelions mit gewalt aufzuhalten und ime mit der thatt zu widerstreben".

3. Johannes Brenz an Georg von Brandenburg-Ansbach, 27. November 1529: „Ob kaiserlicher Maiestät. in sachen des Evangeliums mög mit gutem gwissen widerstandt gescheen etc.".

4. Philipp von Hessen an Georg von Brandenburg-Ansbach, 21. Dezember 1529: „Einrede auf das gestellt bedenncken, ob kay. Mt.alls unnserm hern und obern inn des Evangelii sachen aus gutem christlichem grund moge widerstanndt bescheen mit gewallt unnd der that".

5. Johannes Brenz, Ende 1529–Anfang 1530: „Ableinung der Einred auff das gestellt bedencken, ob K. Mt. in sachen des Evangeliums mog mit gutem gwissen widerstandt gescheen".

6. Lazarus Spengler, Anfang Januar 1530: „Ein kurtze defension auf die bescheen einred deren, die do arguirnund schliessenn, das man zu handthabung deß Evangelions, unnd damit man beym wort gotes pleiben, der kay. Mät. mit christlichem gutem grund, thatlichen widerstanndt thun mogen".

7. Andreas Osiander, nach dem 10. Januar 1530: „Wie ferr der oberkeit oder gewallt gehorsam zu laisten sey".

8. Johann Heppstein, 22. Juni 1530: „Auß Romischer Key. Mt. unnsers aller gnedigsten herrn außschreiben unnd erfordern zu ietzigem Reichstags allen Churfursten, Fursten und Stenden des Reichs zugesanndt".

9. Andreas Osiander, zwischen 10. und 19. Januar 1531: „Ob die uvnterthanen, iren aigen Oberherren in etlichenn verderblichen, uvnnd uvnchristlichen Furnehmen, mit gewalt widerstannd thun mogen, vnnd, wem, des gleichen, in welchen fällen, oder uvrsachen, solcher widerstand gepüre".

10. Wenzeslaus Linck: „Ob man sich der Obrigkait, oder dem Kaiser, mit gewlt müge widersetzen, wo er unbillicher weise das Evangelion dempffen will".

11. Wenzeslaus Linck: „Ob man der Oberkait, so frevenlich gewalt ubet, widersteen müge".

12. Wenzeslaus Linck: „Wie musst im aber ein Christenliche herschafft thuen, wenn ir Oberherre sye gewaltiglich wider Got unnd recht tzwinget".

13. Anonymes theologisches Gutachten: „Uber die frag, von dem gewalt des kaysers inn des glaubenns unnd gewissens sachen".

14. Johannes Müllner, zwischen dem 10. und dem 17. Januar 1531: „Ob Kayselicher Maiestät vnbillichem gewalt mit thättlicher gegenwere müg widerstanndt geschehen".

15. Christoph Scheurl, 17. Januar 1531: „Warumb die unntern magistrat unnd Regenten der Reychstet in kayserlichen Rechten nit gegrundet seyn, unnserm aller gnedigsten Herrn dem Romischen Kayser, thetlichen widerstannd zuthun".

16. Johannes Müllner, wohl Januar 1531: „Ratschlag das Kayserlicher Maiestat vnpillichem Gewalt nit sol mit gewalt widerstannden sonnder geduldt werden".

17. Valentin Kötzler, wohl Januar 1531: „Ratschlag das Kayserlicher Maiestat vnbillichen Vergewaltigung Innhalt der Recht mit gewallt moeg widerstannden werden".

SABINE HOLTZ

Gelehrte - Intellektuelle – Gelehrten-Intellektuelle? Die württembergischen Juristen im 17. Jahrundert

Vor dreißig Jahren publizierte Jacques LeGoff einen anregenden Band: *Les intellectuels du Moyen Age*. LeGoffs mittelalterlicher Intellektueller war Bewohner einer Stadt und ging einer schreibenden oder lehrenden Tätigkeit nach, am besten beidem.[1] Er lebte in dem starken Gefühl, etwas Neues zu schaffen, und zählte sich selbst zu den ‚moderni'. Methodisch übte er sich in Nachahmung der Alten, ganz im Sinn eines Bernhard von Chartres: „Wir sind auf den Schultern von Riesen hockende Zwerge. Wir sehen so mehr und weiter als sie, nicht weil unsere Sicht schärfer oder unser Wuchs höher ist, sondern weil sie uns in die Lüfte heben ..."[2] Von den Intellektuellen des Mittelalters führte für LeGoff kein direkter Weg in die Neuzeit: Da sich die Humanisten von einer der zentralen Aufgaben der Intellektuellen, dem Kontakt mit der Menge, abgewandt hätten, sei es zum Bruch zwischen Wissenschaft und Lehre gekommen.[3] Zum Beleg seiner These verwies er auf Darstellungen des mittelalterlichen Intellektuellen, die ihn im Kreis seiner Schüler in den Hörsälen zeigten, gleichsam ein Intellektueller zum Anfassen. Demgegenüber sitzt der Humanist einsam in der Stille und Abgeschiedenheit seines Arbeitszimmers. Veränderte gesellschaftliche Lebensbedingungen, aber auch gewandelte kulturelle Praktiken und Mentalitäten hätten in der Frühen Neuzeit zur Entstehung dieses neuen Typs von Gelehrtem geführt. Dieser, ein gebildeter und frommer Literat, lebte unter fürstlicher Schirmherrschaft und arbeitete in aller Zurückgezogenheit und Stille.[4] Erst im 19. Jahrhundert habe sich dann der Begriff des modernen Intellektuellen entwickelt und um 1900 schließlich in Frankreich seine heutige Bedeutung erlangt.

Anders als LeGoff identifizierte Roger Chartier auch in der Frühen Neuzeit Intellektuelle.[5] Chartiers Studien beschäftigen sich mit akademisch Gebildeten, sogar Graduier-

---

1 Jacques LeGoff, Die Intellektuellen im Mittelalter. Stuttgart 1986, 15–19.

2 LeGoff, Intellektuelle (wie Anm. 1), 21.

3 LeGoff, Intellektuelle (wie Anm. 1), 170f.

4 LeGoff, Intellektuelle (wie Anm. 1), 166–169.

5 Roger Chartier, Die Zeit, um zu begreifen. Die frustrierten Intellektuellen des 17. Jahrhunderts, in: Ders. (Hrsg.), Die unvollendete Vergangenheit. Geschichte und die Macht der Weltauslegung. Berlin 1989, 120–139.

ten, deren Zahl weitaus höher gewesen sei, als der Arbeitsmarkt an weltlichen oder geistlichen Stellen, auf die sie Anspruch erhoben, überhaupt habe bieten können. Im Zeitraum von hundert Jahren, zwischen 1590 und 1690, seien große Teile Europas von dieser Akademikerarbeitslosigkeit betroffen gewesen. Studentenmaxima gab es 1590 in Kastilien, 1630 in England und 1690 in Deutschland und den Niederlanden. Zeitlich versetzt hätten viele Akademiker ihre gesellschaftlichen Ambitionen nicht verwirklichen können, sie seien vom Staatsdienst, auf den sie sich vorbereiteten, ausgeschlossen gewesen. Chartier, der sich bei seiner Studie auf Marc H. Curtis bezog[6], verstand wie dieser akademisch Gebildete per se als Intellektuelle. Dies erlaubt jedoch keine präzisen Unterscheidungen zwischen akademisch Gebildeten und Intellektuellen.

Ein umfassenderes Konzept bot Jutta Held in der Einleitung des von ihr herausgegebenen Bands über *Intellektuelle in der Frühen Neuzeit*, der die Ergebnisse einer Tagung des Osnabrücker Graduiertenkollegs *Bildung in der Frühen Neuzeit* zusammenfasst. Der Fokus lag auf dem 16. und 17. Jahrhundert. Held nannte als Ziel, „die Figur des modernen Intellektuellen oder Züge moderner Intellektualität historisch zu identifizieren".[7] Der Intellektuelle habe „inmitten der gesellschaftlichen Verhältnisse seinen Ort", er zeichne sich durch „geistige Beweglichkeit" aus und verfüge über die Fähigkeit, „über die Grenzen sozialer und ideologischer Gruppierungen hinauszudenken". Diese Begabung sei gerade in einer Zeit des Umbruchs gefragt gewesen, wenn es darum gehe, Traditionen nicht unhinterfragt fortzusetzen, sondern vielmehr „neu zu bewerten und experimentierend auf ungewohnte Konstellationen zu reagieren und einzuwirken". Konfrontiert mit diesen neuen Anforderungen sei der Intellektuelle in der Frühen Neuzeit nie exklusiv auf seine Berufstätigkeit konzentriert gewesen, sondern habe stets in den Raum der Politik hineingewirkt.

An dieser Nahtstelle von Berufstätigkeit und Politik waren die Juristen der Frühen Neuzeit angesiedelt. Als Fürstendiener und Universitätslehrer agierten sie zwischen Universität, Verwaltung und Regierung, und machten so auch Politik. Eine Untersuchung der juristischen Funktionsträger bietet somit die Chance, die Frage nach deren Verortung in einem möglicherweise intellektuellen Kontext zu stellen.

Als Grundlage vorliegender Studie dient eine Erhebung aller Personen, die während des 17. Jahrhunderts im höheren Regierungs- und Verwaltungsdienst des Herzogtums Württemberg gestanden hatten.[8] Fast Dreiviertel hatten sich in die Matrikel einer Universität eingeschrieben, ein knappes Drittel wurde zum Dr. iur. promoviert, zehn Prozent hatten das juristische Lizentiat erworben. Hinzu kamen weitere sechs Prozent, die

---

6 Marc H. Curtis, The Alienated Intellectuals of Early Stuart England, in: Past and Present 23, 1962, 25–43.

7 Zum Folgenden Jutta Held, Intellektuelle in der Frühen Neuzeit, in: Dies. (Hrsg.), Intellektuelle in der Frühen Neuzeit. München 2002, 9–17, hier 10. - Dazu die Rezension von Albert Schirrmeister: http://hsozkult.geschichte.hu-berlin.de/rezensionen/2003-1-109 (15. Februar 2007).

8 Sabine Holtz, Bildung und Herrschaft. Zur Verwissenschaftlichung politischer Führungsschichten im 17. Jahrhundert. (Schriften zur südwestdeutschen Landeskunde, Bd. 32.) Leinfelden-Echterdingen 2002, 67f.

zwar ein Studium der Rechtswissenschaft begonnen, es aber nicht mit einer Promotion beendet hatten. Insgesamt besaß also fast die Hälfte aller höheren Verwaltungsbeamten juristische Kenntnisse, wenn auch in unterschiedlicher Qualität. Dies spricht für den hohen Grad an Professionalisierung innerhalb des württembergischen Verwaltungs- und Regierungshandelns im 17. Jahrhundert. Mit Ausnahme weniger Spitzenbeamte, die aus dem ‚Ausland' nach Württemberg berufen worden waren, einte fast alle höheren Fürstendiener ein ähnlicher Bildungsgang, der im Besuch der Landesuniversität Tübingen gipfelte. Selbst die meisten ‚ausländischen' Kandidaten hatten sich in Tübingen immatrikuliert und vielfach hier ihre Graduierung erlangt. Sie teilten also schulisches Wissen und universitäre Bildung.

Hinzu kam, dass sich auch ihre Lebenswelten weitestgehend glichen. Die lutherische Konfession war selbstverständlich, doch war der seit 1582 von allen Staats- und Kirchendienern verlangte Eid auf die Konkordienformel für die meisten sicher reine Formsache.[9] Aus dem 17. Jahrhundert ist nur eine Konversion zum Katholizismus bekannt: Der Tübinger Juraprofessor und Regierungsrat Christoph Besold (1577–1638) stand nach seiner Konversion, die bereits 1630 erfolgte, aber erst 1635 bekannt wurde, als Landhofmeister und Regierungsrat in Diensten der katholischen österreichisch-württembergischen Regierung in Stuttgart.[10] Und der aus einem österreichischen Kloster ausgetretene Johann Heinrich Goll († 1688), der 1648 erstmals als gelehrter ‚Rat von Haus aus' Württemberg diente und 1651 zum wirklichen gelehrten Rat, Geheimen Regiments- und Oberrat avancierte, scheint, nachdem er wohl zum Protestantismus konvertiert war, mit dem Eid keine Probleme gehabt zu haben.

Der Anteil an studierten bzw. graduierten Juristen war also beträchtlich. Dieser Personenkreis steht hier im Mittelpunkt, dessen Gleichartigkeit erlaubt es, nachfolgend kollektive Karrieren vorzustellen und damit zugleich Einblicke in kulturelle Praktiken und Mentalitäten zu geben, die ihrerseits neben Lebensbedingungen und Tätigkeitsfeldern als Indikatoren von Intellektualität gelten könnten. So etwa der württembergische Kanzler Jakob Löffler (1582/83–1638)[11], der im Mai 1633, zum Regierungsantritt Herzog Eberhards III. (1614–1674), nach Art eines Fürstenspiegels folgenden Text verfasste: „Waß zu bestellung und führung eines Christlichen, löbl[ichen], Gottseel[igen] und Nützlichen Regiments gehörig [...] daß Euer fürstl[ich] Gn[aden] 1. den allerhöchsten Gott ohne unterlaß vor augen halten, 2. in seinem Nahmen alles anfahen und verhandeln, 3. sein heilig, allein seeligmachendes wort von hertzen lieben und nach äußerster

---

9 Klaus Schreiner, Rechtgläubigkeit als „Band der Gesellschaft" und „Grundlage des Staates". Zur eidlichen Verpflichtung von Staats- und Kirchendienern auf die „Formula Concordiae" und das „Konkordienbuch", in: Martin Brecht/Reinhard Schwarz (Hrsg.), Bekenntnis und Einheit der Kirche. Studien zum Konkordienbuch. Stuttgart 1980, 351–379.

10 Emil Niethammer, Christoph Besold, in: Hermann Haering/Otto Hohenstatt (Hrsg.), Schwäbische Lebensbilder. Bd. 2. Stuttgart 1941, 11–34.

11 Emil Niethammer, Jakob Löffler, in: Haering/Hohenstatt, Lebensbilder (wie Anm. 10) Bd. 3. Stuttgart 1942, 368–393.

möglichkeit befördern, 4. Kirchen und Schulen wohl bestellen: 5. Ihrem anvertrauten hohen Regimentsamt selbsten getreulich abwarten, 6. solches niemandem andersler anvertrauen, sondern 7. die Cantzley fleißig und sorgfältig besuchen, 8. den vornehmsten Berathschlagungen in der Person beywohnen. 9. Sich in allen geschäfften des geheimen=obern=Kirchen=, Cammer= und visitations Rath wohl und der Nothdurft nach informieren. 10. Den weißlich und hochvernünftig angeordneten Dalleyen ihren richtigen und ungeänderten lauff laßen. 11. Die Expediliones und Geschäfften nicht confundieren. 12. Keine neben=Cantzley bestellen. 13. Den fuchsschwäntzern, ohrenbläßern, placentinern und Läumdern, Goldmachern und andern Künstlern und unnützen Personen keinen zutritt oder gehör verstatten oder geben. 14. Euer fürstl[ich] Gnaden gehorsame landschafft und getreue diener in gnaden lieben, ehren und Affektioniren. 15. Dieselbe vor ungerechter gewalt und bey ihren Verrichtungen gn[ädiglich] schützen und Manuteniren, auch 16. derselben Gehorsam, Treu, Eifer, Fleiß und Bemühung auff alle anstellende gelegenheit mit Wirklichen gnaden erkennen. 17. Das Cammergut und derselben Beschwehrnüßen und wie solche zu erleichtern und abzustellen. 18. Das Schuldenmachen alß die höchste Verkleinerung und endliches Verderben deß Staats, nicht weniger als ein hochschädliches Gifft meiden und fliehen. 19. Alle und jede unnöthige außgaben wie die Nahmen haben mögen, bey Hoff, der Cantzley und auff dem land, gäntzlich abschaffen und allenthalben solche Löbliche anstalt verfügen, daß 20. die außgaben gegen den Intraden proportioniert und jenige dieße nicht übertreffen, sondern 21. vielmehr wie ein onentbehrlicher hochnothwendiger Zähr= Wehr= und Nothpfenning zu hausen und vorzuspahren, Dero angelegen seyn lassen. Insonderheit aber 22. jn dem geistlichen guth sich nicht vergreifen oder solches zu andern außgaben dann worzu solches gestifft oder gewidmet, verwenden, 23. mit allen benachbarten auch allen Evangelischen Churfürsten und Ständen gute Correspondenz, Nachbarschafft und vertrauliche Communication pflegen. 24. Fremder Händel und Strittigkeit sich entschlagen, auch 25. ohne äußerste Noth in kein Sonderbare Bündniß und Confoederation weder mit inn= noch außer halb Reichs geseßenen Potentaten, Fürsten und Ständen, sich einlaßen, sondern 26. das absehen vornemlich auff die heilsame Reichsverfaßungen und derselben Conservation und Vollziehung stellen. 27. Jm Jagen, reutten, schießen und andern Fürstl[ichen] lust= und recreations-Exercitien, gebührende Maß halten. 28. Die vornehmste und größte Zeit mit den Regierungs geschäfften anzuverbringen. Und ich benebens in der ungezweiffelten zuversicht stehe, wenn Euer Fürstl[iche] Gn[aden] obverstandene Considerationes und treuhertzig=bestgemeinte Erinnerung in sorgfältige obacht ziehen, und würklich practiciren, es würde sich daß übrige selbsten dermaßen nach und nach finden, schicken und richten laßen, daß Euer fürstl[ich] Gn[aden] den Nahmen und reputation Eines Christl[ichen], Gottselig Löbl[ichen], dapffern, vorsichtigen, sorgfältigen, unverdroßen= und hocherfahrnen Regenten und zumahlen bey dem allerhöchsten Gott,

Huld und gnaden, bey hoch und Niedern Stands-Persohnen aber eine sonderbare lieb, Ehr und respect zu derselben unersterblichen ruhm, erlangen werden ..."[12]

Aus diesen Kanzlerworten sprach ohne Zweifel der Stolz auf einen funktionierenden Behördenapparat, deren Beamte den Landesfürsten in allen Regierungsaufgaben kompetent beraten konnten. Selbstbewusst forderte Löffler von dem neuen, gerade einmal 19-jährigen Landesherrn ein an den bestehenden Normen orientiertes Regierungs- und Verwaltungshandeln ein. Sparsamkeit hieß das Gebot der Stunde. Der erfahrene (Außen-)Politiker mahnte inmitten der unruhigen Zeiten des 30-jährigen Kriegs zu Zurückhaltung in der Bündnispolitik und Einhaltung der Grundgesetze des Reichs. Selbst an Maßhalten bei adligen Exerzitien erinnerte er den jungen Landesherrn. Die Hauptaufgabe des Regenten sei eben die Wahrnehmung der Regierungsgeschäfte. Ihrem Selbstverständnis, aber auch ihrer Funktion nach standen die hohen Regierungsbeamten also an der Nahtstelle zwischen Herrschern und Beherrschten, zwischen Herzog und Untertanen. Der junge Regent wusste dieses Engagement übrigens zu schätzen: Wenig später ehrte er seinen Kanzler für dessen Verdienste um das Herzogtum mit der Belehnung mit der Herrschaft Neidlingen.

Sowohl das Selbstbewusstsein als auch das Selbstverständnis der hohen Fürstendiener basierte auf einer fundierten Ausbildung, dank derer die hohe Beamtenschaft eine maßgebliche Funktion bei der Herausbildung des frühmodernen Staats einnehmen konnte. Die Württemberger unter den Beamten hatten meist an den Lateinschulen der Amtsstädte ihre erste Ausbildung erfahren. Unterbrochen durch die gravierenden Folgen des 30-jährigen Kriegs, standen für den ersten Bildungsweg zwischen 45 und 50 Lateinschulen zur Verfügung. Die meisten dieser Schulen wiesen allerdings nur zwei Klassen auf, lediglich in Stuttgart, Tübingen und Nürtingen gab es größere. Wer danach das Stuttgarter Pädagogium absolviert hatte, konnte am Tübinger Akademischen Pädagogium das Bakkalaureat ablegen und anschließend direkt an die Universität wechseln. Alle anderen, die dies noch nicht vorzuweisen hatten, mussten zunächst das dortige Pädagogium besuchen, wo vier Klassen zu absolvieren waren. Während des 30-jährigen Kriegs geschlossen, wurde es nach Kriegsende nicht wieder eröffnet. Der Weg führte nun direkt an die Universität, und intensivierte so binnen kurzem die Diskussion um eine Reform der Lateinschulen im Land.

Der Erwerb des Magistergrads war für ein Studium an der juristischen Fakultät zwar nicht obligatorisch, doch wurde ein Grundstudium in den Fächern der Artistenfakultät vorausgesetzt.[13] Ein Magisterabschluss diente aber als Qualitätsausweis und konnte auf die Studienzeit angerechnet werden. Über alle Bildungsreformen des 17. Jahrhunderts hinweg blieb die christlich-humanistische Grundausrichtung der Schulbildung erhalten. Dies zeigt schon ein Blick auf den Lektürekanon: Klassische Autoren wie Cicero, Vergil, Horaz, Ovid, eventuell Terenz und Quintilian waren weithin in Gebrauch. Mit der

---

12 Hauptstaatsarchiv Stuttgart A 201, Bü 17 (21. Mai 1633).

13 Holtz, Bildung und Herrschaft (wie Anm. 8), 114.

Erhebung des Stuttgarter Pädagogiums zum Gymnasium 1686 wurden die *Progymnasmata* des Jakob Pontanus (1542–1626) fester Bestandteil des Lektürekanons.[14] Ihr Vorteil war, dass sie in Nachahmung des klassischen Lateins aktuelle Themen zur Sprache brachten. Den jeweiligen Möglichkeiten vor Ort angepasst, sollte diese Lektüreliste bald auch den übrigen Lateinschulen im Land als Maßstab dienen.

Selbst nach Einführung eines naturwissenschaftlichen Unterrichts am Stuttgarter Gymnasium blieb diese christlich-humanistische Orientierung gewahrt.[15] Neben Mathematik, Physik und Geographie wurde auch Französisch unterrichtet. Kernstück blieb aber ein siebenstündiger Latein- und Rhetorikunterricht. Freilich baute auch die ‚humanistische Jurisprudenz' auf den Kenntnissen der ‚studia humaniora' auf. Neben guten Kenntnissen in lateinischer Sprache sah man aber vor allem in einem guten Rhetorikunterricht die ideale Propädeutik für die künftige Praxis im Staatsdienst, bei Konsultationstätigkeiten oder im diplomatischen Dienst.[16] Das systematische Denken wurde mit Hilfe von Logik und Dialektik geschult, daneben gehörten auch Ethik, Geschichte und Poetik zum Handwerkszeug eines Juristen.

Konnte der Student, ausgestattet mit den notwendigen humanistischen Kenntnissen, das Studium an der Tübinger juristischen Fakultät beginnen, so standen laut Ordination von 1601 folgende Fächer auf dem Studienplan[17]: Kanonisches Recht mit besonderer Berücksichtigung des Prozessrechts, der Justinianische Codex, die Institutionen sowie das Feudal- und Kriminalrecht.[18] Welche Rechtsmaterien konkret in Lehre und Praxis behandelt wurden, lässt sich anhand der Themen der Disputationen und Dissertationen ablesen.[19] Für die Zeitgenossen bildete diese Quellengattung, die seit Ende des 16. Jahrhunderts häufig im Druck erschienen, eine Art Kommunikations- und Informationsmittel, ungefähr heutigen Zeitschriftenaufsätzen vergleichbar.[20] Die Disputationen bieten, da sie ein fester Bestandteil des regulären Lehrbetriebs waren, die Möglichkeit, die alltägliche Arbeit eines Durchschnittsjuristen zu analysieren. Eine quantitative Ana-

---

14 Barbara Bauer, Jacob Pontanus SJ, ein oberdeutscher Lipsius. Ein Augsburger Schulmann zwischen italienischer Renaissancegelehrsamkeit und jesuitischer Dichtungstradition, in: Zeitschrift für bayerische Landesgeschichte 47, 1984, 77–119, hier 82–87.

15 Fundation und Ordnung deß neu-auffgerichteten Fürstlichen Gymnasii zu Stuttgart. Anno M DC LXXXVI. Stuttgart 1686, 55.

16 Karl Heinz Burmeister, Das Studium der Rechte im Zeitalter des Humanismus im deutschen Rechtsbereich. Wiesbaden 1974, 181–193.

17 August Ludwig Reyscher (Hrsg.), Vollständige, historisch und kritisch bearbeitete Sammlung der württembergischen Gesetze. Bd. 11,3. Tübingen 1843, 129f.

18 Statuta Universitatis Scholasticae Studij Tubingensis, renovata Anno MDCI. Tübingen 1602, 45.

19 Holtz, Bildung und Herrschaft (wie Anm. 8), 190–193.

20 Filippo Ranieri, Juristische Literatur aus dem Ancien Régime und historische Literatursoziologie. Einige methodologische Überlegungen, in: Christoph Bergfeld (Hrsg.), Aspekte europäischer Rechtsgeschichte. Festgabe für Helmut Coing zum 70. Geburtstag. (Ius Commune. Sonderhefte, Bd. 17.) Frankfurt a.M. 1982, 293–322, hier 308.

lyse der Tübinger Dissertationen ergibt folgendes Bild: Ausbildungsschwerpunkt waren Zivilrecht, gefolgt von Prozessrecht und Öffentlichem Recht. Das galt, wenn auch in einzelnen Phasen (um 1600–1634, 1635–1670, 1671–um 1700) unterschiedlich, im gesamten 17. Jahrhundert.[21]

Bezieht man die Konsiliarpraxis der Tübinger Juristenfakultät, zu der die Professoren seit 1601 verpflichtet waren, ein, erhält man Auskunft darüber, ob und gegebenenfalls wie praxisorientiert die Juristenausbildung erfolgte. Da in Württemberg nur für Kriminalfälle die Einholung eines Konsiliums institutionalisiert war, kamen nicht alle zivilrechtlichen Fälle nach Tübingen.[22] Bemerkenswert ist dennoch der hohe Anteil zivilrechtlicher Konsilien, die rein fakultativ erbeten wurden. Das Strafrecht machte zwischen 1602 und 1648 knapp 33 Prozent, zwischen 1649 und 1674 50 Prozent und zwischen 1675 und 1699 knapp 48 Prozent aller Konsilien aus.[23] Der Anteil zivilrechtlichen Inhalts betrug dagegen in den jeweiligen Phasen fast 46 Prozent, rund 34 Prozent und gut 33 Prozent. Schwerpunkte im Strafrecht waren Tötungs- und Sittlichkeitsvergehen sowie Vermögensdelikte[24], im Zivilrecht Fragen des Obligationen- und des Erbrechts, zunehmend gefolgt vom Sachen- und Familienrecht.[25]

Vergleicht man universitäre Lehre und juristische Konsiliarpraxis, so lässt sich festhalten, dass die angehenden Juristen im Zivilrecht gut auf die Praxis vorbereitet wurden. Auffällig ist aber die Vernachlässigung strafrechtlicher Themen in der Lehre. Teilweise ausgeglichen werden konnte dies durch die Ausbildung im Prozessrecht, dessen Anteil an der akademischen Lehre insgesamt relativ hoch war. Neben ihrer Verpflichtung zur Konsiliartätigkeit waren die Juristen zudem als Assessoren am Tübinger Hofgericht verpflichtet. In ihrer Begleitung konnten die Studenten ebenfalls Einblicke in die juristische Praxis gewinnen.[26]

Neben profunden Kenntnissen im Zivilrecht bildete das Öffentliche Recht die Basis für die in der Verwaltungspraxis geforderten Rechtskenntnisse. Das Studium vermittelte neben der Ausbildung für eine künftige Rechtsprechungspraxis aber auch jene Kenntnisse, die für eine Verwaltungsarbeit unumgänglich waren. Wer also in der Frühen Neuzeit ein solches Studium aufnahm, erwarb nicht nur das Fachwissen eines Juristen, sondern auch die Kenntnisse und Fähigkeiten, die für den Staatsdienst im weitesten Sinn qualifizierten.[27]

---

21 Holtz, Bildung und Herrschaft (wie Anm. 8), 191, 419–423.

22 Holtz, Bildung und Herrschaft (wie Anm. 8), 235f.

23 Holtz, Bildung und Herrschaft (wie Anm. 8), 238.

24 Holtz, Bildung und Herrschaft (wie Anm. 8), 241, 438f.

25 Holtz, Bildung und Herrschaft (wie Anm. 8), 239, 436f.

26 Universitätsarchiv Tübingen 6/28 (22. April 1700).

27 Arno Seifert, Das höhere Schulwesen. Universitäten und Gymnasien, in: Notker Hammerstein (Hrsg.), Handbuch der deutschen Bildungsgeschichte. Bd. 1: 15. bis 17. Jahrhundert. Von der Renaissance und der Reformation bis zum Ende der Glaubenskämpfe. München 1996, 197–374, hier 213.

Aber nicht nur der Erwerb formal-juristischer Kompetenz, sondern auch soziale und familiäre Faktoren bildeten wichtige Voraussetzungen für eine Karriere im Fürstendienst. Viele gelehrte Räte verfügten zudem über kostspielige Bibliotheken, die zeigen, dass ihre Inhaber neben juristischer Fachliteratur auch über die wichtigsten, selbst internationalen Trends in ihrem beruflichen Umfeld informiert waren. Über die größten Privatbibliotheken verfügten Christoph Besold (1577–1638)[28] und Nikolaus Myler von Ehrenbach (1610–1677).[29] Die Bibliothek Besolds, der 1636 Tübingen in Richtung Ingolstadt verlassen hatte und dort zwei Jahre lang als Juraprofessor und kurbayerischer Rat wirkte, gelangte schließlich an die Salzburger Benediktiner-Universität und bildete dort mit ihren 3.820 Bänden den Grundstock der noch jungen Hochschulbibliothek.[30] Und der Geheime Rat und Konsistorialdirektor Myler von Ehrenbach hatte verfügt, dass seine rund 3.000 Bände dem württembergischen Oberrat übergeben werden, wo sie 1678/79 einen Grundstock für den Neuanfang dieser Behördenbibliothek nach dem 30-jährigen Krieg bildeten. Die Bibliotheken weiterer Professoren und gelehrter Räte stellten mit Beständen zwischen 1.000 und 300 Bänden noch immer beachtliche Büchersammlungen dar.[31] Die wenigen Bibliotheken adliger Räte erreichten hingegen keineswegs derartige Umfänge. Größe und Vielfalt der Büchersammlungen spiegeln das gelehrte Selbstverständnis der Fürstendiener als exklusivem Bildungsstand wider. Daneben konnte eine wohlbestückte Bibliothek aber auch Teil repräsentativer Selbstdarstellung sein.

Auch Wohnungen und Häuser der gelehrten Räte und Professoren wiesen eine gehobene Ausstattung auf, wirklich luxuriös indes lebten die wenigsten.[32] In ihrem Lebensstandard unterschieden sie sich aber deutlich von den Durchschnittsbürgern und gönnten sich in verschiedenem Maße auch Gebrauchs- und Luxusgüter.[33] Einige scheinen mehr Wert auf eine gehobene und gepflegte Inneneinrichtung gelegt zu haben, andere auf umfangreiches Silbergeschirr, das selbst im herzoglichen Haus der Tafel des Landesherrn vorbehalten blieb. Manche Haushalte lassen zudem Rückschlüsse auf künstlerische und musische Interessen zu. Bei Kunstwerken handelte es sich zumeist um Familienbilder und Porträts, Landschaftsbilder sowie biblische und antike Historienmalerei, das Interesse für Musik ist durch Instrumente belegt. Das Leben in der Residenzstadt

---

28 Cathalogus Librorum in Eximia bibliotheca Celeberrimi Jurisconsulti Christoph. Besoldi p.m. Ingolstadii Reseruatorum 1648 M. Julio Renouatus (Universitätsbibliothek Salzburg, Sign. M II 366). Eine Abschrift befindet sich im Evangelischen Stift Tübingen, Sign. 2143-1/2.

29 Württembergische Landesbibliothek Stuttgart, Sign. Cod. hist. 2 / 1108.

30 Carlos Gilly, Die Büchersammlung Christoph Besolds als Grundstock der Universitätsbibliothek Salzburg, in: Gerhard Ammerer u.a. (Hrsg.), Fürstbischof Wolf Dietrich von Raitenau (Vierte Salzburger Landesausstellung). Salzburg 1987, 281–283, hier 283.

31 Holtz, Bildung und Herrschaft (wie Anm. 8), 44, 355–359.

32 Holtz, Bildung und Herrschaft (wie Anm. 8), 350–355.

33 Paul Sauer, Geschichte der Stadt Stuttgart. Bd. 2: Von der Einführung der Reformation bis zum Ende des 17. Jahrhunderts. Stuttgart/Berlin/Köln 1993, 194.

Stuttgart bzw. der Universitätsstadt Tübingen darf jedoch nicht darüber hinweg täuschen, dass viele den Kontakt zu der agrarischen Lebenswelt nicht verloren hatten. Dies zeigt sich schon daran, dass die Behördenferien zuvorderst dafür eingerichtet worden waren, um das Einbringen der Ernte zu ermöglichen. Die agrarische Verwurzelung einiger Professoren belegt auch der Hinweis auf eine kleine Viehhaltung und Früchtevorräte. Der eingelagerte Wein kann zwar aus der Naturalbesoldung der Professoren, aber auch aus eigenen Weinbergen stammen.[34]

In ihr Amt kamen Juraprofessoren und fürstliche Räte durch die Berufung des Landesherrn. Die Universitätsordination von 1601 regelte daher die genauen Modalitäten für die verschiedenen Fakultäten.[35] Anders als an der theologischen Fakultät, an der dem Herzog als ‚summus episcopus' der Landeskirche auch das Besetzungsrecht zustand, konnten an den drei übrigen Fakultäten Rektor und Senat das akademische Selbstergänzungsrecht in Anspruch nehmen. Die obligatorische Teilnahme des Kanzlers an diesen Sitzungen, der als Interessenvertreter des Landesherrn zudem das Amt des vornehmsten Theologieprofessors versah, schränkte die Wahlfreiheit jedoch de facto ein. Üblicherweise las der Rektor die Bewerbungsschreiben und die beigefügten Empfehlungen vor, die Wahl erfolgte dann in geheimer Abstimmung, und der Gewählte musste dem Herzog präsentiert werden.[36] Ohne landesfürstliche Konfirmation konnte ein ordnungsgemäßer Lehrbetrieb also nicht aufrecht erhalten werden. Erst danach konnte beim Rektor die Aufnahme in die Matrikel erfolgen sowie der Eid auf die Konkordienformel und der Amtseid abgelegt werden.

Im Spätherbst 1648 bewarb sich etwa Wolfgang Adam Lauterbach (1618–1678) um die Stelle eines Juraprofessors. Zuvor hatte er in einem Schreiben den Herzog gebeten, „dieße gnädigste Verfügung zuthun, damit ich in bestallung derselben beförderlich bedacht, auch zu Gottes Ehren, E[uer] Fürstl[ich] Gnaden treuunterthänigsten diensten, zu der Universitet nahenlichen aufnahm, und der studierenden Jugend erwunschter erbawung, die von Gott verliehen Gaben anlegen möge".[37] Eberhard III. kam diesem Wunsch nach und verfasste ein Empfehlungsschreiben. Er betonte die guten Qualitäten des Kandidaten und merkte an, dass Lauterbach „vil nutz" für die Studenten bringen könne.[38] Nachdem Lauterbach diese landesherrliche Unterstützung in die Wege geleitet hatte, bewarb er sich Ende November 1648.[39] Nach eingehenden Beratungen wurde er am 20. Februar 1649 vom Senat zum Professor der Rechte gewählt und der Herzog um die Konfirmation der Wahl gebeten.[40] Wenige Tage später erfolgte dann die herzogliche

34 Holtz, Bildung und Herrschaft (wie Anm. 8), 354.
35 Statuta Universitatis (wie Anm. 18), 27f.
36 Reyscher, Württembergische Gesetze (wie Anm. 17), Bd. 11,3, 233.
37 Universitätsarchiv Tübingen 44/152 I, 254.
38 Universitätsarchiv Tübingen 44/152 I, 255.
39 Universitätsarchiv Tübingen 44/152 I, 256.
40 Universitätsarchiv Tübingen 44/152 I, 261.

Bestätigung. Der Herzog betonte darin, Lauterbach werde bei „gemeiner vnserer Universität besonders wohl anstellen, vnd bey der studierenden Jugend nicht geringen nutzen schaffen".[41] Bewerbung, Interzession, Wahl und Konfirmation verliefen also mustergültig.[42]

Probleme gab es aber bei der Nachfolge für Johann David Mögling (1650–1695). Unter Einhaltung der Statuten wählte der Senat zunächst Ernst Theophil Maier (1651–1727), den bisherigen Extraordinarius für die Institutionen.[43] Der ‚Professor moralium' David Scheinemann jun. (1662–1702), der sich ebenfalls um die Nachfolge beworben hatte, wurde hingegen auf die fünfte juristische Professur gewählt.[44] Als der Senat sich mit der Bitte um Konfirmation an den Herzog wandte, kam es zum Konflikt.[45] Dieser verweigerte die Konfirmation und verlangte einen Bericht, weshalb Maier dem Mitkonkurrenten Scheinemann vorgezogen worden sei.[46] Schließlich sei letzterer schon seit 1688 Extraordinarius gewesen[47], als Maier noch als Universitätssekretär gedient habe und erst seit 1692 Extraordinarius gewesen sei.[48] Auf den Bericht des Senats hin erfolgte dann zwar die Bestätigung beider Professoren, aber der Eingriff, der keineswegs eine Ausnahme darstellte, macht deutlich, dass der Senat in seinen Rechten und Privilegien beeinträchtigt wurde. Zugleich zeigt er eine geschickte Möglichkeit zur Einflussnahme des Landesherrn auf, nämlich die Vergabe extraordinärer Professuren, deren Inhaber beim Freiwerden eines Ordinariats vom Senat kaum übergangen werden konnten, auch wenn der Senat dies im vorliegenden Fall ignorieren zu können glaubte.[49] Im Fall Johannes Wurmser (1599/1600–1659) erfolgte die landesherrliche Konfirmation 1646 sogar gegen die Mehrheit des Senats.[50] Die Autonomie der Hochschule im Berufungsverfahren war also de facto eingeschränkt.

Anders sah das Procedere bei der Aufnahme in den Dienst fürstlicher Zentralbehörden aus. Die Kanzleiordnungen setzten neben persönlicher Eignung fachspezifische Kenntnisse, juristisches Wissen oder Fertigkeiten im Rechnungswesen voraus. Für die Anstellung im Oberrat musste seit 1573 von den gelehrten Räten eine ‚Proberelation'

---

41 Universitätsarchiv Tübingen 44/152 I, 262.

42 Bernhard Zaschka, Die Lehrstühle der Universität Tübingen im Dreißigjährigen Krieg. Zur sozialen Wirklichkeit von Professoren im vorklassischen Zeitalter. (Werkschriften des Universitätsarchivs Tübingen, Reihe 1: Quellen und Studien, Bd. 19.) Tübingen 1993, 161–165.

43 Universitätsarchiv Tübingen 44/152 I, 324 (9. August 1695).

44 Universitätsarchiv Tübingen 44/152 I, 325 (17. August 1695).

45 Universitätsarchiv Tübingen 44/152 I, 326 (3. September 1695).

46 Universitätsarchiv Tübingen 44/152 I, 328.

47 Universitätsarchiv Tübingen 44/152 I, 295f.

48 Universitätsarchiv Tübingen 44/152 I, 319.

49 Wolfram Angerbauer, Das Kanzleramt an der Universität Tübingen und seine Inhaber 1590–1817. (Contubernium, Bd. 4.) Tübingen 1972, 81.

50 Hauptstaatsarchiv Stuttgart A 274, Bü 63. - Dazu Zaschka, Lehrstühle (wie Anm. 42), 104–109.

angefertigt werden.[51] Ab 1613 wurde dann von adligen Räten die gleiche Eingangsprü-
fung verlangt.[52] 1614 bewarb sich beispielsweise Hans Ulrich Rosch (†1651) um eine
Stelle beim Oberrat. In einem Bittgesuch gab sein Vater, der Rentkammer-
Expeditionsrat Kaspar Rosch († 1621), an, sein Sohn habe nach dem Besuch der Latein-
schule über sechs Jahre in Tübingen, Jena und Rostock studiert. Nach Ablegung der Relation wurde in einem „Underthänig anbringen" festgehalten, dass der Kandidat „zu
mehrer erhaltung der practic, vnnd beßerer continuirung seines studii iuris, gen Spir
zuziehen angewiesen, vnd wann er zwey Jar lang guten fleiß alda angewandt, daruff
auch Doctoratus gradum erlangt hat …", dann sollte er auf fürstliche Gewährung eine
Bestallung erhalten.[53] Nachdem Rosch die geforderte Zusatzqualifikation erworben hatte, legte er Ende März 1615 in Tübingen die Doktorprüfung ab und wurde Anfang 1616
als gelehrter Oberrat angenommen.

Prinzipiell lag seit der ersten Kanzleiordnung von 1550 die Berufung in ein Amt im
Ermessen des Landesherrn.[54] Das Verhältnis zwischen Landesherr und höheren Fürs-
tendienern wurde durch ‚Staat' (Arbeitsvertrag) und ‚Revers' (Verpflichtung des Beamten) geregelt.[55] Beide Seiten vereinbarten oft eine vierteljährliche Kündigungsfrist, doch
normalerweise galt eine Bestallung auf Lebenszeit. Für die Altersvorsorge trugen die
Beamten selbst Verantwortung. Es galt Residenzpflicht, ohne Erlaubnis durfte keiner
der Räte und Kanzleiverwandten „vber Nacht auß der Statt bleiben", wie die neunte
Kanzleiordnung von 1660 vorschrieb.[56]

Die untersuchten Juristen blieben ihren angestammten Lebenswelten treu, gesellschaftliche Grenzen wurden nicht überschritten. Charakteristisch für Württemberg
scheint aber die rasche familiäre Integration unverheirateter ‚Ausländer', die in höheren
Verwaltungs- und Regierungsämtern tätig waren. Zwar ermöglichten die Familien würt-
tembergischer Professoren und Räte auswärtigen Angehörigen der eigenen Schicht die
Einheirat in württembergische Kreise, doch waren sie sonst bestrebt, sich nach unten
abzugrenzen. So verband die Heirat mit Susanna Schnepf den aus Oberösterreich

51 Hauptstaatsarchiv Stuttgart A 17, Bü 18, 22, 31; A 18, Bü 6; A 202, Bü 168. - Dazu Dietmar Willoweit,
Die Entwicklung des öffentlichen Dienstes, in: Kurt A.G. Jeserich/Hans Pohl/Georg-Christoph von Unruh
(Hrsg.), Deutsche Verwaltungsgeschichte. Bd. 1: Vom Spätmittelalter bis zum Ende des Reiches. Stuttgart
1983, 346–360, hier 349–352.
52 Hauptstaatsarchiv Stuttgart A 202, Bü 24. - Dazu James Allen Vann, Württemberg auf dem Weg zum
modernen Staat 1593–1793. Stuttgart 1986 (The Making of a state. Württemberg 1593–1793. London
1984), 53. - Sie wurde aber auch früher schon gefordert (Hauptstaatsarchiv Stuttgart A 17, Bü 31, 19).
53 Hauptstaatsarchiv Stuttgart A 237a, Bü 385 (10. Juli 1614).
54 Reyscher, Württembergische Gesetze (wie Anm. 17), Bd. 12. Tübingen 1841, 166.
55 Walter Bernhardt, Die Zentralbehörden des Herzogtums Württemberg und ihre Beamten, 1520–1629.
(Veröffentlichungen der Kommission für Geschichtliche Landeskunde in Baden-Württemberg. Reihe B,
Bd. 70/71.) Bd. 1. Stuttgart 1972, 84f. - Darin finden sich auch Regelungen zur wechselseitigen Beendigung
des Dienstverhältnisses (Willoweit, Entwicklung (wie Anm. 51), 357–359).
56 Reyscher, Württembergische Gesetze (wie Anm. 17), Bd. 13. Tübingen 1842, 374.

stammenden Thomas Lansius (1577–1657) mit der Familie des Theologen Theodor Schnepf (1525–1586). Eine Tochter aus Thomas Lansius' zweiter Ehe, Maria Susanna, heiratete später den ‚Ausländer' Wolfgang Adam Lauterbach (1618–1678).[57] Ähnlich lag auch der Fall des im vorpommerschen Wolgast geborenen Michael Grass (1657–1731).[58] Es liegt somit der Verdacht nahe, dass es sich um intendierte Heiratsstrategien handelte. Wie die Karrieren der Söhne und die Ehen der Töchter aus den Familien Schnepf und Lauterbach zeigen, gelang es, durch vorteilhafte Ehen die erworbene Position auch in der nächsten Generation zu halten. Die Familien der amtierenden Räte und Professoren konnten sich so in der angesehenen württembergischen Gesellschaft dauerhaft etablieren. Karrieremäßig waren diese Verbindungen erstrebenswert, ermöglichten die aus dem familiär-verwandtschaftlichen und sozial-beruflichen Umfeld resultierenden Beziehungen doch wichtige informelle Kontakte. In diesen Netzwerken konnten die Verhaltensmuster eingeübt werden, die als subjektive Qualitätskriterien sowohl in zeitgenössischen Regenten- und Fürstenspiegeln als auch in fürstlichen Kanzleiordnungen firmierten. Juristische Kompetenz und soziale Stellung bestimmten somit das Persönlichkeitsprofil der hohen Amtsträger. Neben der akademischen Bildung blieben im gesamten 17. Jahrhundert aber auch Herkunft und Protektion wichtige Kriterien für Erfolg oder Nichterfolg einer Karriere an der Universität und in den obersten Regierungs- und Verwaltungsbehörden des Herzogtums.

Aber auch ‚nach oben', zum Hof hin, hielten die Fürstendiener eine angemessene Distanz. Diese Distanz zur Macht ist jedoch nicht als Merkmal von Intellektualität zu werten. Wohl kannten etliche Juristen das Leben bei Hofe, hatten in jungen Jahren etwa junge Adlige auf deren Kavalierstour begleitet und waren durch halb Europa gereist. Vermutlich waren es gerade Weltläufigkeit und Selbstherrlichkeit des Hoflebens, die, in weiten Teilen mit der Ethik der lutherischen Orthodoxie unvereinbar, bewirkten, dass sich die Juristen vom „politischen Lebensideal" distanzierten.[59] Ambitionen, ein „alamodischer Politicus", ein ‚honnête homme' zu werden, hatte der württembergische Fürstendiener nicht.[60] Die fachlich hochkompetente württembergische Elite bürgerli-

---

57 Balthasar Raith, Curriculum et redimiculum apostolico-paulinum [...] Bey dem volckreichen und kläglichen Leich-Conduct [...] Deß [...] Wolfgang Adam Lauterbachs. Tübingen 1679, 29–33.

58 Georg Conrad Pregitzer, Die Wunderbare Gnaden-Leitungen und allerweiseste Führungen Gottes. Aus Psalm LXXII. 23. 24. Als der Hoch-Edelgebohrne, Gestrenge und Hochgelehrte HERR, Michael Graß, U.J.D., Seiner Hoch-Fürstlichen Durchlaucht zu Würtemberg Hochangesehener Rath, bey allhiesiger löblichen Universitaet berühmter und Hoch-verdienter Professor Pandectarum & Sanctionum Criminalium Publicus Ordinarius, wie auch Illustris Collegii und deß Hoch-Fürstl. Hofgerichts ASSESSOR, Den 25. Jul. [...] 1731 [...] sanfft und seelig entschlaffen [...]. Tübingen [o.J.], 25–31.

59 Wilfried Barner, Barockrhetorik. Untersuchungen zu ihren geschichtlichen Grundlagen. Tübingen 1970, 139. - Dazu Sabine Holtz, Theologie und Alltag. Lehre und Leben in den Predigten der lutherischen Orthodoxie. (Spätmittelalter und Reformation. Neue Reihe, Bd. 3.) Tübingen 1993, 187–257.

60 Barbara Zaehle, Knigges Umgang mit Menschen und seine Vorläufer. Ein Beitrag zur Geschichte der Gesellschaftsethik. (Beiträge zur neueren Literaturgeschichte, Bd. 22.) Heidelberg 1933, 67.

chen Stands gab sich moralisch wertkonservativ. Die Distanz lag also in traditionalen Werten begründet.

Ein Streben dieser Funktionsträger nach Nobilitierung lässt sich nicht beobachten, Ausnahmen wie bei Nikolaus Myler von Ehrenbach und anderen bestätigen freilich die Regel.[61] Myler von Ehrenbach hatte, alle Aufstiegschancen nutzend, eine herausragende Karriere im württembergischen Fürstendienst gemacht und es bis zum Vizekanzler gebracht.[62] Sein Vater Heinrich Myler hatte selbst lange Zeit dem württembergischen Landtag angehört. Diese Umgebung mag seinen Wunsch nach einer gründlichen Ausbildung des Sohns und vielleicht auch schon perspektivisch nach einer Verwaltungstätigkeit gestärkt haben. Als Nikolaus stellvertretend für den württembergischen Herzog von Kaiser Leopold I. (1658–1705) die Lehen empfing, verlieh ihm dieser 1661 den erblichen Adelsstand des Reichs mit dem Prädikat „ab Ehrenbach".[63] 1674 verstarb seine erste Frau, Anna Maria Zobel, Tochter des an der Tübinger Juristenfakultät lehrenden Dr. iur. Andreas Baier (1566–1635).[64] Ihre erste Ehe mit dem Hofgerichtsadvokaten Dr. iur. Johann Jakob Zobel († 1635)[65] hatte nur neun Monate gedauert. Bereits zwei Jahre nach ihrem Tod verheiratete sich Myler erneut, diesmal mit der Witwe des Schorndorfer Kellers Josias Luz (1620–1674)[66], Ursula Veronika. Die Erhebung in den erblichen Adelsstand scheint für ihn nicht von herausragender Bedeutung gewesen zu sein, denn mit dieser Heirat blieb er seinem angestammten sozialen Milieu treu. Die drei Kinder aus erster Ehe überlebten den Vater nicht, die zweite, kurze Ehe blieb kinderlos. Dass Myler, dessen geistiger Horizont weit über seine Geburtsstadt hinausreichte, ausgerechnet Uracher Studenten mit einer Studienstiftung bedachte, ist wohl als Zeichen dafür zu werten, wie stark er seinem traditionalen Umfeld verhaftet war. Ohne Frage ehrte ihn die Verleihung des erblichen Adelsstands, aber er setzte diesen nicht in gesellschaftlichen Aufstieg um.

Die gesellschaftliche Abgrenzung der bürgerlichen Fürstendiener war Kennzeichen eines Elitebewusstseins, bei dem sich moderne mit traditionalen Kriterien verbanden. Wissen und Leistung waren für eine Karriere an der Universität bzw. im Fürstendienst

---

61 Holtz, Bildung und Herrschaft (wie Anm. 8), 76, 360–363, 376f.

62 Johann Jakob Müller, Christliche Leich-Predigt, in welcher aus den Worten Christi, Joh. XIV. v. 19. […] Das trostreiche Geheimnus der Gemeinschaft Christi und seiner Glaubigen […] bevöstiget wird, bey ansehnlicher Leich-Begängnus deß […] Nicolai Mylers von Ehrenbach, ec. […] von […]. Stuttgart [1677], 28–42; Johann David Mögling, B. [!] Nicolai Myleri ab Ehrenbach, stratologia germanici imperii statuum, sive militandii, libertas Germanorvm […] à […]. Ulm 1710, a$_2^r$–c^r.

63 Müller, Leich-Predigt (wie Anm. 62), 35.

64 Johann Jakob Müller, Christliche Traur- und Trostsermon, welche auß deß LXXI. Psalm. 20. Vers. als man […] Die weiland Hoch-Edle, Groß- Ehren- und Tugendsame Frau Anna Maria Mylerin […] Christlich beerdigte […]. Stuttgart [1675].

65 Walther Pfeilsticker (Bearb.), Neues Württembergisches Dienerbuch. Bd. 1: Hof, Regierung, Verwaltung. Stuttgart 1957, § 1331.

66 Pfeilsticker, Dienerbuch (wie Anm. 65) Bd. 1, § 2031.

ebenso notwendig wie Herkunft und Patronage. Wer aus diesen Familien stammte und sich für ein Studium der Jurisprudenz entschied, der konnte ziemlich sicher sein, im württembergischen Staat Karriere zu machen. Rund 80 Prozent aller in Tübingen graduierten Juristen fanden Anstellung im Regierungs- und Verwaltungsdienst des Landes.[67] Ohne Frage bildeten die Juristen eine Funktionselite im Herzogtum. Sie waren hochqualifizierte Akademiker und kompetente Fürstendiener, die Loyalität mit Bodenständigkeit mischten.

Rudolf Stichweh hat bei seiner Charakterisierung des Zusammenhangs zwischen Gelehrsamkeit und frühmoderner Staatlichkeit darauf hingewiesen, dass auch die landesherrliche Autorität von dem gelehrten Wissen abhängig war.[68] Selbst wenn gelehrte Kompetenz auf Beratung instrumentalisiert hin werden konnte und Beratung des Herrschers nicht schlicht auf Subordination ausgerichtet war, sondern die Chance bot, auf herrscherliche Politik einzuwirken, so konnte in einem hierarchisch gegliederten frühmodernen Staat der Einfluss der Vertreter gelehrten Wissens doch nie den Charakter politischer Opposition annehmen. Dies hätte nach zeitgenössischem Verständnis den Tatbestand des Hochverrats erfüllt. Letztlich waren diese Hemmnisse freilich in der Ständeordnung des Alten Reichs begründet. Ständische Ordnung, autokratischer Herrschaftsanspruch und administrative Rationalität des Fürstenstaats standen prinzipiell im Widerspruch. Die Aufgaben eines Rats hatten sich zwar durch die Intensivierung der Staatsfunktionen verändert und bestanden jetzt in Landesverwaltung, Wahrung von Recht und Frieden, Schaffung und Aufrechterhaltung einer guten Policey etc. Der Beamte sollte aber dennoch treu zum Fürsten stehen, wobei Treue hier „die Bedeutung von Loyalität bei gleichzeitiger innerer Distanz" hatte.[69] Diese innere Distanz zum Landesherrn stammte von einem „Gewissensvorbehalt" her, der im religiösen Kontext verankert war.[70] Die Angehörigen der Funktionselite waren zweifelsfrei Beschränkungen unterworfen, die autonomes Handeln nicht erlaubten. Aber diese Zwänge wurden ihnen nicht nur von außen, von landesherrlicher Seite, auferlegt, sondern sie fühlten sich auch durch die verinnerlichte Ethik der lutherischen Orthodoxie gebunden, durch die sie sich als verantwortliche Vertreter des Gemeinwohls verstanden. Weitere Aufschlüsse hierzu könnte eine Verknüpfung von Überlegungen zu Intellektualität und Pietismus unter dem Aspekt der Individualität erbringen.

Einige Anzeichen, wie etwa die soziale Schranken überschreitenden Ratschläge Jakob Löfflers zum Regierungsantritt Eberhards III., aber auch das soziale Engagement

---

67 Holtz, Bildung und Herrschaft (wie Anm. 8), 84.

68 Rudolf Stichweh, Der frühmoderne Staat und die europäische Universität. Zur Interaktion von Politik und Erziehungssystem im Prozeß ihrer Ausdifferenzierung (16.–18. Jahrhundert). Frankfurt a.M. 1991, 154–164.

69 Michael Stolleis, Grundzüge der Beamtenethik (1550–1650), in: Roman Schnur (Hrsg.), Die Rolle der Juristen bei der Entstehung des modernen Staates. Berlin 1986, 273–302, hier 297.

70 Wolfgang Weber, „Ein vollkommener fürstlicher Staats-Rath ist ein Phoenix". Perspektiven einer politischen Ideengeschichte der hohen Beamtenschaft. in: Zeitschrift für historische Forschung 21, 1994, 221–233, hier 229f. - Dazu Vann, Württemberg (wie Anm. 52), 117.

eines Thomas Lansius für die infolge des 30-jährigen Kriegs angewachsenen unteren sozialen Schichten der Universitätsstadt Tübingen oder auch die Errichtung einer theologischen Stiftung durch Myler von Ehrenbach könnten Indizien für ein Missachten herkömmlicher Grenzen sein.[71] Insgesamt aber blieb dies marginal und konnte durchaus, wie das Beispiel des Fürstenspiegels Löfflers und der Einrichtung einer Stiftung zeigen, an traditionale Muster anknüpfen.

Das gemeinsame humanistisch-christliche Fundament, die universitäre Bildung, die Heiratsstrategien, die sozialen Verflechtungen und das Verhaftetsein in einer traditionalen Lebenswelt charakterisieren die Juristen als Vertreter jenes „humanistischen Bildungswissens", dem Jutta Held den Intellektuellen gegenüberstellt. Ihn gebe es zuvorderst in den „neuen Wissenschaften", er sei „moderat und geduldig im Verhalten, undoktrinär, beweglich und experimentierfreudig", er suche „das Gespräch unter Gleichen, statt von einem Katheder herab zu dozieren".[72] Einige der hier genannten Kriterien treffen auch auf den württembergischen Gelehrten zu. Die räumliche Nähe in Stuttgart und Tübingen, die tägliche Präsenz in den verschiedensten Institutionen, die kollegiale Arbeit in Kanzlei, Fakultät und Universität sowie der gemeinsame Kirchgang, dessen Teilnahme allenfalls wochentags durch „sonders Erhebliche Geschäffte[n][73] entschuldigt werden konnte, gemeinschaftliche Vergnügungen bei Festen und Feiern und vieles mehr festigte die Zusammengehörigkeit dieser Funktionselite. Für ein Gespräch unter Gleichen bestanden also viele Möglichkeiten. Und gerade die verwandtschaftlichen Beziehungen zeigen, dass diese Kommunikationsnetze funktionierten. Geduldig und moderat im Auftreten war der Gelehrte allemal. Zuschreibungen wie undoktrinär, beweglich und experimentierfreudig scheinen für den württembergischen Gelehrten des 17. Jahrhunderts allerdings nicht zu passen.

Zwischen Intellektuellen und Gelehrten scharf zu trennen, ist also äußert schwierig. Wirft man nicht nur mit Held einen Blick auf potentielle intellektuelle Strömungen der Frühen Neuzeit, sondern begibt man sich ins 19. Jahrhundert, so bietet sich eine interessante Studie zum Vergleich an. Gangolf Hübinger[74] verknüpfte in seiner *Intellektuellengeschichte* drei Ebenen, die gesellschaftliche Rekrutierung, den kulturellen Machtkampf und den politischen Freiraum, um unter Rückgriff auf Christophe Charle die historische Bedeutung intellektueller Tätigkeit verständlich zu machen. Hinzu kommt die stets nachzuweisende soziale Resonanz: „So werden den Intellektuellen gesellschaftlicher Wert und soziale Autonomie nur dann zugebilligt, wenn die Fähigkeiten und Eigenschaften, die sie auszeichnen (Kompetenz, Fachwissen, Bildung, kulturelles Niveau,

---

71 Held, Intellektuelle (wie Anm. 7), 10.

72 Held, Intellektuelle (wie Anm. 7), 11.

73 Reyscher, Württembergische Gesetze (wie Anm. 17) Bd. 13, 365–422, hier 371–373.

74 Gangolf Hübinger, Gelehrte, Politik und Öffentlichkeit. Eine Intellektuellengeschichte. Göttingen 2006, 10–13.

Kreativität usw.), als solche anerkannt und nicht auf die von den anderen herrschenden Klassen definierten Kriterien reduziert werden."[75]

Blickt man auf Überschneidungen zwischen Gelehrten und Intellektuellen, dann könnten die württembergischen Juristen vielleicht als frühe Vorläufer des ‚Gelehrten-Intellektuellen' gelten, den Hübinger zur Zeit des Umbaus der Universitäten im 19. Jahrhundert beobachtete.[76] Zumal einige der Professoren auch als ‚Räte von Haus aus' dienten, wie beispielsweise die Tübinger Juraprofessoren Johann Halbritter (1560–1627) und Heinrich Bocer (1561–1630). Anders als die ‚Gelehrten-Intellektuellen' des 19. Jahrhunderts konnten sich die Juristen Württembergs allerdings nicht dem Konflikt mit dem Staat stellen, zu sehr waren sie in das herrschende System eingebunden, als Fürstendiener zumal, aber auch als Universitätsprofessoren. Als der Dissens dieser Funktionselite zum Landesherrn jedoch nach 1700 immer größer wurde, schränkte Herzog Eberhard Ludwig (1677–1733) seine bisherigen Räte, auf deren Kompetenz er freilich nicht verzichten konnte, auf die Wahrnehmung reiner Verwaltungsfunktionen ein, Politik machte künftig ein vom Landesherrn neu berufenes Kabinettministerium.[77]

Die heuristische Annahme von Intellektualität im Hinblick auf die hier untersuchten Mitglieder einer juristischen Funktionselite kann den Blick auf Bildungsinhalte und Eingangsqualifikationen, aber auch auf Selbstwahrnehmung und Selbstpositionierung der Funktionsträger schärfen. Als Ergebnis dieser Studie muss jedoch festgehalten werden: Ohne Frage verfügten die Funktionsträger mit Wissen und Leistung über Merkmale der Moderne, doch ihrem Typus nach waren sie Gelehrte, vielleicht auf dem Weg zum ‚Gelehrten-Intellektuellen'. Zeitgenössisch jedenfalls bezeichneten sie sich im Unterschied zu den adligen Vertretern im Rat stets als gelehrte Räte. Akademische Grade galten hier als funktionales Äquivalent zur adligen Ehre.[78] Zweifelsfrei wirkten die hohen fürstlichen Räte über Beratung in die Politik hinein und blieben so nicht exklusiv auf ihre Verwaltungstätigkeit beschränkt, sondern hatten aktiv Anteil an der Regierungspolitik. Ähnliches gilt für die Tübinger Juraprofessoren mit ihrer Konsulartätigkeit und Mitwirkung am Hofgericht. Das genügt jedoch nicht, um in ihnen moderne Intellektuelle zu sehen. Die württembergischen Juristen waren wieder nahe am Intellektuellenbild Jacques LeGoffs, sie hatten die Einsamkeit ihrer Studierzimmer verlassen und waren in die Welt zurückgekehrt, aber noch entfernt vom Intellektuellen des 19. Jahrhunderts. Distanz zur Macht, geistige Unabhängigkeit und soziales Engagement für weniger Privilegierte mussten noch hinzutreten, um der Etikettierung als Intellektuelle zu entsprechen.

---

75 Christophe Charle, Vordenker der Moderne. Die Intellektuellen im 19. Jahrhundert. Frankfurt a.M. 1997, 14.

76 Hübinger, Intellektuellengeschichte (wie Anm. 74), 183.

77 Holtz, Bildung und Herrschaft (wie Anm. 8), 103f.

78 Holtz, Bildung und Herrschaft (wie Anm. 8), 93–99.

Zusammenfassung

Die württembergischen Juristen des 17. Jahrhunderts lassen sich an der Schnittstelle von Politik, Regierung und Verwaltung verorten. Ihre fachwissenschaftliche Kompetenz machte sie zu Funktionsträgern, auf die der frühmoderne Staat nicht verzichten konnte. Diese Unentbehrlichkeit gab ihnen ein gewisses Maß an Freiheit, die aber durch die landesherrliche Anstellungspraxis eingeschränkt wurde. Abgesehen von wenigen Spitzenbeamten, die aus dem ‚Ausland' nach Württemberg berufen wurden, einte fast alle höheren bürgerlichen Räte und Juraprofessoren die christlich-humanistische Bildung und das Studium der Jurisprudenz an der Universität Tübingen. Während ihres Studiums erwarben sie nicht nur juristisches Fachwissen, sondern auch Kenntnisse und Fähigkeiten, die ganz generell für den Staatsdienst qualifizierten. Neben formal-juristischer Kompetenz bildeten soziale und familiäre Faktoren wichtige Karrierevoraussetzungen. Früh konnten hier habituelle Fähigkeiten eingeübt werden. Räte und Professoren grenzten sich gesellschaftlich nach unten und oben ab, wie Heiratsstrategien verdeutlichen. Sie bildeten einen exklusiven Bildungsstand. Die meisten blieben dennoch selbst als Angehörige der akademisch-gelehrten Lebenswelt ihrem traditional agrarischen Umfeld verhaftet. Vor allem die weitreichende landesherrliche Abhängigkeit hinderte Räte und Professoren daran, sich als Intellektuelle zu profilieren. Sie waren und verstanden sich als Fürstendiener, die Distanz zur Macht war nicht groß genug. Manches spricht dafür, die württembergischen Juristen als frühen Prototyp des im 19. Jahrhundert beobachteten ‚Gelehrten-Intellektuellen' (Gangolf Hübinger) zu sehen.

MARKUS FRIEDRICH

Politikberatung durch Intellektuelle?
Das Verhältnis des Jesuitenordens zu den frühneuzeitlichen Fürstenhöfen im Spiegel von Giulio Negronis Traktat „Aulicismus, sive de fuga aulae dissertatio"[*]

Glaubwürdige Autoren berichten, dass sich in Ägypten die Hunde nur mit großer Zurückhaltung dem Nil nähern, um zu trinken. Sollte der Gang zum Wasser unvermeidbar werden, so laufen die Hunde sehr schnell zum Fluss, verändern dauernd ihre Position und sind beständig auf der Hut. Der Grund für dieses merkwürdige Verhalten liegt in der Furcht der ägyptischen Hunde vor dem gefährlichsten aller Tiere: dem Nilkrokodil. „Cursim, raptim, et furtim" – „geschwind, unstetig und heimlich", nur auf solche Weise wagen die klugen Tiere den Zugang zum Fluss.[1] Genau dieselben Verhaltensregeln sollten die Jesuiten befolgen, wenn sie sich den Fürstenhöfen der Frühen Neuzeit näherten. Dies jedenfalls war der Vorschlag von Giulio Negroni, Autor des 1626 erschienenen Traktats „Aulicismus, sive de fuga aulae dissertatio". Der Titel des Buches zeigt bereits an, worauf Negroni hinaus möchte: Es ging ihm darum, falsche Vorstellungen seiner Mitbrüder vom Hofleben zu zerstören und zugleich einen übergroßen Enthusiasmus für

* Die Recherchen zu diesem Aufsatz konnten nicht zuletzt durch die großzügige Unterstützung der Deutschen Forschungsgemeinschaft durchgeführt werden (Projektnummer: FR 2535/1-1). Der Beitrag steht im Kontext meines Habilitationsprojektes zu den Kommunikations- und Informationsbeschaffungsstrukturen der Jesuiten. Bei der Materialbeschaffung war Tilman Moritz eine unentbehrliche Hilfe. Erste Überlegungen habe ich im Sommer 2006 in Edmonton/Alberta am Wirth Institute for Austrian Studies vorgetragen. Für zahlreiche Präzisierungen und Anregungen danke ich den dortigen Diskutanten herzlich.
Es werden folgende Abkürzungen verwendet:
ARSI – Archivum Romanum Societatis Iesu.
AHSI – Archivum Historicum Societatis Iesu.
HStA M – Bayerisches Hauptstaatsarchiv München.
CG – John W. Padberg SJ u.a. (Hgg.), For Matters of Greater Moment. The First Thirty Jesuit General Congregations. A Brief History and a Translation of the Decrees (= Jesuit Primary Sources in English Translation Bd 12). St. Louis 1994. Ich zitiere die Nummer der Generalkongregation, des Dekrets und die Seitenzahl dieser Ausgabe.
1 Negroni steht hier durchaus in der Tradition seines Ordens, vgl. z.B. die Festlegungen in HStA M Jes 84, unfol. ad ao 1619: „Convivia externorum, quantum decenter fieri potest, abroganda. si adeundi necessitas sit, post duarum horarum sessionem ad mensam non solum surgendum, sed etiam domum reddendum".

ein Leben bei Hofe zu kritisieren. Stattdessen schlug er eine einfache Maxime vor –
„meidet die Höfe".[2]

Was sagt eine solche Maxime über das Selbstverständnis der Ordensleute und Geistlichen in der Frühen Neuzeit aus? Welche Art sozialer Verantwortung war damit ein-,
welche ausgeschlossen? Und spezifischer: Wie passte dieser Verhaltensvorschlag und
die kritische Haltung Negronis in die allgemeine Politik der Gesellschaft Jesu in Sachen
Engagement bei Hofe? Dass ein solches Engagement seitens der Jesuiten vorhanden
war und sie viele europäische Fürstenhöfe der Frühen Neuzeit mit Beichtvätern versorg-
ten, steht außer Frage. Dabei konnten sich die Befürworter eines Engagements auf
wichtige Autoritäten berufen. Die Grundlage hatte nämlich bereits Ignatius selbst gelegt. Ein in einschlägigen Untersuchungen zumeist übersehener Abschnitt der *Geistlichen Übungen* des Ordensgründers forderte: „Kein müßiges Wort sagen". In der anschließenden Erklärung hieß es:

> „Darunter verstehe ich: Wenn es weder mir noch einem anderen nützt noch auf eine solche
> Absicht hingeordnet ist. Zu allem zu reden, was Nutzen ist oder doch Absicht, der eigenen
> oder einer fremden Seele, dem Leib oder zeitlichen Gütern zu nützen, ist also niemals müßig;
> auch nicht, weil [wenn] jemand in Dingen redet, die außerhalb seines Standes liegen, etwa
> wenn ein Ordensmann von Kriegen oder Handelsgeschäften redet. Aber in allem Genannten
> liegt Verdienst darin, es wohl zu ordnen, und Sünde, es in eine schlechte Richtung zu bringen
> oder eitel zu reden."[3]

Deutlich sprach Ignatius hier, noch bevor sein Orden in erste verantwortungsvolle Posten an Fürstenhöfen eindrang, seine Überzeugung aus, dass unter den genannten Bedingungen ein Mönch zwar einerseits seinen ‚Stand' und damit seine Zuständigkeit über-
schreite, aber andererseits durch diese Verletzung des *decorum* doch nicht sündhaft
handele. Kriterium dieser Erlaubnis oder Zuständigkeit war der temporale oder geistliche Nutzen einer solchen Intervention. Andere spirituelle Grundlagen jesuitischen
Selbstverständnisses unterstützten eine solche Hinwendung zu höfischem Engagement,
etwa der von Hieronymus Nadal formelhaft zusammengefasste Auftrag, „in der Welt zu
Hause zu sein". Auch die ausgeprägte Ausrichtung des jungen Ordens auf spirituelle
Gewinnmaximierung wäre hier zu nennen, implizierte dieses Prinzip doch von Anfang
an einen Ansatzpunkt der Seelsorge bei den Reichen und Mächtigen, von denen man
sich erfolgsgarantierende Multiplikatoreneffekte erhoffte. Ignatius selbst hatte denn
auch explizit erste Wünsche verschiedener Fürsten nach jesuitischen Hofbeichtvätern
positiv beurteilt und etwa 1552 Diego Mirón an den portugiesischen Königshof ent-
sandt.[4]

---

2 Giulio Negroni, De Aulae, et Aulicismi Fuga Dissertatio. Mailand 1626. Die zitierte Passage ebd., 201.

3 Ignatius von Loyola, Geistliche Übungen. Nach dem spanischen Urtext übersetzt von Peter Knauer. Würzburg ³2003, 45 (#40).

4 Robert Bireley, Hofbeichtväter und Politik im 17. Jahrhundert, in: Michael Sievernich/Günter Switek
(Hg.), Ignatianisch. Eigenart und Methode der Gesellschaft Jesu. Freiburg 1990, 386–403, 386. Zu den spirituellen Grundlagen dieses Engagements auch knapp und präzise Patrizio Foresta, I primi gesuiti e la corte.

Wir kennen heute zahlreiche Beispiele von Jesuiten, die an diversen europäischen Höfen aktiv waren. Die Forschung konzentriert sich dabei vorrangig noch auf die Untersuchung ihres tatsächlichen Einflusses sowie auf die daraus gegebenenfalls resultierenden Spannungen innerhalb des Ordens.[5] Diese Spannungen entstanden vor allem deshalb, weil die an den Höfen tätigen Jesuiten immer wieder, sei es aus persönlichen Motiven, sei es, weil die Wünsche ihrer fürstlichen Auftraggeber kaum zu missachten waren, in eine prekäre Nähe zur politischen Entscheidungsfindung gelangten.[6] Von daher verwundert es nicht, dass die Involvierung der Gesellschaft Jesu in das höfische Leben einerseits teilweise generationenlange Traditionen entwickelte[7], andererseits aber vor allem seitens der römischen Ordenszentrale immer skeptisch und ambivalent bewer-

---

Alcune considerazioni a proposito di un luogo comune storiografico, in: Schifanoia 26/27, 2004, 169–177, v.a. 172f.

5 Die Forschung zu den Hofbeichtvätern ist regional und konfessionell unterschiedlich intensiv: Zu katholischen Geistlichen am Hof vgl. z.B. Robert Bireley, The Jesuits and the Thirty Years War: Kings, Courts, and Confessors. Cambridge 2003. Dort Hinweise auf die älteren Arbeiten von Bireley. George Minois, Le confesseur du roi: les directeur de conscience sous la monarchie française. Paris 1988. Johannes Andritsch, Landesfürstliche Berater am Grazer Hof (1564–1619), in: Alexander Novotny/Berthold Sutter (Hgg.), Innerösterreich 1564–1619. Graz 1968, 73–118. Magdalena Sánchez, Confession and Complicity: Margarita de Austria, Richard Haller SJ, and the Court of Philip III, in: Cuadernos de Historia Moderna 14, 1993, 133–149. Harro Höpfl, Jesuit Political Thought. The Society of Jesus and the State, c. 1540–1630. Cambridge 2004, 56–63. Vgl. auch Winfried Müller, Hofbeichtväter und geistliche Ratgeber zur Zeit der Gegenreformation, in: Winfried Müller/Helmut Zedelmaier/Wolfgang Smolka (Hgg.), Universität und Bildung. Festschrift Laetitia Boehm zum 60. Geburtstag. München 1991, 141–155. Flavio Rurale, Il confessore e il governatore: teologi e moralisti tra casi di coscienza e questioni politiche nella Milano del primo Seicento, in: E. Brambilla/G. Muto (Hgg.), La Lombardia spagnola. Nuovi indirizzi di ricerca. Mailand 1997 343–370. Hilfreich jetzt auch Nicole Reinhardt, The King's Confessor. Changing Images, in: Michael Schaich (Hg.), Monarchy and Religion. The Transformation of Royal Culture in Eighteenth-Century Europe. Oxford 2007 (Studies of the German Historical Institute London), 153–185. Dies., Spin Doctor of Conscience? The Royal Confessor and the Christian Prince, in: Renaissance Studies 23, 2009, 568–590. Zur protestantischen Seite vgl. z.B. Luise Schorn-Schütte, Prediger an protestantischen Höfen der Frühneuzeit. Zur politischen und sozialen Stellung einer neuen bürgerlichen Fühungsgruppe in der höfischen Gesellschaft des 17. Jahrhunderts, dargestellt am Beispiel von Hessen-Kassel, Hessen-Darmstadt und Braunschweig-Wolfenbüttel, in: Heinz Schilling/Herman Diederiks (Hgg.), Bürgerliche Eliten in den Niederlanden und in Nordwestdeutschland. Studien zur Sozialgeschichte des europäischen Bürgertums im Mittelalter und in der Neuzeit. Köln/Wien 1985, 275-336. Ferner Wolfgang Sommer, Die lutherischen Hofprediger in Dresden. Grundzüge ihrer Geschichte und Verkündigung im Kurfürstentum Sachsen, Stuttgart 2006.

6 Dafür bietet Emond Auger SJ ein gutes Beispiel, vgl. A. Lynn Martin, The Jesuit Mind: The Mentality of an Elite in Early Modern France. Ithaca London 1988. S. a. Foresta, Gesuiti e la corte, (wie Anm. 4), 173–175 über die „Loyalitätskonflikte" (Klaus Schatz) der Jesuiten zwischen römischer Zentrale und säkularen Herrschern.

7 So jüngst im Überblick noch einmal für Bayern David Lederer, Madness, Religion and the State in Early Modern Europe. A Bavarian Beacon. Cambridge 2006, 70–82.

tet wurde.[8] Hinzu kam, dass die antijesuitische Polemik diese Rolle an den Höfen kritisch und verzerrend kommentierte. Eine Streitschrift aus dem Jahr 1620 beispielsweise sah in dieser Tätigkeit eine systematisierte Praxis der Informationsgewinnung über die *arcana* der Politik, auf deren Basis die Jesuiten – in politikgeschichtlich zeitgenössisch avancierter Weise – zunächst die politische Lage genau analysieren („anatomisirn") würden, um dann politische Entscheidungen als informiertes Abwägen wie auf der „Goldtwag" zu treffen.[9]

Spätestens im 17. Jahrhundert war auch die Rolle des Hofkritikers etabliert worden, literarisch etwa in der antihöfischen Dichtung, die sich dabei durchaus auch als extrahöfische Bewertungsinstanz – etwa in Inszenierung des Gegensatzes *vita aulica/rustica* – stilisierte; gesellschaftlich in der Position des Hofpredigers bzw. –beichtvaters. Es ist offensichtlich, dass das Thema der geistlichen Hofkritik eine unmittelbare Relevanz für die Frage nach den ‚Intellektuellen' der Frühen Neuzeit hat. Die Gruppe der Geistlichen und Theologen – aller Konfessionen – wurde allerdings in entsprechende Untersuchungen bisher nur selten einbezogen. Doch gerade sie bietet vielfältiges Anschauungsmaterial, um die sozialen Einflussmöglichkeiten gelehrter Kompetenz sowie ihre Fähigkeit zur Kritik der politischen Sphäre zu beurteilen. Schon vor einer detaillierteren Auseinandersetzung mit dem Konzept ist klar, dass die Frage nach der Anwendbarkeit des ‚Intellektuellen'-Begriffs auf jeden Fall ein hilfreiches heuristisches Instrumentarium sein kann, um den Einfluss der Hofgeistlichen genauer zu charakterisieren.

Im Folgenden sollen hier einige Beispiele für den jesuitischen Diskurs über das Hofleben bzw. die Rolle der Hofgeistlichen erörtert werden. Derartige Diskursivierungen haben die Forschung, die sich vorrangig mit dem jeweils konkreten Einfluss einzelner Jesuiten bei Hofe befasste, nur sehr selektiv interessiert. So standen bisher meistens lediglich die offiziellen Normen – v.a. die vom General Claudio Acquaviva 1602 erlassene Instruktion für die Beichtväter – im Zentrum der Aufmerksamkeit. Allein Nicolas

---

8 Dafür gibt es viele Belege, vgl. bspw. das Schreiben des Generals Gianpaolo Oliva an Christoph Schorrer, den Visitator der Oberdeutschen Provinz, 8.3.1664, HStA M Jes 10, fol. 10[rv], das über die höfischen Aktivitäten am Augsburger Kardinalshof nur klagte: „Non enim fas est quod Romae erigimus, in Provinciis destrui." Zu den Schwankungen in der Einstellung der Jesuitengeneräle nun v.a. Bireley, Jesuits and the Thirty Yeary War (wie Anm. 5). Vgl. auch die z.T. deutlich unterschiedlichen Stellungnahmen der Generäle in HStA M Jes 24.

9 [Micanzio, Fulgenzio], Gründtlicher Bericht An alle und jede Fürstliches Stands Personen Vom Leben/ Wandel und Practicken der Jesuiten: Gestellet und ohne einige Partheylichkeit an Tag gegeben durch eine geistliche Person; Erstlich auß dem Italienischen Original/ so Anno 1618. zu Rom bey Anthonio Brugiotti mit erlaubnuß der Obern gedruckt/ ins Frantzösisch/ und hernach auß dem Frantzösischen in das Teutsch übergesetzt. o.O. 1620, hier zitiert nach Müller, Hofbeichtväter (wie Anm. 5), 142. Zur Politiktheorie des ‚Wägens' nun umfassend Cornel Zwierlein, Discorso und Lex Dei. Die Entstehung neuer Denkrahmen im 16. Jahrhundert und die Wahrnehmung der französischen Religionskriege in Italien und Deutschland. Göttingen 2006.

Caussins *Cour sainte* erfuhr mehrfache wissenschaftliche Zuwendung.[10] Eine darüber hinausgehende Geschichte des jesuitischen Diskurses über den Hof und die Position des (jesuitischen) Geistlichen am Hof fehlt bisher. Einige Texte zu diesem Thema sollen hier vorgestellt werden. Auf dieser Basis soll anschließend erörtert werden, ob es sich bei den Jesuiten am Hof um ‚Intellektuelle' gehandelt haben könnte.

„Intellektuelle" in der Frühen Neuzeit? Eine historiographische Umschau

Auf eine eindeutige Definition ‚des Intellektuellen' wird man sich nicht einigen können. Bis heute ist der Begriff mindestens eben so sehr wertend wie beschreibend.[11] Einig wird man sich allenfalls bei der Feststellung sein, dass der Begriff eine spezifisch *moderne* Erscheinung ist. Ob aber auch die Sache, die durch den Begriff ausgedrückt wird, spezifisch *moderner* Natur ist, ist dadurch nicht entschieden. In der historischen Forschung zur Vormoderne ist der Intellektuellen-Begriff immer wieder benutzt worden, wenngleich häufig recht unspezifisch.[12]

Eine nicht unbeträchtliche Literatur, die sich mit der Frage nach dem sozialen Konfliktpotential des systematisch produzierten Akademikerüberschusses befasste, hat die „Intellektuellen" der Frühen Neuzeit vorrangig sozialgeschichtlich behandelt. Die Rede von den „frustrierten" oder „entfremdeten Intellektuellen" des 17. Jahrhunderts wurde zu einem historiographischen Topos.[13] Auch Jacques Le Goffs klassisches Buch über „Intellektuelle im Mittelalter" band die Begriffsverwendung in erster Linie an ein sozial und institutionell „genau umrissenes Milieu: das der Schulmeister." Faktisch handelt es sich bei Le Goffs ‚Intellektuellen' um die Universitätsgelehrten seit dem 13. Jahrhundert, nicht die Mönche oder Mystiker, nicht die Schriftsteller oder Künstler.[14] Le Goffs

---

10 Dazu vgl. Sophie Conte (Hg.), Nicolas Caussin: rhétorique et spiritualité à l'époque de Lous XIII. Münster 2006. Vgl. die Veröffentlichungen von Volker Kapp, z.B. Un Jésuite à la recherche du ‚grand homme': La Cour Sainte de Nicolas Caussin, in: Traveaux de Littérature 18, 2005, 179–194; Ders., La Thélogie des Réalités terrestres dans La cour sainte de N. Caussin, in: G. Demerson/Betrand Dompnier/A. Regond (Hgg.), Les Jésuites parmi les Hommes aux XVIᵉ et XVIIᵉ siècle. Clerment-Ferrand 1987, 141–152. Zur Polemik gegen die jesuitischen Hofbeichtväter jetzt auch Reinhardt, Changing Images (wie Anm. 5).

11 Zygmunt Baumann, Unerwiderte Liebe. Die Macht, die Intellektuellen und die Macht der Intellektuellen, in: Ute Daniel/Wolfram Siemann (Hg.), Propaganda. Meinungskampf, Verführung und politische Sinnstiftung (1789–1989). Frankfurt 1994, 172–200, 237–239.

12 Vgl. zum Folgenden auch den Beitrag von Isabella von Treskow im vorliegenden Sammelband.

13 M.H. Curtis, The alienated Intellectuals of Early Stuart England, in: Past and Present 23, 1962, 25–41. Rogier Chartier, Espace social et imaginaire social: les intellectuels frustrés au XVIIᵉ siècle, in: Annales. Économies, Sociétés, Civilisations 37, 1982, 389–399.

14 Vgl. Jacques Le Goff, Die Intellektuellen im Mittelalter. Stuttgart 1987. Starke Betonung der Schule bzw. der Lehrer auch bei Mariateresa Fumagalli Beonio Brocchieri, Der Intellektuelle, in: Jacques Le Goff (Hg.), Der Mensch des Mittelalters. Frankfurt/New York 1985, 198–231. Dort werden (199) ausdrücklich keinerlei Schwierigkeiten einer Begriffsübertragung gesehen, auch wenn die Begründung dafür etwas vage bleibt

Verbindung der Universitäten mit den Intellektuellen ist seit den 1990ern besonders durch den Philosophiehistoriker Alain de Libera erneut adaptiert worden. Während Le Goffs institutionelle Betrachtungsweise (samt dem entsprechenden sozialen Milieu in den Städten) allerdings inhaltliche Fragen ausklammerte, macht de Libera genau diese zum Thema. Seine Intellektuellen sind nun eine besondere Gruppe von Universitätslehrern, die v.a. im Umkreis der Pariser Verurteilung von 1277 anzusiedeln sind. Die ‚Intellektuellen', so wie sie sich hier präsentieren, vertraten Positionen an der Grenze zur Heterodoxie, sie gingen persönliche Risiken ein und ihr Anliegen war vor allem eine säkulare Reflexion auf das Wesen des Menschen. Siger von Brabant war ihr herausragender Vertreter; Thomas von Aquin, allemal Bonaventura, hatten mit dieser Gruppe kaum mehr etwas gemeinsam. Le Goff hatte unter institutionellem Blickwinkel diese drei Denker noch zusammengebracht, doch bei de Libera ist diese Einheit zerbrochen.[15]

Andere Autoren suchen die Kriterien des Intellektuellen ebenfalls im geistigen Außenseitertum. Rita Copeland hat entsprechend ein ganzes Buch über die „Intellektuellen" der spätmittelalterlichen englischen Häretikergruppen geschrieben.[16] Und für die Frühe Neuzeit haben etwa Carlos Gilly oder Wilhelm Kühlmann den Intellektuellen-Begriff mit geistigem Außenseitertum verbunden. Beide Forscher sehen eine lange philosophisch-theologische Tradition, in der die herrschende Allianz der gebildeten Meinungsführer mit der politischen Macht kritisch hinterfragt wurde. Oder, wie Gilly seine These resümiert: „bei Castellio und den meisten Dissidenten, die in diesem Aufsatz zu Wort gekommen sind, hat es sich ausschließlich um einen Aufstand des Gewissens gegen die Verfilzung von Gelehrsamkeit und Macht gehandelt."[17] Geeint würde die so be-

---

(vgl. a. eine recht ungewöhnliche Begriffsverwendung ebd., 201). Ein weiterer Katalog von ‚Eigenschaften' des Intellektuellen ebd., 207.

15 Vgl. z.B. Alain de Libera, Die mittelalterliche Philosophie. München 2005 (franz. 1993). De Liberas Überlegungen haben zu einigen Debatten in der mittelalterlichen Philosophiegeschichte geführt, die hier nicht dargestellt werden können. Zur Rolle des Boethius von Dakien auch Fumagalli Beonio Brocchieri, Der Intellektuelle (wie Anm 14), 215f.

16 Rita Copeland, Pedagogy, Intellectuals, and Dissent in the Later Middle Ages: Lollardy and Ideas of Learning. Cambridge 2001.

17 Carlos Gilly, Das Sprichwort ‚Die Gelehrten die Verkehrten' oder der Verrat der Intellektuellen im Zeitalter der Glaubensspaltung, in: Antonio Rotondò (Hg.), Forme e destinazione del messagio religioso. Aspetti della propaganda religiosa nel Cinquecento. (= Studi e Testi per la storia religiosa del cinquecento Bd. 2) Florenz 1991, 229–375, 372. Gilly versteht seinen Aufsatz als Studie über „den publizistischen Kampf gegen die Arroganz der Macht", ebd., 231. Im Vergleich zu diesem Aufsatz bleibt Sabine Wienker-Piepho, „Je gelehrter, desto verkehrter"? Volkskundlich-Kulturgeschichtliches zur Schriftbeherrschung. Göttingen 2000 blass. Vgl. zum Außenseitertum des frühneuzeitlichen Intellektuellen auch die eindringliche Skizze von Wilhelm Kühlmann, Unvorgreifliche Bemerkungen zu Formationen frühneuzeitlicher Intellektualität, in: Jutta Held (Hg.), Intellektuelle in der Frühen Neuzeit. München 2002, 18–30. Jetzt auch Matthias Pohlig, Gelehrter Frömmigkeitsstil und das Problem der Konfessionswahl: Christoph Besolds Konversion zum Ka-

schriebenen Gruppe durch die beständige Gefahr der sozialen und geistigen Marginalisierung durch die dominanten Gruppen, durch ein aus dieser Opposition resultierendes, teilweise universales Kritikpotential sowie durch die – in Gillys Zitat anklingende – subjektive Kritikermächtigung durch das „Gewissen".

Auch Albert Schirrmeisters Buch über die Dichterkrönungen der Humanisten hebt auf das ambivalente Verhältnis der ‚Intellektuellen' zur Macht ab. Angelehnt an Bourdieus Theorie der sozialen Felder entwirft Schirrmeister ein Panorama des humanistischen Literaturbetriebs. Dieser fühlte sich einerseits – die Figur der Dichterkrönung exemplifiziert es – bewusst und deutlich der Macht verpflichtet, andererseits separierte er sich aber davon, bildete eine autonome Identität aus und wirkte auf die Macht ein oder zurück (oder wollte das zumindest).[18] Dieser Distinktionswille, dieser Wille zum Gegenüber genügt Schirrmeister, um die gekrönten humanistischen Dichter als „Intellektuelle" anzusprechen. Damit wendet sich Schirrmeister explizit auch gegen die noch bei Copeland rezipierte These Le Goffs, es sei der ‚moderne' Humanismus, etwa seit Petrarca[19], gewesen, der das Ideal des entkontextualisierten Gelehrten hervorgebracht habe, gegen den sich dann seinerseits der Intellektuellenbegriff im Gefolge Zolas gewandt habe.

Ein anderer Versuch, ‚Intellektuelle' innerhalb der Gruppe der vormodernen Gebildeten einigermaßen spezifisch auszumachen, argumentiert nicht inhaltlich oder institutionell, sondern betont die Wirkungsabsicht der betreffenden Personen. Jüngst hat Daniel Hobbins für Jean Gerson den amerikanischen Begriff des „public intellectual" anwenden wollen unter Hinweis auf dessen neue, massenwirksame Publikationsstrate

---

tholizismus, in: Ute Lotz-Heumann u.a. (Hg.), Konversion und Konfession in der Frühen Neuzeit. Gütersloh 2007, 323–352, hier 329.

18 Albert Schirrmeister, Triumph des Dichters. Gekrönte Intellektuelle im 16. Jahrhundert. Weimar Köln Wien 2003. Ein ganz ähnliches Argument, mit Bezug auf Italien und mit weitem Panorama auf die soziopolitischen Veränderungen seit der „Krise des 14. (!!) Jahrhunderts", bereits vorher in einem sehr anregenden Artikel von Ruggiero Romano/Alberto Tenenti, L'intellectuel dans la société italienne des XVe et XVIe siècle, in: Louis Bergeron (Hg.), Niveaux de culture et groupes sociaux. Actes du colloque réuni du 7 au 9 mai 1966 à l'École normale superieure. Paris 1967, 51–65.

19 Eine solche Deutung des Humanismus und des Intellektuellen-Begriffes findet sich pointiert bei Karlheinz Stierle, Francesco Petrarca. Ein Intellektueller im Europa des 14. Jahrhunderts. München 2003, 112– 124. Dort die Festlegung des Intellektuellen Petrarca just auf die „einsame Existenz" und auf die „Einsamkeit". Erst dieser Hinweis auf die Weltabkehr seines Protagonisten läßt erkennen, worauf Stierle ebd., 109 in seinem Mannheim-Zitat den Intellektuellen-Begriff tatsächlich festlegt: „Petrarca ist im eigentlichen Sinne Erfinder der Lebensform, die von Karl Mannheim im Blick auf die Intellektuellen seiner Zeit als ‚freischwebende Intelligenz' bezeichnet wurde." Auch Fumagalli Beonio Brocchieri, Der Intellektuelle (wie Anm. 14), 223 geht von einer „Aufsplitterung der Typologie des Intellektuellen" mit dem Übergang zum Humanismus aus. Ebd., 226: „Zersplitterung des Kontextes, in dem sich der Intellektuelle bewegt".

gien.[20] Unter solchem Blickwinkel ist der ‚Intellektuelle' dann vor allem ein geschickter Nutzer der publizistischen, selbstdarstellerischen und nicht zuletzt ökonomischen Möglichkeiten dauerhafter Medienpräsenz. Was im Mittelalter, etwa bei Gerson begonnen hat, nämlich die systematische Reflexion auf die mediale Präsentierbarkeit und Verbreitung von Inhalten, wird in der Frühen Neuzeit auch, aber nicht nur durch den Buchdruck, potenziert. Die Nutzung der Medien zur Erreichung einer ‚Öffentlichkeit' und die Nutzung der Medien aus ökonomischem Kalkül vermischten sich dabei bald auf undurchdringliche Weise. Die Entstehung einer Gruppe von Autoren und Publizisten, bei denen öffentliche Sichtbarkeit und ökonomische Kalkulation Hand in Hand gingen, ist durch die Forschung mittlerweile gut dokumentiert. Nimmt man die Kommunikation über Politik und Staaten als Beispiel, so bietet sich seit dem 16. Jahrhundert ein buntes Geflecht an Personen und Autoren dar, die im Grenzbereich von politischer Anweisungslehre, systematischer Theoriebildung, eigener Augenzeugenschaft und historiographischer Kompilation beständig Texte für einen ‚Markt' produzierten, der sowohl Fürsten und politische Entscheidungshandelnde als auch ein breiteres Publikum umfassen konnte.[21] Nicht zuletzt diese ökonomische Zielsetzung hat dazu geführt, dass hier auch von „intellektueller Arbeit" gesprochen wurde.[22]

Ist eine Definition angesichts dieser Fülle von Verwendungsweisen kaum möglich, so lassen sich doch die zahllosen Begriffsverwendungen nach den ihnen zugrundeliegenden Kriterien unterscheiden. Stefan Collini machte drei grundsätzliche Verwendungsweisen des Intellekuellen-Begriffs aus.[23]

1. Der ‚sozialhistorische' Gebrauch: Hierbei wird der Intellektuelle als Exemplar einer an Hand von sozialen und/oder professionellen Kriterien grundsätzlich trennscharf

---

20 Daniel Hobbins, The Schoolman as Public Intellectual. Jean Gerson and the Late Medieval Tract, in: AHR 108, 2003. Elektronische Version unter http://www.historycooperative.org/journals /ahr/108.5/hobbins.html (eingesehen am 12.12.2006). Mittlerweile ist erschienen Daniel Hobbins, Authorship and publicity before print. Jean Gerson and the transformation of late medieval learning. Philadelphia 2009. Stark betont wird die Rolle der ‚Öffentlichkeit' und des ‚Publikums' auch bei Javier Fernández Sebastián, De la ‚República de las Letras' a la ‚Opinión Pública': Intelectuales y Política en España (1700–1814), in: Salvador Rus Rufino (Hg.), Historia, Filosofía y Política en la Europa moderna y contemporánea (Ponencias del Congreso Hispano-Alemán „Los intelectuales y la política en Europa" celebrado en León los días 6–8 de Noviembre de 2003). León 2003, 13–40.

21 Vgl. nur als Rekapitulation Daniela Frigo, Pubblicistica e Storiografia nella Cultura veneta del primo seicento, in: Elena Fasano Guarini/Mario Rosa (Hg.), Informazione politica in Italia (seculi XVI–VIII). Pisa 2001, 83–136. Für Deutschland etwa die Fallstudie von Gerhild Scholz Williams, Ways of Knowing in Early Modern Germany. Johannes Praetorius as a Witness to his Time. Aldershot 2006.

22 Meisterhaft und gruppenbiographisch ist dieses Milieu nachgezeichnet bei Claudia di Filippo Bareggi, Il Mestiere di Scrivere. Lavoro Intelletuale e Mercato librario a Venezia nel Cinquecento. (= Europa delle Corti Bd 43) Rom 1988. Dort allerdings keine Reflexionen auf den durchgängig verwendeten Intellektuellen-Begriff.

23 Stefan Collini, Absent Minds. Intellectuals in Britain. Oxford 2006, 46–52.

bestimmbaren Gruppe von Menschen verstanden. In sozialem Zugriff ist insbesondere der berühmte Definitionsversuch Karl Mannheims zu nennen[24], während in eher tätig-keits- oder professionsbedingten Benennungen ein engerer oder weiterer Begriff denk-bar ist, der mehr oder weniger umfangreiche (Berufs-)Gruppen der Geistesschaffenden umfassen kann.[25]

2. Der ‚subjektive‘ Gebrauch: Intellektueller ist demnach, wer durch ein besonderes, jeweils genauer zu charakterisierendes Verhältnis zu Ideen, Theorien und geistigen In-halten geleitet ist. Nicht jeder, der *irgendwie*, sondern nur wer *in einer bestimmten* Wei-se mit diesen Gegenständen umgeht, ist ‚Intellektueller‘. Dabei könnte es sich bei-spielsweise, je nach (leicht ironisierbarer) Bestimmung, um ein ‚intensives‘, ‚hinge-bungsvolles‘, ‚kritisches‘ etc. Verhältnis handeln.

3. Der ‚kulturelle‘ Gebrauch: Hier wird als Intellektueller bezeichnet, wer mit einer gewissen kulturellen Kompetenz und Autorität versehen ist und diese zugleich in einer Weise wirkungsvoll ausübt/ausüben will, die über den intellektuellen und/oder sozialen Kontext seiner professionellen und unmittelbar persönlichen Umwelt hinausreicht. Eine politische Funktion des Intellektuellen, die in vielen Definitionsversuchen zum Pro-prium erklärt wird, ist hier unter die allgemeine ‚kulturelle‘ Wirkungsabsicht subsum-miert.[26]

Auffallend ist, dass der subjektive und der kulturelle Gebrauch die intellektuelle Tä-tigkeit relational auffassen.[27] Fall zwei betrifft das Verhältnis des Individuums zu sich und den eigenen Tätigkeiten, Fall drei das Verhältnis des Individuums zur Gesellschaft und ihren Problemen. Für eine Anwendung des Begriffs auf Personen der Frühen Neu-zeit könnten beide Fälle dienen. Die zweite Begriffsverwendung wäre historiographisch gesehen dann eine Aufforderung, an der ‚Geschichte des gelehrten Selbst‘ in der Frühen Neuzeit zu arbeiten; es ginge darum, die Ego-Dokumente der Gelehrten und deren ‚Selbst‘-Konstitution genauer zu erfassen. Die dritte Dimension würde (wie bei Hobbins) historiographisch auf eine Mediengeschichte der Ideen sowie auf Forschun-gen zur ‚Sozialgeschichte des Wissens‘ hinauslaufen, denn die Wirksamkeit des im

---

24 Collini, Intellectuals (wie Anm. 23), 36, 62f. über Mannheim.

25 Die vermutlich weiteste Definition wäre dann diejenige, die den Intellektuellen als den ‚mit den symboli-schen Gütern einer Gesellschaft Hantierenden‘ auffasst (Pierre Bourdieu und Christophe Charle).

26 Die Frage nach dem Stellenwert einer spezifisch politischen Intervention wird kontrovers ausgetragen im Sammelband von Valerie Robert (Hg.), Intellectuels et polémiques dans l'espace germanophone. Paris 2003, vgl. dort besonders Robert, Introduction, 11–59, v.a. 16f., 54–56 und Hans Manfred Bock, Les intellectuels, le pouvoir interprétatif et la polémique. Aperçu historico-sociologique, 65–70. Der Sammelband von Robert ist im Übrigen insofern wichtig, weil er die Frage nach den Konflikten der Intellektuellen mit der Gesell-schaft verbindet mit dem Thema der Konflikte der Intellektuellen untereinander.

27 Vgl. Collini, Intellectuals (wie Anm. 23), 57: „the term ‚intellectual‘ should be understood as describing performance in a role or, more exactly, a structure of relations." Das gilt bei Collini explizit zunächst nur für den ‚kulturellen‘ Gebrauch, doch der Rollenbegriff scheint mir gerade auch im Zusammenhang mit dem ‚subjektiven‘ Gebrauch und der damit verbundenen Autorepräsentation des Betreffenden passend zu sein.

skizzierten Sinne ‚kulturell' verstandenen Intellektuellen hängt eminent von gesellschaftlichen und sozialen Faktoren ab.[28] Vielleicht stärker als bei Collini, der streng genommen ja nur die kolloquialen Verwendungsweisen des Begriffs katalogisieren möchte, können die subjektive und die kulturelle Dimension aufeinander bezogen werden.[29]
Ist nicht auch das kulturelle Handeln des Intellektuellen von einer spezifischen subjektiven Dimension abhängig? Zweifellos ist hier ein spezifisches Verhältnis des Intellektuellen zu den von ihm verwendeten Theorien und Ideen notwendig, aber auch eine
spezifische Auffassung über die Relevanz und Zuständigkeit der eigenen Ideen in einer
konkreten Situation. Eine bestimmte Konzeption des sozialen Umfelds sowie des eigenen Platzes in diesem Umfeld ist unverzichtbar, um intellektuelles Engagement zu ermöglichen.

Collini hält die letzte Kategorie für die entscheidende und wendet sich ihr allein zu.
Für die historische Analyse hat ihre relationale Gestalt den Vorteil, dass sie allein auf
eine bestimmte gesellschaftliche Funktionalisierung von Ideen abhebt und keine inhaltliche Festlegung des Begriffs fordert. Andere Konzepte stimmen den Überlegungen zu,
dass es sich beim ‚Intellektuellen' um eine Person handelt, die ihre kulturelle Kompetenz in Relation zur Gesellschaft setzt.[30] Angesichts dieser funktionalen Auffassung
vom Intellektuellen als eines öffentlichkeitswirksamen Überschreiters professioneller
und sozialer Grenzen ist allerdings hervorzuheben, dass die Geschichte des Intellektuellen gewissermaßen die Rückseite der Geschichte der Professionalisierung bzw. Spezialisierung oder Differenzierung darstellt. Eine spezialisierte Kompetenz ist einerseits der
Ausgangspunkt seiner kulturellen Autorität, andererseits wird der eng begrenzte Bereich dieses Spezialistentums hin auf andere soziale und/oder intellektuelle Bereiche in
potentiell konfliktträchtiger Weise überschritten.[31] Erst wenn beispielsweise Politik
oder Ethik eigenständige soziale Bereiche geworden sind, kann die grundlegende Unterscheidung von Intellektuellem und Spezialisten greifen. Dies ist deshalb auch der

---

28 Ganz deutlich bei Steven Shapin, A Social History of Truth: Civility and Science in Seventeenth-Century
England. Chicago 1994. Vgl. Peter Burke, Papier und Marktgeschrei. Die Geburt der Wissensgesellschaft.
Berlin 2001. Collini, Intellectuals (wie Anm. 23), 54, 56, 62 spricht solche Themen immerhin knapp an.

29 Vgl. a. Chartier, Espace social (wie Anm. 13), zum Abgleich der „représentations" der Selbstbilder und
den „transformations de la structure sociale".

30 Dieter Thomä, Im Dreieck balancieren. Der Intellektuelle als Zeitgenosse, in: Uwe Justus Wenzel (Hg.),
Der kritische Blick. Über intellektuelle Tätigkeiten und Tugenden. Frankfurt 2002, 80–96. Öffentliche
Wahrnehmbarkeit, oder zumindest öffentlicher Wirkungswille, gehören deshalb beinahe notwendig zum
Begriff. Die Diskussion über die Frage, ob die gegenwärtige us-amerikanische Begriffsprägung vom ‚public
intellectual' nicht pleonastisch sei, illustriert dies deutlich, vgl. dazu Hobbins, Gerson (wie Anm. 20). Und
selbst Julien Bendas Auffassung, der in einem öffentlichen Engagement der Gebildeten gerade den Verrat
der Intellektuellen an ihrem eigenen Wesen vermutete, zeigt noch diese Struktur auf. Auch hier wird im Begriff des ‚Intellektuellen' letztlich das Verhältnis von Wissen und Bildung in seinen individuellen Trägern
zur Gesellschaft insgesamt thematisiert.

31 Zur Konflikthaftigkeit, auf die zurückzukommen sein wird, vgl. Collini, Intellectuals (wie Anm. 23), 57f.

Ort, an dem im konkreten Fall die Analyse des jesuitischen Diskurses über das Engagement bei Hof bzw. den Hof als soziales Phänomen ansetzt. Insbesondere die Frage nach der Unterscheidung von Religion und Politik und deren wechselseitige Beziehung wird hier eine Rolle spielen. Gerade der funktionale Zugriff auf den Intellektuellen-Begriff kann dabei, eher als soziale Konfigurationen oder inhaltliches Außenseitertum, einen heuristischen Hebel für die Analyse des jesuitischen Hofdiskurses bilden.

Negronis Traktat im Kontext jesuitischer Literatur zu den frühneuzeitlichen Höfen

1626, beim Erscheinen des hier im Zentrum stehenden Buches war sein Autor, Giulio Negroni, bereits seit zwei Jahren verstorben. Der Traktat erschien genau genommen nicht nur posthum, sondern auch mit einem fingierten Verfassernamen. *Livius Noringus*, so lautet das Pseudonym, lässt sich allerdings leicht als *Iulius Nigronus* auflösen. Die Vorrede bietet keinen weiteren Hinweis auf die Entstehungsgeschichte, auch ist der Text selbst nicht im eigentlichen Sinne – wie es der Titel verheißt – eine „Dissertatio". Trotz dieser besonderen Umstände allerdings gibt es bisher keinen Anlass, Negroni die Autorschaft abzuerkennen.[32] Negroni stammte aus Genua und lebte von 1553 bis 1625. Er hinterließ ein umfangreiches Werk, das sich insbesondere durch verschiedene Kommentare zu den Grundlagentexten des Jesuitenordens auszeichnete.

Bereits der Titel lässt die grundsätzliche Haltung Negronis klar erkennen, denn der Autor gebraucht einen stark negativ geprägten Begriff – „Aulicismus". Nach Negroni bezeichnet er „eine falsche und unmönchische Aufmerksamkeit und Hinwendung zur Anwesenheit bei Fürstenhöfen, die sich hinter der Ausrede von erreichbarem geistlichen Nutzen versteckt. Ihr wahres Ziel ist es, Freundschaft mit Fürsten zu pflegen und sich in deren ureigenste Angelegenheiten und Geheimnisse einzumischen".[33] Negroni greift zwar insgesamt stark auf die literarische Tradition zurück, doch der Begriff „aulicismus" ist, nach Ausweis verschiedener online verfügbarer Textkorpora, fast ohne semantische Tradition. Bisher sind nur wenige weitere Druckwerke bekannt, die das Wort ebenfalls im Titel tragen.[34] Die *Patrologia Latina* von Jean-Paul Migne kennt nur zwei ganz obskure Verwendungen, Thomas von Aquin gebrauchte das Wort gar nicht.[35]

---

32 Vgl. a. Carlos Sommervogel, Bibliothèque de la Compagnie de Jesus, Bd V. Brüssel 1894, 1618. Dort auch Bibliographie der Werke.

33 Negroni, De Aulicismi Fuga (wie Anm. 2), 5: „Valet autem Aulicismus in hac mea dissertatione, studium quoddam vitiosum, & minime religiosam propensionem aulae Principum frequentandae specie lucri Spiritualis; magna cum amicitiae captandae, atque in eorum negotia, & arcana sese ingerendi."

34 Vgl. z.B. David Christiani, Jesuita Pseudo-Irenarcha, Hoc Est Censura In Epistolam Irenicam Johann. Rosenthal Jesuitae [...]. In qua De Pseudo-Irenicorum nonnullorum perversis consiliis; Jesuitarum Aulicismo & Secularitate; occultis artibus & chimaerica Pacificatione [...] disputatur, & ostenditur [...]. Gießen 1654.

35 Die Suche in den CDs der Patrologia Latina erfolgte mittels des Suchstrings „aulicism*". Die Werke des Thomas von Aquin sind zur Volltextsuche zugänglich unter http://www.corpusthomisticum.org /it/index.age. Dort wurde die Suche ebenfalls mit dem Suchstring „aulicism*" versucht, die ohne Resultat blieb.

Auch in größerer zeitlicher Nähe zu Negroni wird der Begriff kaum populärer. Die Ad-Fontes Datenbank ergibt für protestantische Texte nur eine auf rhetorische Sprachmittel bezogene Verwendung von „aulicismus".[36] Das zur Zeit elektronisch erfasste Korpus katholischer Texte kennt (noch) keinen Gebrauch des Wortes. Innerhalb des jesuitischen Diskurses allerdings hatte der Begriff eine gewisse Popularität. General Claudio Acquaviva etwa gebrauchte ihn prominent in einer Sammlung normativer Texte.[37] Was Acquaviva hier kritisch in Selbstdiagnose an seinem eigenen Orden bemängelte, konnte leicht in polemischer Absicht zur typisch jesuitischen Geisteshaltung stilisiert werden. Sicherlich mit dem Text vertraut war beispielsweise Giulio Scotti, der zunächst dem Orden angehörte, und später, nachdem er ausgetreten war, mit scharf anti-jesuitischen Polemiken auf sich aufmerksam machte. In diesem Zusammenhang gebrauchte er auch den Begriff ‚Aulicismus' 1646 sarkastisch zur Desavouierung seines ehemaligen Ordens. Von Scotti ging der Begriff dann in den Wortschatz eines weiteren, berühmten Jesuitenfeindes über - Blaise Pascal.[38]

Negroni war in der Zeit des beginnenden Dreißigjährigen Krieges nicht der einzige Jesuit, der sich mit dem Hof und dem höfischen Leben beschäftigte. Eine kurze Übersicht über einige Tendenzen und Formen jesuitischer Beschäftigung mit dem Hof mag deshalb dabei helfen, die Stoßrichtung Negronis präziser zu erkennen. Die Autoren der betreffenden Texte kannten oder wussten zumindest voneinander und zitierten die Werke ihre Ordensbrüder, auch wenn man sich das Kommunikationsgefüge zwischen den italienischen, französischen und bayerischen Autoren nicht zu eng vorstellen darf.[39] Etliche der relevanten Texte stehen mehr oder weniger deutlich in der frühneuzeitlichen literarischen Tradition der *politica christiana* oder *politica biblica*.[40]

---

36 Thomas Adams, A commentary or, exposition upon the divine second epistle generall, written by the blessed apostle St. Peter. London 1633, 279: „The study of arts must go before, but not be too busy in the edification. That which moves the conscience, and saves the soul, is the Word of GOD; yet attendant to this Queen, are certain maids of honour; Artes. I cannot say they are commanded; I dare not say they are forbidden. Indeed a flourishing and meretricious eloquence puffed up with these, is unprofitable. GOD affects not Aulicismes, and Courtly termes." Das Suchverfahren wie in Anm. 35 beschrieben.

37 Vgl. das Kapitel XV der Industriae von Acquaviva mit dem Titel „Saecularitas, & aulicismus insinuans in familiaritates, & gratiam externorum". Der Text wurde oft gedruckt, hier zitiert nach R.P. Claudii Aquavivae Societatis IESU Praepositi Generalis Industriae, Pro Superioribus eiusdem Societatis ad curandos animae morbos, Antwerpen 1635, 97–100.

38 Zur Lektüre Scottis durch Pascal und den Begriff vgl. Georges Boittereau, Notes de Lecture de Blaise Pascal sur les Jésuites, in: AHSI 43, 1974, 147–155, hier 150f.

39 Negroni zitiert Rader einmal (Negroni, De Aulicismi Fuga (wie Anm. 2), 35). Mindestens einmal ist Rader zumindest indirekt auch mit Negroni in Kontakt gekommen, vgl. die weitergeleitete Anfrage Negronis an Augsburger Jesuiten in Matthäus Rader, Briefwechsel I: 1595–1612, Bearbeitet von Helmut Zäh. München 2001, 391 (#351).

40 Allgemein zur politica christiana in konfessionsübergreifender Perspektive Horst Dreitzel, Monarchiebegriffe in der Fürstengesellschaft. Semantik und Theorie der Einherrschaft in Deutschland von

Greifen wir aus dieser Tradition das umfangreiche Buch des Johannes Stephanus Menochius heraus.[41] Sein knapp 800-seitiges Werk *Hieropoliticon* grenzt sich bewusst und explizit von einer säkularen Politiklehre ab und begründet diesen Unterschied auch ausführlich, ohne dass dies zu einer Konfliktsituation führte.[42] Tatsächlich argumentiert der Text praktisch ausschließlich auf der Basis der Bibeltexte, die vom Autor auf politiktheoretische Aussagen hin durchkämmt werden. Das Phänomen der ‚Fürstenhöfe' in einem modernen Sinn kommt entsprechend nicht explizit zur Behandlung, auch wenn der Autor sich zu vielen damit verbundenen Einzelfragen selbstverständlich äußert. Die verhandelten Themen sind durchaus zeittypisch und wenn auch jeder konkrete Bezug auf die eigene Gegenwart oder die Gesellschaft Jesu vermieden wird, so kommentieren manche Passagen dennoch wohl direkt zeitgenössisch brennende Konfliktfelder.[43] Im hier interessierenden Kontext ist Menochius' Opus vor allem von Interesse, da er ein eigenes Kapitel den Beichtvätern und Predigern der Fürsten widmet. Vor dem konzeptionellen Hintergrund seines Ansatzes ist klar, dass sich der Autor hierbei in erster Linie

---

der Reformation bis zum Vormärz, 2 Bde. Köln 1991, Bd. II, 484–528, wo ausdrücklich von einer „Art Internationale der Politica Christiana" gesprochen wird. Dort allerdings keine Hinweise auf die hier relevanten Fragen und doch unter besonderer Berücksichtigung protestantischer Texte. Vgl. zur politica christiana auch verschiedene Arbeiten von Luise Schorn-Schütte, z.B. dies., Beanspruchte Freiheit. Die politica christiana, in: G. Schmidt (Hg.), Freiheitsvorstellungen im frühneuzeitlichen Europa (1400-1850). Frankfurt/Main 2006, 329-352. Eine knappe Skizze speziell der katholischen Diskussionen bei Mario Rosa, The ‚World Theatre': The Court of Rome and Politics in the first Half of the Seventeenth Century, in: Gianvittorio Signorotto/Maria Antonietta Visceglia (Hgg.), Court and Politics in Papal Rome, 1492–1700. Cambridge 2002, 78–98, hier 86–88. Rosa betont allerdings, dass diese Tradition der Politiktheorie v.a. gegen Lipsius gerichtet gewesen sei. Zumindest Rader war allerdings in vielerlei Hinsicht eher auf Seiten des Holländers, vgl. Richard van Dülmen, Die Gesellschaft Jesu und der bayerische Späthumanismus. Ein Überblick mit dem Briefwechsel von J. Bidermann, in: ZBLG 37, 1974, 358–415, 370. Vgl. a. Barbara Bauer, Jacob Pontanus SJ, ein oberdeutscher Lipsius. Ein Augsburger Schulmann zwischen italienischer Renaissancegelehrsamkeit und jesuitischer Dichtungstradition, in: ZBLG 47, 1984, 77–120, passim.

41 Johannes Stephan Menochius, Hieropoliticon, sive Institutionis Politicae e S. Scripturis depromptae, libri tres. Köln [2]1626. Das Werk stand das im Reich in einer gewissen Konkurrenzsituation zu den Politicorum libri decem von Adam Contzen SJ, vgl. dazu die Vorrede des Kölner Druckers Klenckius, der bereits Contzens Buch verlegt hatte, zur zweiten Auflage, Menochius, Hieropoliticon, *3[v]f.: „Principem Pietate, Sapientia, omnique virtute ad regimen idoneum, paucis, vere Christianum, qualem praeclaro illo Politicorum opere nuper Augustissimo Regiae M.V. Paenti inscripto, & a me edito Doct. Auctor P. Adamus Contzen formare volebat, Magnus Parens Tuus velut vivum exemplar expressit. Praesens vero Liber, cum idem ei scopus sit, Te Sere[me] Rex, potissimum spectabat, utpote quem non degenerem tanti Parentis Filium orbis celebrat, & hinc Tibi ac Hungariae tuae laetus gratulatur, quippe cui TE Rege Pacem & Faelicitatem polliceri audet."

42 Menochius, Hieropoliticon (wie Anm. 41), 1–17.

43 So dürfte beispielsweise das Kapitel gegen das Abschließen von Bündnissen mit Heiden/Häretikern gerade in der Zeit des beginnenden Dreißigjährigen Krieges sehr wohl eine tagespolitische Aktualität gehabt haben, vgl. Menochius, Hieropoliticon (wie Anm. 41), 173–187.

an den Propheten des Alten Testaments und deren Verhältnis zu den Königen Israels orientiert. Aus verschiedensten Stellen und Beispielen kondensiert er dabei eine Legitimation dieser geistlichen Funktionen und leitet entsprechende Diskursregeln ab. Zwar wird der Wandel der Zeiten von der biblischen Ära bis zur Gegenwart samt dem Übergang von der direkten göttlich-prophetischen zur kirchlich vermittelten Einflussnahme reflektiert[44], doch bleiben die biblischen Figuren zentrale Bezugspunkte. Auf Grund seiner starken Betonung der alttestamentarischen Vorbilder kann Menochius, auch wenn er um Abwägung und Moderation bemüht ist, doch gar nicht anders, als den Geistlichen bei Hof das Recht zu offener Aussprache dezidiert einzuräumen. Das kritische Potential der Hofgeistlichen wird hier deutlich artikuliert.

Um die Konsultation mit den Geistlichen kommt der Herrscher nach Menochius kaum herum. Es handelt sich dabei um eine „Pflicht" (*munus*). Bei allen Entscheidungen ist das Einholen von Expertenratschlag unverzichtbar, das gilt auch für die Frage nach der moralischen Zulässigkeit oder, zeitgenössisch formuliert: für „Gewissensfragen". Dafür aber sind die Geistlichen – Beichtvater oder Hofprediger – die Experten.[45] Dass es sich bei ihren Stellungnahmen oftmals um kritische bzw. unangenehme Kommentare handelt, soll der Fürst nicht nur dulden, sondern unterstützen und dazu fähige Personen auswählen.[46] In der Tat sieht Menochius den Fürsten und seine(n) Theologen als wechselseitig aufeinander bezogenes Paar an, wobei beide Seiten durch Pflichten und Rechte aneinander gebunden sind.[47] Beide, Geistliche wie Fürst, haben entsprechende Diskursregeln für den wechselseitigen Austausch zu akzeptieren: Der Fürst ist gehalten, die „libertas dicendi" der Theologen nicht einzuschränken und ihr Urteil nicht zu beeinflussen; die Theologen sollen sich einerseits nicht einschüchtern lassen und „constantia" bzw. „fortitudo" ihre Ansicht betreffend zeigen, andererseits aber die Würde und Ehre des Fürsten achten und nicht zur Starrköpfigkeit neigen oder ihre eigenen Aussagen verabsolutieren.[48] Zumindest am Rande erwähnt Menochius, dass sich die Standhaftigkeit der Theologen mit einer gewissen Sanftheit der Umgangsformen zu

---

44 Vgl. Menochius, Hieropoliticon (wie Anm. 41), 219: „insignis profecto temporibus illis fuit Domini facilitas, probantis populi sui studium, ad se tanquam ad patrem accurrentis editisque signis pietatem illius religionemue foventis & confirmantis. Sed nec minus sibi propitium Dominum affuturum, si parem cum veteribus illis afferent cum pietate fiduciam, Princeps possent polliceri, non quidem patratis miraculis, quae in confirmata iam Ecclesia ut minus necessaria, ita minus crebra sunt, sed illustratione mentis, qua rei bene gerendae rationes, rectaque consilia Dominus suggereret, doctrinaeque illius, quam Ecclesiae suae relinquit singulari beneficio: quam qui sequitur, viris doctis, si rem ipse per se expedire non possit, in consilium adhibitis, non est quod timeat, ne errore aliquo a recto tramite depulsus ab assequenda excidat veritate."
45 Zur Ratgeberschaft generell vgl. Menochius, Hieropoliticon (wie Anm. 41), 576–607. Speziell zur notwendigen Konsultation der Geistlichen ebd., 216.
46 Menochius, Hieropoliticon (wie Anm. 41), 219.
47 Beide haben ein „offitium" gegeneinander, vgl. Menochius, Hieropoliticon (wie Anm. 41), 215.
48 Menochius, Hieropoliticon (wie Anm. 41), 224f., 598–602.

paaren habe.[49] Ein Abgleiten der Politik vom rechten Weg ist aus diesem Blickwinkel damit erst einmal als Versagen der entscheidungsbegleitenden Diskursstrukturen zu bewerten, insofern die korrigierenden Konsultationen ausgesetzt oder verzerrt wurden. Die Schuld an einer solchen Missachtung der notwendigen Kommunikationsformen trifft laut Menochius im allgemeinen Fürst und Geistliche gleichermaßen und gemeinsam.[50] Entsprechend ist die „libertas dicendi" der Geistlichen, modelliert an den autoritativen Vorbildern aus dem Alten Testament, auch ein bilaterales Phänomen, denn sie umfasst sowohl die Pflicht der Geistlichen zur mutigen und unbequemen Aussprache wie die Ermahnung an die Herrscher, den Geistlichen eine solche Aussprache zu erlauben und diese Offenheit sogar zu befördern.[51]

Abgeschlossen wird das einschlägige Kapitel des *Hieropoliticon* durch die Mahnung an die Hofgeistlichen, sich nicht in „weltlichen Angelegenheiten" einzumischen. Menochius erkennt, dass dabei die Tätigkeit der Beichtväter und Prediger insgesamt in Misskredit geraten könnte.[52] Er mahnt zu strikter Selbstbeschränkung. Doch trotz aller potentieller Gefahren schließt der Autor mit einem eindeutigen Bekenntnis für ein Engagement von Theologen und Geistlichen bei den Herrschern. Wo und wie allerdings die Begrenzung der Zuständigkeit von Hofprediger und -beichtvater stattfinden soll, mittels welcher Kategorien die Gewissensdinge vom politischen Engagement gesondert werden sollen, bleibt weitestgehend unklar. Eine über die andeutungshaft geforderte Zurückhaltung in ‚weltlichen Dingen' hinausgehende Reflexion auf den Unterschied von geistlicher und politischer Sphäre fehlt. Keinesfalls ist dieser Aspekt des Themas

---

49 Zur „lenitas" vgl. die Andeutungen in Menochius, Hieropoliticon (wie Anm. 41), 229f.

50 Menochius, Hieropoliticon (wie Anm. 41), 220: „Ego sane ad utrosque crediderim culpam pertinere; ad Principes quidem, qui veritatis impatientes illius praecones aversantur; ad Concionatores vero, qui ab ea qua eos uti par est constantia, aut offendendi timore, aut spe commodi alicuius quod aucupantur, se patiuntur abduci." Vgl. die Zusammenfassung mit Bezug auf 1 Kg 13, 21 ebd., 228f.: „Est autem in hac historia egregie expressum exemplar eorum, quae a Principibus viris cum Confessariis, aut Theologis geruntur. Quemadmodum enim hospitem suum Propheta, qui habitabat in Bethel, omnibus artibus in fraudem inducere conatus est, & postea cum eum fefellisset, peccatum quod ille susceperat exprobravit, & Mala etiam pronuntiavit quae illum essent exceptura: ita Principes cum a Doctoribus extorserunt, ut pro mendacio stent contra veritatem, quam perturbatione aliqua oppugnatum fuerant, postquam tumor ille tandem resedit, contemptui habent, nec eos ut causae suae propugnatores fovent, sed ut veritatis desertores aversantur, vilesque animas esse deputant, pro tantula pecunia salutem aeternam licitantes: contra vero eos, quos erectos viderint, & excelsos, quibus veritatis tutelam nulla vis potuit excutere, quique intrepidi, & inconcussi etiam telis nocentissimis, exilij, carceris, plagatum periti, se commoveri passi non sunt, virtutis miraculo admirationi esse incipiunt, illisque tandem Principes aequiores facti, maiori quam unquam fuerint, sunt in pretio, eosque prolixioris benevolentiae significationibus complectuntur."

51 Das gilt für die Geistlichen wie für alle anderen Berater, vgl. Menochius, Hieropoliticon (wie Anm. 41), 222, 598.

52 Menochius, Hieropoliticon (wie Anm. 41), 230: „negotia saecularia", im Titel des entsprechenden Abschnitts auch „negotia aulae".

Menochius zentrales Anliegen oder Ausgangspunkt seiner Überlegungen, fast wirkt der entsprechende Abschnitt am Ende des Kapitels nachgeschoben. Seine Absicht ist es vielmehr, eine kritik-, aber nicht spannungsreiche Symbiose von Geistlichen und Herrschern zu skizzieren. Menochius' Interesse ist, die Berechtigung und Gestalt dieser Kooperation zu begründen, nicht aber die Probleme und Konflikte, die daraus erwachsen können, zu thematisieren. Da Menochius dem Prinzip der *politica biblica* strikt folgt und die Rolle der Hofgeistlichen biblisch modelliert, treten die konkreten Handlungsspielräume und -legitimationen der Beichtväter zwar einerseits deutlich und klar hervor, andererseits ist aber eine begrifflich klare Durchdringung des hier interessierenden Themenfeldes in zeitgemäßer Sprache kaum möglich. Nicht zuletzt durch seine starke Anlehnung an biblische Sprachregelungen und Beispiele tritt deshalb das Problem einer Unterscheidung und Verhältnisbestimmung von verschiedenen Einflusssphären – damit aber letztlich das Problem der ‚Intellektuellen' – für ihn kaum auf.

Menochius' Text ist ganz auf die Perspektive und Person des Fürsten konzentriert. Andere Autoren fokussieren stärker das zeitgenössische Hofleben und streben, teilweise in Anlehnung an die *politica christiana*, eine „Evangelisierung des Hofes" und nicht (nur) eine „christliche Politik" an. Neben Nicolas Caussin dürfte besonders Matthaeus Raders *Aula Sacra* mit dieser Charakterisierung gut getroffen sein.[53] Rader greift dazu insbesondere auf die späthumanistische kirchengeschichtliche Gelehrsamkeit zurück. Letztlich handelt es sich bei seinem Werk um eine gelehrte Abhandlung zum Hof des oströmischen Kaisers Theodosius II. und seiner Frau, der hl. Eudoxia. Das Thema war damals beliebt und *en vogue*, so dass zumindest eine dramatische Umsetzung durch das Regensburger Kollegium belegt ist.[54] Überhaupt hatte die Beschäftigung mit der griechisch-orthodoxen Spätantike in jenen Jahren in München und Augsburg einen neuen Höhepunkt erreicht.[55] Manuskripte aus Italien wurden angefordert[56] und die Debatte war intensiv. Vor allem in Ingolstadt hatten die Jesuiten „die patristischen Studien zu einer ganz neuen, gegenreformatorischen Byzantinistik umgeformt".[57] Auch wenn

---

53 Zitat aus dem Titel eines Vortrags von V. Kapp auf dem Kolloquium am 16/17.9.2004, vgl. das Tagungsprogramm unter http://www.fabula.org/actualites/article8969.php (eingesehen am 8.11.2006). Matthaeus Rader, Aula Sancta Theodosii iunioris, S. Pulcheriae Sororis, Eudociae Uxoris Augustorum. Augsburg 1608.

54 Es handelt sich dabei um Kaspar Rheys Drama: Theodosius Iunior Arcadii Filius, das 1613 aufgeführt wurde, vgl. Rader, Briefwechsel I (wie Anm. 39), 444 Anm. 8, zu einem Brief Rheys an Rader, in dem es um dieses Drama ging.

55 Zum jesuitischen Späthumanismus in Oberbayern und Schwaben vgl. van Dülmen, Späthumanismus (wie Anm. 40). Der dort veröffentlichte Briefwechsel zwischen Jakob Bidermann und Rader enthält keine im hiesigen Zusammenhang relevanten Informationen.

56 Vgl. z.B. Possevinos entsprechender Kommentar im Brief an Rader vom 24.9.1609 aus Ferrara, in: Rader, Briefwechsel I (wie Anm. 39), 467 (#230).

57 Georg Lutz, Marx Fugger (1529–1597) und die Annales Ecclesiastici des Baronius. Eine Verdeutschung aus dem Augsburg der Gegenreformation, in: Romeo di Maio/Luigi Gulia/Aldo Mazzacane (Hgg.), Baronio

Raders *Aula Sacra* nicht unmittelbar einen solchen gegenreformatorischen Impetus auf theologischer Ebene hatte, sondern eher in die Richtung einer ethisch-moralischen Unterweisung ging, so ist ihr Zusammenhang mit dieser wissenschaftsgeschichtlichen Entwicklung doch unverkennbar.

Raders Darstellung ist quellenkritisch und voller gelehrter Erörterungen, die die appellative Funktion des Textes zwar nie ganz verbergen, aber doch zum Teil deutlich überlagern. Neben dem darstellenden Text, der selbst bereits häufig mit Zitaten auch in Griechisch aufwartet, stehen am Ende jedes Kapitels wissenschaftlich-gelehrte „Observationes", die alternative Lesarten oder Forschungspositionen diskutieren. Offensichtlich wurde das Werk zumindest im regionalen gelehrten Milieu begierig erwartet. Jeremias Drexel bat bereits kurz nach dem Erscheinen um ein Exemplar.[58] Auch nach Italien gelangte die *Aula Sancta*, wo sie von Antonio Possevino positiv kommentiert wurde.[59] Die Art und Weise der zeitgenössischen Reaktion zeigt deutlich, dass das Werk nicht nur begeistert gelesen, sondern eben auch zunächst einmal im Rahmen der philologisch-historischen Gelehrsamkeit bewertet wurde. Der Regensburger Wolfgang Schönsleder meldete Kritik an bestimmten Passagen und deren historischer Analyse an.[60] Andere Autoren waren ebenfalls mit den wissenschaftlichen Ansichten Raders nicht einverstanden. Jakob Gretser beispielsweise kritisierte philologische Aspekte von Raders Darstellung, der seinerseits in der zweiten Auflage diese Kritik aufnahm.[61] Diese Hinweise deuten den gelehrten Kontext an, in dem das Rader'sche Werk wahrgenommen und diskutiert wurde.

Dass die *Aula sancta* daneben auch einen appellativ-moralischen Impetus hatte, wurde von den Zeitgenossen ebenfalls bemerkt. Der eben bereits erwähnte Wolfgang Schönsleder berichtete immerhin, dass das Werk in Regensburg bei Tisch vorgelesen worden sei[62] – eine Ehre, die sonst vor allem der Bibel, den Heiligenlegenden und den *litterae annuae* sowie anderen erbaulichen Texten zuteil wurde. Trotz aller Gelehrsamkeit also dürfte Rader damit auch eine Beeinflussung der Adressaten beabsichtigt haben. Immer wieder werden denn auch Abweichungen der Gegenwart vom spätantiken Idealbild konstatiert mit der impliziten Absicht, aus dieser Defizitbeschreibung heraus eine Verbesserungsleistung der Angesprochenen zu erreichen.[63] Rader widmete sein

---

Storico e la Controriforma. (= Fonti e Studi Baroniani Bd 1) Sora 1982, 421–546, hier besonders 465–468, Zitat 467.

58 Drexel an Rader, Ingolstadt 1.6.1608, Rader, Briefwechsel I (wie Anm. 39), 422 (#209).

59 Possevino an Rader, Ferrara 24.9.1609, Rader, Briefwechsel I (wie Anm. 39), 467 (#230).

60 Schönsleder an Rader, Regensburg 15.8.[1608], in: Rader, Briefwechsel I (wie Anm. 39), 427 (#212).

61 Im Detail geht es dabei v.a. um die Datierung des Hymnus Trisagion, den Gretser gegen Rader für nicht älter als Theodosius' Regierungszeit ansah, vgl. Gretser an Rader, Ingolstadt 9.11.1609, in: Rader, Briefwechsel I (wie Anm. 39), 470 (#231).

62 Wie Anm. 60.

63 Vgl. z.B. Rader, Aula Sancta (wie Anm. 53), 52: „Rarum hodie in principe decus, si tam excelsum Cyclopediae gradum non dico scandat, sed vel modice attingat."

Buch Elisabeth von Lothringen, der ersten Frau Herzog Maximilians I. von Bayern. Jesuitische Patres standen der Herzogin ohnehin nahe, Drexel und Johannes Verveaux
waren ihre Beichtväter.[64] Elisabeth konnte in der hl. Eudoxia sowie in der Schwester
Theodosius' II., Pulcheria, Vorbilder sehen.[65] Doch auch Herzog Maximilian selbst
dürfte in manchen Passagen der Adressat des Textes sein. Gelobt wird an Theodosius
nicht nur die vorbildliche Bildung und Frömmigkeit, sondern auch sein rigoroses Vorgehen gegen „Unfrömmigkeit" und „Häresie" wird in eigenen Kapiteln zur Nachahmung empfohlen. In diesen Abschnitten wird der Herzog sich selbst wiedergefunden
haben, ebenso wie in Raders ausführlichem Lob der Reliquiensammlerei oder dort, wo
vom wunderhaften göttlichen Beistand für den frommen Herrscher die Rede ist.

Raders Text geht nicht explizit der Frage nach, ob Theologen eine besondere Rolle
bei Hof spielen sollen. Immerhin aber zeigen einige Passagen, dass der ideale Herrscher
auf Ermahnungen reagieren soll und sich auch dem Urteil kirchlicher Instanzen, etwa in
der Beurteilung von Häretikern, unterwirft.[66] Überhaupt ist die Unterscheidung der religiösen von der säkularen Sphäre kein zentrales Thema. Im Gegenteil nähern sich im
Falle Theodosius' Hof und Kloster, *aula* und *coenobium*, bis zur Ununterscheidbarkeit
an.[67] In gelehrt-späthumanistischem Gewand bietet Rader damit ein spezifisches Idealbild guter christlicher Herrschaft, auf das er auch die gegenwärtig Regierenden festle-
gen möchte. Kritik an den Höfen und dem Hofleben steht nicht im Zentrum des Interes-
ses, wenngleich immer wieder zur Annäherung gegenwärtiger Zustände an die vergangenen Ideale aufgerufen wird.

Die Entstehung einer positiven Hofdidaxe – zu der Rader zählen kann – hatte ein lite-
raturgeschichtliches Pendent in der Herausbildung einer antihöfischen bzw. hofkritischen Literatur. Beide Genres sind im Grunde genommen zwei Seiten derselben Me-
daille.[68] Entsprechend ergänzen einander die positive Vorstellung von höfischen Tugenden und die Kritik an herrschenden falschen Verhaltensweisen spiegelbildlich. Zur
Zeit der Abfassung von Negronis Traktat hatte sich dieser hofkritische Trend bereits
fest etabliert. Vor allem Claus Uhlig hat die Entstehung dieser Literatur genauer dargestellt. Demnach entstand eine spezialisierte Hofkritik im Gefolge der allgemeinen
Fragmentarisierung der eher universell konzipierten spätmittelalterlichen Moralenzyk-
lopädien.[69] Um 1600 hatte sich daraus ein hochgradig standardisiertes Kritikmodell

---

64 Vgl. Dieter Albrecht, Maximilian I. von Bayern 1573–1561. München 1998, v.a. 128–131 und passim.

65 Allerdings bleibt als wichtige Diskrepanz, dass die Herzogingattin im Gegensatz zu Eudoxia und
Pulcheria politisch völlig einflußlos geblieben ist, vgl. die Belege in Anm. 64.

66 Rader, Aula Sancta (wie Anm. 53), 185f. Vgl. a. ebd., 174: „Theodosius corrigit errorem suum".

67 Rader, Aula Sancta (wie Anm. 53), 57–62.

68 Pauline M. Smith, The Anti-Court Trend in sixteenth-century French Literature. Genf 1966, 29f., 220 zur
Rolle des Cortegiano für das Entstehen einer hofkritischen Literatur.

69 Besonders frappant hierzu die Feststellung von Claus Uhlig, Hofkritik im England des Mittelalters und
der Renaissance. Studien zu einem Gemeinplatz der europäischen Moralistik. Berlin New York 1974, 168f.,

entwickelt.[70] Gegen lange vertretene Ansichten ist festzuhalten, dass die Jesuiten sehr wohl an dieser hofkritischen Literatur ihren Anteil hatten. Beispielhaft dafür ist Adam Contzens späte Schrift „Daniel seu de statu, vita, virtute magnatum atque aulicorum" von 1630.[71] Auch Contzen steht mit diesem Text ganz in der Tradition der *politica biblica*, wenngleich er nicht so rigoros wie Menochius auf die Heranziehung anderer Autoren und nach-biblischer Exempla verzichtet. Trotz der seither vergangenen Zeit hält er biblische Vorbilder nach wie vor für aussagekräftig[72] und explizit betont er, dass die biblische Gestalt des Daniel sehr wohl eine spezifisch „höfische" Dimension habe.[73] Ein eigenes Kapitel über die Position von Hoftheologen findet sich auch bei Contzen nicht, doch darf bereits die zentrale Rolle, die dem Propheten Daniel als Leitfaden und Strukturprinzip des ganzen Werkes zukommt, als Beleg für eine grundlegende Kompetenz und Verantwortung der ‚Geistlichen' bzw. ‚Propheten' in Bezug auf das Hofleben gelten. An etlichen Punkten kann sein Text deshalb Menochius Aussagen ergänzen. Dies gilt insbesondere für das Konzept der „libertas loquendi" gegenüber dem Herrscher, das ja bereits beim Italiener eine große Rolle gespielt hat. Contzen siedelt diese diskurs- und kommunikationsleitende Maxime zwischen den beiden extremen Lastern der Schmeichelei und der Beleidigung an.[74] Deutlich ist dabei insbesondere der Gegensatz zur Schmeichelei entfaltet, beide erscheinen geradezu als einander ausschließende Verhaltensvorschriften.[75] Daniel – der diese *libertas* exemplarisch verkörpert habe – gilt auch für die modernen Zeiten als Vorbild. In Form einer dramatischen rhetorischen Frage klagt Contzen dann über mangelnde Nachahmung. Die Kunst des Mahnens sei verloschen, keiner der Herrscher kenne mehr jene Furcht vor den verbalen Züchtigungen durch den frommen Eifer, die doch so notwendig sei:

> „Heute regieren die Laster, es fehlen die Mahner, die Kritiker sind aktionslos. Welcher König muss heute solche Furcht erleiden wie Anastasius, dem der strenge Mahner, nachdem er das Purpur ergriffen hatte, entgegenhielt: Damit bekleidest Du Dich, Kaiser, es wird Dich nicht

---

dass erst ab ca. 1500 die Loci-Sammlungen einen eigenen Locus „De Aula" ausbilden, in dem das Material dann gesammelt abgeladen werden kann.

70 Uhlig, Hofkritik (wie Anm. 69), 175, 211.

71 Adam Contzen, Daniel seu de statu, vita, virtute magnatum atque aulicorum. Köln 1630. Vgl. dazu Helmuth Kiesel, „Bei Hof, bei Höll". Untersuchungen zur literarischen Hofkritik von Sebastian Brant bis Friedrich Schiller. Tübingen 1979, 149–152, aber nur recht oberflächlich. Erstmals ganz deutlich und gegen Erika Vogt so bereits festgehalten bei Clemens Menze, Die Kritik deutscher Jesuiten am höfischen Bildungsideal in der ersten Hälfte des siebzehnten Jahrhunderts, in: Vierteljahrsschrift für wissenschaftliche Pädagogik 45, 1960, 110–139, den Kiesel aber nicht kennt.

72 Contzen reflektiert auf die zeitliche Distanz zwischen biblischen und gegenwärtigen Zeiten, vgl. Contzen, Daniel, *2ᵛ (Epistola dedicatoria) (wie Anm. 71). So auch Rader, Aula Sancta,)(2ᵛf. (wie Anm. 53)

73 Contzen, Daniel (wie Anm. 71), 11–17, 26–32.

74 Zum Folgenden vgl. Contzen, Daniel (wie Anm. 71), 266–274. Zum ‚Propheten' als einer der drei Rollen des Hofbeichtvaters (neben ‚Arzt' und ‚Richter') vgl. a. Reinhardt, Spin Doctor (wie Anm. 5), passim.

75 Contzen, Daniel (wie Anm. 71), 267: „Quantum libertatis in Propheta fuerit, quam fuerit assentationem".

zum Jüngsten Gericht begleiten. Wer wagt es heute, demjenigen Herrscher, der sich an Kirchenangelegenheiten vergreift, zu sagen, was Leontius Tripolitanus dem Konstantin entgegenschleuderte".[76]

Nicht nur in einzelnen problematischen Situationen wie hier, sondern auch ganz generell ist die unablässige Ermahnung und Kritik wesentlicher Bestandteil von Contzens Haltung gegenüber dem Hof – in gewissem Sinne will er sein Werk selbst als eine solche unverzichtbare Nachfrage verstanden wissen. Das ‚Mahnen' und die damit verbundene Kritik resultieren letztlich aus der Hoffnung, eine Besserung herbeiführen zu können. Der Hof und die Politik sind für das Christentum nicht verloren, aber ‚Mahnung' ist gewissermaßen der einzige hier für Contzen denkbare Modus, im dem sich ein Christ den zeitgenössischen Realitäten gegenüber verhalten kann: „Niemals ist mit dem Mahnen aufzuhören", denn „kaum einmal greifen Mahnungen bei den Großen".[77]

Auch wenn, wie gesagt, Contzen nicht explizit von der Institutionalisierung dieser Mahnfunktion in spezifischen sozialen Positionen von Geistlichen spricht – etwa der des Beichtvaters oder Predigers an den modernen Höfen seiner Zeit –, so sieht er doch gerade die Frommen für diese Kontrolle prädestiniert. Jedenfalls ist er sehr skeptisch, was eine potentielle Kritikleistung seitens der Magistrate und säkularen Verwaltungsfachleute angeht.[78] Auch und gerade Aufgabe der „Bischöfe, Gelehrten und Frommen" sei es, trotz evidenter Gefahren nicht vom Amt des Kritikers abzulassen.[79] Eingebettet ist die spezielle moralisch-kontrollierende Mahnfunktion in eine generelle Notwendigkeit fürstlicher Ratsgremien. Nur wenige Fürsten, so Contzen ausdrücklich, seien klüger als die Experten – eben deshalb sei es ein Akt der „Sicherheit" fürstlicher Politik, sich auf Ratgeber zu verlassen. Darunter aber seien insbesondere „fromme und von Gott auserwählte" Männer zu verstehen.[80] Aus dieser Situation ergibt sich dann erneut, dass die „libertas loquendi" der Ratgeber nicht nur zu dulden, sondern zu fördern ist.[81]

---

76 Contzen, Daniel (wie Anm. 71), 268: „Cui nunc animus est, cum videret reges impia bella gerentes, haereseon patronos, ebriosos, adultoros, raptores, ut procedat in medium, & ad poenitentiam hortetur? Totis regnis nullus est Daniel, ideo nec Deus ignoscit." Noch deutlicher die zitierte Passage, ebd., 274: „Regnant hodie passim ista vitia, desunt monitores, torpent vindices. Quis regum hodie experitur, quod tremuit Anastasius, eum severus monitor apprehensa purpura diceret: Haec te vestis, Imperator, non comitabitur ad Tribunal Omnipotentis? Quis principi in res Ecclesiae manus iniicienti dicere ausit, quid Constantio Leontius Treipolitanus obiectabat".

77 Contzen, Daniel (wie Anm. 71), 35: „non capiunt monita magnate [...]. Nec tamen a monitione cessandum."

78 Contzen, Daniel (wie Anm. 71), 274: „Rarum tamen est ut Praefecti & Magistratus suos moneant Reges."

79 Contzen, Daniel (wie Anm. 71), 273 im Anschluß an die Schilderung von Gefahren (Kerkerhaft etc.): „Nec cedendum tamen est. Proceres, Episcopi, viri docti & pij insurgere debent, Dei causam agere, ut si potentium peccata non possunt sisti, tamen erubescunt, & lenitius ad interium tendant, trahantque." Dann eine längere Liste entsprechender historischer Vorbilder.

80 Contzen, Daniel (wie Anm. 71), 175f.: „Rarum est, prudentissimos esse reges & principes. Singulis tamen de sede magnitudinis suae aeterna sapientia misit, quam decrevit, prudentiam. Saepe minorem, quam

Negronis Text hebt sich deutlich von allen bisher genannten Werken seiner Ordensgenossen ab. Im Anschluss an die von Uhlig skizzierte Entstehungsgeschichte des hofkritischen Genres ließe sich sagen, dass Negronis Text seinerseits eine weitere literarische Fragmentarisierung darstellt, insofern als er sich nicht mit Hofkritik ganz allgemein beschäftigt, sondern sich ausschließlich auf die Perspektive eines Mönches bei Hof konzentriert. Entsprechend entlarvt der Autor die sozialen Bedingungen des Hoflebens und beschreibt dann vor allem dessen psychologische Konsequenzen für den Ordensmann. Der Hof erscheint in Negronis Text als komplexes System von sozialer Interaktion, das einen hohen Grad an endemischem Druck aufweist und nach komplizierten, aber einigermaßen beschreibbaren eigenen Regeln funktioniert. Mit dieser nüchternen Herangehensweise, die mit gelegentlich erstaunlicher Einsicht in soziale Mechanismen aufwartet, unterscheidet sich Negroni von moralisierenden Hofkritiken wie derjenigen von Contzen.

Bei seinem Unternehmen bedient er sich eines breiten Spektrums an Quellen, u.a. zitiert er aus Bibel, Kirchenrecht, Kirchenvätern, Heiligenviten und der Philosophie.[82] Zwei Vorbilder müssen dabei besonders hervorgehoben werden, Aenea Sylvio Piccolomini und Peter von Blois. An Aenea orientiert sich beispielsweise Negronis auffällige Integration von körperlichen und seelischen Gesichtspunkten bei der Hofkritik.[83] Aufs Ganze gesehen sind deshalb die meisten Einzelheiten von Negronis Kritik nicht neu oder außergewöhnlich. Allerdings passt er die bekannten Topoi in kreativer Weise an sein spezifisches Vorhaben an. Dieses Neuarrangement vorhandener Versatzstücke und deren Fokussierung auf eine einzige soziale Gruppe hebt den Text aus der Vielzahl seiner Vorläufer heraus. Während die Tradition in erster Linie die Entgegensetzung von „curia vs. schola"[84] kannte, kreisen Negronis Überlegungen um die Unvermittelbarkeit von „curia vs. cella".[85] Aus seiner Sicht herrscht hier ein vollkommener Gegensatz, so dass eine Verbindung von religiöser Existenz und Hofleben unmöglich ist.[86] Individuelles moralisches Fehlverhalten seiner Mitbrüder mache die Sache schlimmer, doch die

---

subiecti habeant. [...] Regibus quidem tutissimum est, in consilium adhibere non modo rerum graros, & prudentes, sed vere prudentes, pios DEO dilectos".

81 Contzen, Daniel (wie Anm. 71), 175: „libertatem loquendi, non concedant modo, sed exigant".

82 Die verschiedenen Belege in Negroni, De Aulicismi Fuga (wie Anm. 2), 13–16, 16–20, 20–24, 24–29.

83 Zu dieser Kombination bei Aeneas vgl. Uhlig, Hofkritik (wie Anm. 69), 179. Zur Rezeption von Piccolomini s. a. Smith, Anti-Courtier (wie Anm. 68), 71ff.

84 Uhlig, Hofkritik (wie Anm 69), 184f.

85 Aus dieser Perspektive ergibt sich, dass Negroni auch kein Interesse an der Gegenüberstellung des Hof- und Landlebens hatte, dazu Uhlig, Hofkritik (wie Anm. 69), 219f, 242–244. Kiesel, Bei Hof, passim (wie Anm. 71). Anke-Marie Lohmeier, Beatus ille. Studien zum „Lob des Landlebens" in der Literatur des absolutistischen Zeitalters. Tübingen 1981.

86 Negroni, De Aulicismi Fuga (wie Anm. 2), 32–51, 84–90: es herrsche nicht nur „dissimilitudo", sondern „diversitas", „quae tanta est, ut inter se tam quam contrariae plane pugnent, ac se interimant." Dort ist auch von „pugnantia" (32) und „contentio" (33) die Rede.

Spannung zwischen Mönchs- und Hofleben hat für Negroni strukturelle, nicht nur individuelle Ursachen.

Ein prägnantes Beispiel für Negronis ‚Strukturanalyse' höfischen Alltags bietet die Diskussion über die Vergänglichkeit fürstlicher Gunst: „Die Gnade des Fürsten ist eine veränderliche Sache und hat ein unkonstantes Wesen".[87] Negroni bietet eine nüchterne, psychologisch wachsame und soziologisch einsichtige Erklärung dieser schwerwiegenden Aussage. Sie beginnt bei der Feststellung, dass Fürst und Höflinge beständig in ihre wechselseitigen Beziehungen investieren müssen. Dabei freilich ist eine gewisse Sättigung (*satietas*) absehbar, vor allem, wenn kurzfristige Ziele erreicht worden sind. Gerade die Höflinge, so argumentiert Negroni weiter, würden dann nachlässig und verärgerten somit den Fürsten, der schließlich wütend werde und den betroffenen Personen seine Gunst entziehe.[88] Noch unerfreulicher ist eine weitere Erklärung desselben Phänomens, die nun ganz ohne Einfluss des Höflings auf den fürstlichen Gnadenerweis funktioniert: es sei schlichtweg ein Faktum, dass „der Fürst Deiner Gegenwart überdrüssig wird und Dich – ganz ohne Dein Zutun – vom Hof entfernen will".[89] Wie die Sonne, so scheint auch die Gnade des Herrschers beinahe naturgesetzlich über verschiedenen Personen zu verschiedenen Zeiten. Dieser universale Sachverhalt findet seine anthropologische Entsprechung in der Vorliebe für Veränderung („varietas") und im freien Willen des Menschen, die ebenfalls dazu beitragen, die Instabilität fürstlicher Gunsterweisung zu erklären. Gleichförmigkeit langweilt die Menschen, Abwechslung ist unterhaltsam, so dass Veränderung letztlich unverzichtbar ist. Diese unvermeidbare Struktur des Hoflebens, bei der der Verlust fürstlicher Gnade ein konstanter Bestandteil ist, versetzt den Mönch in einen kontinuierlichen Angstzustand[90] und bringt sein inneres Gleichgewicht durcheinander. Die Position des Einzelnen bei Hofe ist niemals fix, sondern grundsätzlich instabil und veränderungsanfällig. Wie dieses Beispiel zeigt, zeichnet Negroni ein außerordentlich skeptisches und zugleich dynamisches Bild vom Hofleben.[91]

Negroni legt Wert auf die Tatsache, dass die Prekarität der Mönche bei Hof besonders groß sei. Sie seien von den harschen Bedingungen besonders betroffen: Dies beginnt bereits bei der offensichtlichen Tatsache, dass die Mönche viele der höfischen Verhaltenstugenden nicht benutzen können oder dürfen. Als Beispiele hierfür führt Negroni etwa die konversationelle Norm der „scurrilitas" an, die Mönchen grundsätzlich nicht gestattet sei, während die Umgangsformen der „urbanitas" in monastischen

---

87 Negroni, De Aulicismi Fuga (wie Anm. 2), 63: „Fluxa res est, & caduca natura sua".

88 Negroni, De Aulicismi Fuga (wie Anm. 2), 67.

89 Negroni, De Aulicismi Fuga (wie Anm. 2), 71: „Persaepe accidit, ut amicitia tua conversationeque satiatus Princeps, nulla fortasse tua culpa dimissionem exigente, ab aula sua te dimittat." Zum Folgenden ebd., 71–74.

90 Negroni, De Aulicismi Fuga (wie Anm. 2), 137.

91 Uhlig, Hofkritik (wie Anm. 69), 222f. sieht seit ca. 1600 eine eher „pragmatische" Hofkritik, für die exemplarisch etwa Eberhard von der Weyhe oder Hyppolit a Collibus stehen können.

Lebensformen einfach nicht eingeübt und ausgeprägt würden.[92] Entsprechend skizziert Negroni den Mönch bei Hof als eine periphere Figur, die nur mit Mühen eine zentralere Position erreichen kann. Derartige Anstrengungen allerdings sind sehr gefährlich, sowohl in geistlicher wie sonstiger Hinsicht. Mönche bei Hof sind entsprechend sowohl Opfer der allgemeinen Strukturen des Hoflebens wie ihrer besonders geringen Anpassung an die dortigen Lebensumstände. Entweder bleibt der Mönch bei Hof deshalb ungehört und peripher, oder eine gefahrvolle Anpassung an die notwendigen Umgangsformen ist unvermeidbar.[93]

Negroni geht es hierbei nicht um generelle Kritik am Höfling als sozialem Typus oder an den höfischen Verhaltensweisen von honneté, sprezzatura oder Alamodismus94, sondern viel konkreter um die Enttarnung und Überwindung der Naivität, die viele seiner Mitbrüder im Blick auf das Hofleben offensichtlich an den Tag legten. Immer wieder insistiert er auf diesem Punkt; sein Text hat entsprechend den Gestus einer nüchternen Aufklärung über Gefahren und Schwierigkeiten bei Hofe. Mehrfach enttarnt er dazu die Einwände von „einigen Mönchen" als naiv. Gegen diese imaginären Gesprächspartner, die immer wieder ihre Unfehlbarkeit betonen und eine Beeinflussbarkeit durch das Hofleben zurückweisen, insistiert Negroni auf der Subtilität sozialer Mechanismen bei Hof. Das wird besonders deutlich an seiner ironischen Rückfrage, wenn es um die Annahme geht, die Mönche könnten den Hof und seine Bewohner moralisch bessern: Sei es nicht eher wahrscheinlich, dass umgekehrt die Sitten der Mönche durch den Hof beeinflusst werden? Von positiven geistlichen Ergebnissen der Arbeit bei Hofe will Negroni entsprechend auch nichts wissen.[95] Hier kommt er einmal auf historische Figuren und die Rolle der Gesellschaft Jesu in der Zeitgeschichte zu sprechen. Er geht verschiedene Fälle von Jesuiten als Prinzenerzieher und Fürstenberater durch. Sowohl für Ludovico Gonçalves Camara, den Tutor des jungen Sebastian von Portugal, wie für Pierre Cotton in Paris und andere kommt Negroni zu einer skeptisch zurückhaltenden Beurteilung ihrer geistlichen Erfolge. Das Wirken bei Hof ist aus seiner Perspektive gefährlich für das Seelenheil der Ordensleute und obendrein nicht besonders wirksam.

Generell zeichnet Negroni also ein negatives Bild von der Situation der Mönche bei Hof. Im letzten Drittel des Textes etwa ab Kapitel 3 ändert sich jedoch die Perspektive, denn der Autor weiß, dass trotz aller Gefahren eben doch Mönche bei Hof leben. Negronis Text ist mit dieser Unentschlossenheit zwischen prinzipieller Ablehnung und pragmatischer Anerkennung höfischen Engagements typisch für die Jesuiten, die insge-

---

92 Negroni, De Aulicismi Fuga (wie Anm. 2), 61f.
93 Negroni, De Aulicismi Fuga (wie Anm. 2), 77.
94 Smith, Anti-Courtier Trend (wie Anm. 68), 21 für eine Unterscheidung verschiedener Kritikebenen. Zur Kritik am Alamodismus, der als Begriff allerdings nicht aus Contzen zitiert wird, siehe Menze, Kritik (wie Anm. 71) und Kiesel, Bei Hof (wie Anm. 71).
95 Negroni, De Aulicismi Fuga (wie Anm. 2), 120–127. Viele weitere Passagen, z.B. ebd., 61–63, 76.

samt zwischen diesen beiden Polen zu schwanken schienen. Der Text bleibt skeptisch-nüchtern, wird nun aber beinahe zu einer Art Anleitung für den Jesuiten am Hof, die sich teilweise eng an die offiziellen Normen anlehnt. Der Autor räumt nun ein, dass eine bestimmte Gruppe von Orden, die „gemischten" Kongregationen, doch eine ganz spezifische, enge Verbindung zu den Höfen hätten.[96] Für diese Orden sei die Anwesenheit bei Hof erlaubt und sogar notwendig.[97] Selbst die Anwesenheit bei Ratssitzungen, ein zeitgenössisch durchaus umstrittenes Privileg, wird von Negroni befürwortet.[98] Unter ‚gemischten Orden' sind solche zu verstehen, die sich einer Kombination von *vita activa* und *vita contemplativa* verschreiben. Diese Definition betrifft nicht nur aber auch die Jesuiten.

Wiederum zeigt Negroni viel Realitätssinn bei der Analyse des höfischen Alltags der Jesuiten. Das wird beispielhaft deutlich an seiner Erörterung der Frage, ob die Jesuiten für die moralische Verbesserung des Hofes verantwortlich seien: „Es irrt ein jeder, der glaubt, er könne durch Strenge moralische Autorität bei Hofe erlangen oder behalten. Wirkungsvoller ist die religiöse Freundlichkeit, die auf den Tugenden von Geduld, Bescheidenheit, Nächstenliebe und Armut gegründet ist".[99] Entsprechend dieser Haltung ist Negroni skeptisch mit Blick auf eine offene Kritik am Fürsten. Eine gewisse Umgänglichkeit, nicht aber religiöse Härte sei angebracht. Das gilt gleichermaßen für die traditionelle Debatte über das Recht des Hofpredigers, den Fürsten kritisierend zu ermahnen. Auch Negroni geht von einem solchen Recht aus.[100] Doch wiederum nimmt er eine breiter angelegte Analyse vor und bedenkt die Konsequenzen. Insbesondere öffentliche Kritik durch die Hofprediger will Negroni nicht gerne zulassen, gerade hier sei vor kontraproduktiven Effekten zu warnen: Öffentlicher Tadel, besonders *in particularibus*, sei zumeist unergiebig und bringe keinen Nutzen.[101] Vielmehr trägt harter Tadel dazu

---

96 Negroni, De Aulicismi Fuga (wie Anm. 2), 29: „Sexta dissuasio est a doctrina, sensuque cum Religiosorum omnium, tum potissimum vitae mistae, qui quia periculo propriores erant." Dort auch zu einzelnen Orden, allerdings ohne Erwähnung der Jesuiten. Ähnlich ebd., 45f.

97 Negroni, De Aulicismi Fuga (wie Anm. 2), 143. Zur „necessitas" ebd., 145.

98 Negroni, De Aulicismi Fuga (wie Anm. 2), 160f. gegen Petrus Damiani.

99 Negroni, De Aulicismi Fuga (wie Anm. 2), 186: „Multum aberrat, qui putat se posse, vel tueri, vel comparare auctoritatem in aula severitate morum in aulicis corrigendis. Plus valitura est affabilitas religiosa solidis virtutibus patientiae, modestiae, charitatis, paupertatis instructa".

100 Negroni, De Aulicismi Fuga (wie Anm. 2), 187ff.

101 Negroni, De Aulicismi Fuga (wie Anm. 2), 190: „in re dubia tuenda est apud plebem subiectam Principis auctoritas, cum adest Episcopus, seu Pastor animarum, cui Principis anima credita sit, nihil ipsius iniussu tentandum est, quod magis ad pastoris curam, quam concionatoris anima Principis, & populi salus pertineat: raro sequitur ex publicis invectivis speratus fructus, magna in obiurgante debet esse auctoritas ex opinione sapientiae, ac probitatis comparata: quam ob rem concionatoribus censeo a publica Principum obiurgatione continendum, cum experientia doceat, nihil utilitatis percipi ex ijs concionibus, in quibus Principes, & Magistratus, Reipublicae, Praelati, & alij Ecclesiastici in particulari reprehenduntur".

bei, die Fürsten gegen die Mahner und ihre Ordensgemeinschaften aufzubringen.[102] Es ist außerdem gerade die Verantwortung für das umfassende Gemeinwohl des Staatswesens, das die Skepsis befördert, da ein öffentlicher Tadel leicht die Reputation des Fürsten verletzen könne und dadurch politische Unruhe auslöse.[103] Öffentliche Anklage wird somit gerade nicht als wirkungsvoller Anstoß zu moralischem Fortschritt gesehen, sondern allein als öffentliche Bloßstellung mit potentiell katastrophalen Folgen. Mit dieser Zurückhaltung knüpft Negroni durchaus an prominente jesuitische Überlegungen an, selbst wenn Contzen und Menochius hier weniger skeptisch waren. Ignatius selbst jedoch hatte das uneingeschränkte Öffentlich-Machen von (Tod)Sünden zumindest potentiell als Sünde charakterisiert.[104] Der Gang an die Öffentlichkeit, ein klassisches Interventionsmittel von „Intellektuellen", war in der Gesellschaft Jesu also nicht nur durch pragmatische Reflexionen auf den Nutzen solchen Tuns eingehegt, sondern auch durch grundsätzlichere Überlegungen.

Zudem äußerten viele theoretische Texte ernste Skrupel darüber, ob es eine Zuständigkeit der Theologen bei Hofe für die Beurteilung von außertheologischen Sachfragen geben könne. Die einfache Antwort, mit der sich beispielsweise Menochius begnügt hatte, war an diesem Punkte immer gewesen, dass es jedem Jesuiten kategorisch verboten sei, irgendwelche politischen Angelegenheiten zu diskutieren und dabei Ratschläge zu geben.[105] Diese offensichtlich rein formale Konstruktion führte unweigerlich zur

---

102 Vgl. Negronis Äußerung in ARSI Hist Soc 137, fol. 26r: Dort geht es um die Frage, welche „Remedia" es gegen die „Alienatio Principum et Praelatorum" gäbe. Das erste „Remedium" lautet: „Observatio reg[ulae] 12. concion[atoris] ne publice reprehendantur". Das zweite Remedium, ganz im Sinne des Traktats „De Auclicismo", lautet: „Ne ingeramus nos in aulam et eorum negotia". Remedium 4: „ut conc[ionato]res n[ost]ri ne se cupidos ostendunt pecuniarum". Auch hierfür ließe wohl eine Parallele in den Geistlichen Übungen anführen, vgl. Ignatius von Loyola, Geistliche Übungen (wie Anm. 3), 140f. (#362): „Wir müssen bereitwilliger sein, sowohl Satzungen, Empfehlungen wie Gewohnheiten unserer Vorgesetzten zu billigen und zu loben. Denn wenngleich einige nicht so sind oder wären, würde das Reden dagegen, sei es beim Predigen in der Öffentlichkeit oder beim Darlegen vor dem einfachen Volk, mehr Murren und Ärgernis als Gewinn bewirken. Und so würde das Volk gegen seine Vorgesetzten, seien es zeitliche oder geistliche, unwillig werden. Wie es also Schaden bringt, in Abwesenheit über die Vorgesetzten schlecht zum einfachen Volk zu reden, so kann es Gewinn bringen, von den schlechten Gewohnheiten zu denjenigen selbst zu sprechen, die ihnen abhelfen können."
103 Negroni, De Aulicismi Fuga (wie Anm. 2), 189f.: „Caeterum exquisita prudentia, & circumspectione opus est Concionatori ad reprehendendos publice Principes; gravissima debet esse causa, ne in odium apud populum, & contemptum vocentur, praemitti oportet secretas monitiones, quod prudenter faciebat Ioannes Theutonicus quartus magister Ordinis Praedicatorum cum Federico Imperatore".
104 Ignatius von Loyola, Geistliche Übungen (wie Anm. 3), 45 (#41). Letztlich ist Öffentlich-Machen nur bei bereits öffentlich bekannten Sünden erlaubt.
105 Negroni, Dc Aulicismi Fuga (wie Anm. 2), 163f.

Frage: was genau sollte als ‚politisch' gelten?[106] Negroni bedient sich weitgehend vor-
geformter Versatzstücke, wenn er selbst auf diesen Punkt eingeht. Die Ambivalenzen,
die seinen Erörterungen innewohnen, sind daher auch keineswegs nur seine eigenen,
sondern typisch für viele Texte der Jesuiten zum Thema. Auf jeden Fall sei es dem
Mönch möglich, darüber zu sprechen, was „erlaubt" ist, nicht aber darüber, was „geboten" ist.[107] Daraus folgt dann:

> „Man kann sich auf zweierlei Weise in die Politik einmischen, einmal, indem man sich mit den
> Fundamenten des Gemeinwesens beschäftigt – das sind Gerechtigkeit, Klugheit und der reli-
> giöse Kultus. Oder aber man befasst sich mit dem über diesem Fundament errichteten Gebäude
> und das würde sich dann auf die öffentlichen Angelegenheiten oder die Verwaltung beziehen.
> Ein Theologe kann sich ganz zu Recht auf der ersten Ebene in die Politik einmischen."[108]

Entsprechend konstatiert Negroni auch, dass „kein Gesetz verbietet", sich um das Seelenheil von Prinzen zu kümmern.[109] An diesen Passagen ist zunächst bemerkenswert,
dass es allein die Funktion des Geistlichen als Seelsorger ist, der sich um das Gewissen
des Fürsten zu kümmern habe, die den Kontakt des Geistlichen mit der politischen
Sphäre überhaupt begründen kann. Eine genuine Verantwortung der Geistlichen für das
Gemeinwesen als solches spielt hier, ganz anders als bei der Legitimation geistlicher
Intervention durch protestantische Hofprediger im Rahmen der Drei-Stände-Lehre, kei-
ne Rolle.[110] Eigentlich, so gehen die Überlegungen weiter, könne jemand, der diesen
Regeln folge, deshalb auch gar nicht als „politicus religiosus" gelten, denn die Sorge
um das fürstliche Gewissen sei doch zweifellos innerhalb der legitimen Aufgaben eines
Mönches.[111] Es ist allein die Sorge um das individuelle Seelenheil des Fürsten, das die

---

106 Höpfl, Thought (wie Anm. 5), 57 beobachtet, dass weder das Institutum noch die Konstitutionen von
‚politischen' Angelegenheiten reden, sondern nur von ‚weltlichen'. Dies sei der wesentlich weitere Begriff.
Gleiches läßt sich für die Beschlüsse der Generalkongregationen festhalten.

107 Negroni, De Aulicismi Fuga (wie Anm. 2), 164.

108 Negroni, De Aulicismi Fuga (wie Anm. 2), 164f.: „Vel dico duobus modis posse aliquem sese politicis
immiscere, vel in fundamentis Reipublicae quasi iaciendis, quae sunt; iustitia, prudentia, & cultus divinus:
vel in aedificio, ut ita dicam, perficiendo ut sunt munera publica & publica Reipublicae administratio. Priore
modo concedo, Religiosum se politicis immiscere, sed iure optimo immiscere".

109 Negroni, De Aulicismi Fuga (wie Anm. 2), 145: „Non enim lex ulla vetat [...]".

110 Dazu mit Hinweisen auf die ältere Literatur Markus Friedrich, Die Grenzen der Vernunft. Theologie,
Philosophie und gelehrte Konflikte am Beispiel des Helmstedter Hofmannstreits und seiner Wirkungen auf
das Luthertum um 1600. (= Schriftenreihe der Historischen Kommission der Bayerischen Akademie der
Wissenschaften Bd 69) Göttingen 2004, 94–105. Zum Thema auch zahlreiche Forschung von Luise Schorn-
Schütte, z.B. Dies., Politische Kommunikation in der Frühen Neuzeit. Obrigkeitskritik im Alten Reich, in:
Geschichte und Gesellschaft 32, 2006, 273–314.

111 Negroni, De Aulicismi Fuga (wie Anm. 2), 165: „non est politicus Religiosus, qui intra suae conditionis
limites cum Principe vel magistratu agit". Dies ist ein direktes Zitat aus Johannes Argenti, Apologeticus pro
Societate IESU. Köln 1616, 33.

Anwesenheit der Geistlichen bei Hofe legitimiert, die ohnehin nur auf besonderen Ruf des Fürsten dorthin kommen sollen.[112]

Freilich wird sofort deutlich, dass diese Lösung große theoretische Schwächen hatte.[113] Schon die unklare Semantik zeigt die Unausgewogenheit dieser Konzeption. Das erste Zitat betont explizit, dass eine gewisse Form „politischen" Engagements zulässig sei, während im zweiten Abschnitt unterstrichen wird, keine legitime Intervention des Mönches könne jemals „politisch" genannt werden. Auch wenn die Jesuiten den Begriff „politisch" offensichtlich für den Bereich jenseits ihrer Kompetenzen reservieren wollten, so wussten sie doch eben genau um die Unmöglichkeit solcher Trennung. Dies war mehr als nur ein Problem (un)sauberer Begrifflichkeit, denn letztlich zeigt die widersprüchliche Terminologie nur, dass eine klare Einhegung der politischen Sphäre kaum möglich war. Keine allein formale Umschreibung der Kompetenzen konnte das Problem lösen, sondern nur eine fallweise, kasuistische Festlegung dessen, was den Jesuiten erlaubt und verboten sein sollte, also eine möglichst vollständige Aufzählung des Legitimen und Unzulässigen. Es ist von daher kein Zufall, dass der hoferfahrene Jesuit Antonio Possevino eine solche Aufstellung legitimer Handlungen von Hofgeistlichen forderte und zugleich selbst bereits eine Liste von jüngst erlaubten Engagements beifügte.[114]

Das zuletzt präsentierte, längere Stück aus Negronis Text ist in Wahrheit ein von ihm nicht ausgewiesenes Zitat.[115] Es stammt aus einer apologetischen Schrift, in der Johannes Argenti in erster Linie das zeitgenössisch kontrovers diskutierte Vorgehen der Gesellschaft Jesu in Transylvanien vor dem Hintergrund europäischer Entwicklungen ver-

---

112 Vier Fälle von „necessitas" werden erläutert: „a negotijs" bezogen auf die Procuratoren (145f.), „a reconciliatione Principis qui falsis delationibus ab ordine videatur abalienatus" (146), „a gratulatione" (146f.), „a vocatione Principis" (147f.). Das gesamte vierte Kapitel behandelt diese Punkte en detail.

113 Vgl. Höpfl, Thought (wie Anm. 5), 54f. zu den Schwierigkeiten dieser Unterscheidung.

114 Siehe den sehr deutlichen Brief Possevinos in ARSI Congr. 20b, fol. 342r–343r. Eine knappe Antwort Acquavivas in ARSI Congr 26, fol. 66v. Auch Negroni, De Aulicismi Fuga (wie Anm. 2), 165f. bietet einen kurzen Versuch einer solchen Aufzählung.

115 Es folgen auf den anschließenden Seiten bei Negroni noch weitere Passagen, die er aus Argenti, Apologeticus (wie Anm. 111) wörtlich übernimmt. Bei Stichproben in anderen Kapiteln konnte ich keine direkten Übernahmen mehr feststellen, auch wenn es nicht ausgeschlossen ist, dass die eher knappen Passagen zu einzelnen zeitgeschichtlichen Ereignissen bei Negroni möglicherweise auf den Informationen bei Argenti basieren. Über Argenti, einen umtriebigen und wichtigen Jesuiten in Transylvanien, vgl. den Eintrag in Charles Edwards O'Neill (Hg.), Diccionario histórico de la Compañía de Jesus, Bd 1. Rom 2001. Dass beide einander kannten ist wahrscheinlich, zumindest aber leicht möglich, da Argenti nach seiner osteuropäischen Tätigkeit Karriere in den norditalienischen Provinzen machte. Zu den Jesuiten und Transylvanien (ohne Hinweise auf Argenti) siehe jetzt Paul Shore, Jesuits and the Politics of Religious Pluralism in Eighteenth-Century Transylvania. Culture, Politics and Religion, 1693-1773. Aldershot 2007.

teidigt.[116] Im Hauptteil der Schrift Argentis werden die Aktionen der Jesuiten in einer geographischen Umschau durch Europa und seine damaligen Krisenherde verteidigt – zur Sprache kommen die klassischen Konfliktfelder Frankreich, England, Venedig, Ungarn, Böhmen und eben Transylvanien.[117] Teil dieser Verteidigung war dabei auch der Nachweis, dass sich die Jesuiten gerade nicht, wie ihre Kritiker behaupteten, in unangemessener Weise politisch betätigten. In diesem Zusammenhang steht dann auch die von Negroni übernommene Passage. Doch Argentis Interesse gilt noch weit stärker als Negronis dem Politikbegriff ganz allgemein. Eine scharfe Ausdifferenzierung der Politik ist erkennbar:

> „Es kann nicht schlecht sein, die politischen Angelegenheiten und jene, die zur so genannten *ratio status* gehören, zu behandeln. Andernfalls müssten wir alle Fürsten, alle Gemeinwesen, alle Magistrate verdammen und sogar Gott, der der Schöpfer aller gut eingerichteten Herrschaften ist. Hierin stimmen wir mit unseren Gegnern überein. Wir stimmen mit ihnen auch darin überein, dass zur Beschäftigung mit öffentlichen Angelegenheiten nicht jedermann bestimmt ist, sondern nur jene, die nach ältesten Traditionen, gewissermaßen durch berechtigende Geburtsumstände, dazu befähigt sind, sowie jene, die durch expliziten Willen des Fürsten dazu bestellt wurden. Alle Übrigen aber verdienen Tadel, wenn sie sich ungefragt einmischen. Das gilt v.a. für jene, die eine nicht-öffentliche Lebensweise pflegen, die den öffentlichen Geschäften widerspricht. Solcherart sind Mönche, die sich und den Gemeinwesen Unrecht tun, wenn sie sich doch einmischen. Sich selbst, weil sie dabei Gott für die Welt verlassen, den Gemeinwesen, weil sie durch Unwissen und Fehler leicht das Gemeinwohl gefährden."[118]

---

116 Negroni zitiert hier Argenti, Apologeticus (wie Anm. 111), 32f.: „Duobus modis posse aliquem sese politicis immiscere: vel in fundamentis Reipublicae quasi iaciendis, quae sunt (ut supra dictum est) iustitia, prudentia, & cultus Divinus: vel in aedificio (ut ita loquar) perficiendo, ut sunt munera publica, & publica Reipublicae administratio. Si primum consideramus, concedo Societatem se miscere, & id optimo iure, optimoque modo praestare; quia perpetuo & Deum colendum praedicat, & iustitiam servandam docet, & ingenuam iuventutem ad doctrinam, qua recta ad prudentiam itur, informat. Si vero secundum respiciamus, audeo affirmare, neminem res politicas magis; quam nos aversari. Veritatem dico, & non mentior, vix in Societate crimen ullum admitti potest, quod tam graviter puniatur, quam si quis politica, & ad rationem status spectantia, tractet. Cum enim religio nostra praevideret, multos fore Principes, qui nostrorum opera in confessionibus & concionibus uterentur, quibusve haec obsequia, utpote religiosa negare non possent; pericula etiam, suspiciones, & oblucutiones praevidit, & quantum licuit, severissimo Quintae Congregationis Generalis decreto praecavit, quod decretum, ne verba dare idear, hic ad verbum adscribo. [...]".

117 Vgl. Argenti, Apologeticus (wie Anm. 111), 59–100 mit diesem geographischen Panorama. Einen Nukleus für diese Verteidigungsschrift kann man vielleicht sehen in der „Defensio Societatis jesu contra Arrianorum, Calvinianorumque Superintendentium Accusationes, habita a P. Joanne Argento, eiusdem Societatis V.Provinciali, in Comitijs Generalibus Transylvaniae, in Meddiensi civitate celebratis, die 14. Septembris Anni 1605" (Bibliotheca Nazionale Roma Mss Ges 1579, fol. 34ʳ–43ᵛ). Allerdings ist in dieser Verteidigungsrede Argentis nicht von den Jesuiten an den Fürstenhöfen die Rede.

118 Argenti, Apologeticus (wie Anm. 111), 32: „Dico, non potest malum esse, res politicas, & ad rationem status, ut vocant, spectantes, tractare; nisi velimus damnare omnes Principes, omnes Respublicas, omnes Magistratus, imo & Deum ipsum, omnis bene institutae gubernationis auctorem; & hoc cum parte adversa nobis convenire arbitror; sicuti & in eo consentimus, ad haec publica tractanda, non quoslibet esse institutos,

Die Separatstellung der Politik ist hier deutlich ausgesprochen, die Leitung der Gemeinwesen ist einer eng umrissenen Gruppe von Adeligen und Experten anvertraut. Die
Kompetenzen der Jesuiten, sofern es nicht nur um die von Negroni übernommenen allgemeinen christlichen Fundamente des Staatswesen geht, ergeben sich allein aus nach-
geordneten seelsorgerischen Konsequenzen politischen Handelns.[119] Nur wenn der Fall
eintritt (*contingit*), dass beim dergestalt bestimmten politischen Alltagsgeschäft das
Gewissen des Fürsten in Mitleidenschaft gezogen wird, entsteht eine Handlungsnot-
wendigkeit für Theologen.[120] In dieser Darstellung Argentis sind die Theologen und Jesuiten an den Höfen folglich gerade keine Berater mit einer eigenen Vision des politischen Lebens, sondern eher im Gegenteil untergeordnete Spezialisten für das Geistliche, deren sich der Herrscher nach eigenem Gutdünken bedient und deren Einsatznot-
wendigkeit sich nur aus ‚Kollateralschäden' politischer Aktivitäten für das Gewissen
ergibt. Argenti kolportiert dazu ein Bonmot Heinrichs IV. von Frankreich – „Die Priester regieren nicht die Könige, sondern werden von den Königen regiert". Eher schmeichelhaft ist Argentis anschließende Interpretation: „das heißt (meiner eigenen Interpretation zufolge), dass die Könige sich der Kompetenz der Priester bedienen wie es sich
gehört, das heißt also nicht in politischen Angelegenheiten, sondern nur in Gewissensfragen".[121] Eindeutig ist, dass die Theologen damit lediglich reagieren sollen, eine autonome, offensive Verantwortlichkeit ist in solchen Passagen und Kontexten rundheraus
geleugnet. Die Theologen sind einerseits für die sehr basalen Grundlagen des Gemeinwesens verantwortlich und kompetent, andererseits auf die Betreuung des individuellen
Gewissens des Entscheidungsträgers beschränkt. Für den gesamten dazwischen liegenden Bereich des realen politischen Alltagslebens, für die tagtäglichen Abläufe innerhalb
des Gemeinwesens als soziale und politische Organisation, sind die *religiosi* aber gerade nicht zuständig.

---

sed eos, qui vel antiquissima Regni consuetudine, iusto quasi iure, ijs tractandis videntur nati, vel speciatim
Principum voluntate accersiti; reliquos vero reprehensione dignos esse, si se immisceant non vocati. maxime
si ij sint, quorum privata vivendi ratio, publicis rationibus repugnet, quales sunt religiosi, qui si haec attin-
gunt, & sibi, & Reipublicae iniuriam faciunt. Sibi, quia manna deserti caepis postponunt Aegypti, id est, Divina, quibus addicti sunt, ob humana derelinquunt: Reipublicae vero, quia cum haec ignorent, facile haere-
ant, & erroribus bonum publicum labefactant."

119 Argenti spricht von „religiosi", was sich auf den Ordensklerus bezieht, der Weltklerus – der ja potentiell
ebenfalls die Funktion von Hofbeichtvätern ausüben könnte – kommt ihm nicht in den Blick; mir scheint
aber, dass Argenti sein Argument ggf. auch auf diesen ausdehnen würde!

120 Vgl. Argenti, Apologeticus (wie Anm. 111), 34: „Quod si in harum rerum deliberatione, Principis conscientiam laedi contingat, an non licebit religioso illum admonere? forte non deerit, qui neget; sed vellem
diceret mihi, ad quem pertineat Principis conscientiam dirigere, si non ad Theologum? maxime si interroge-
tur, & consiliarij errorem, vel non advertant, vel certe contemnant."

121 Argenti, Apologeticus (wie Anm. 111), 41: „Sacerdotes non regere Reges, sed a Regibus regi; id est (ut
ego interpretor) Reges eorum opera sicut decet uti, in rebus videlicet non ad politiam, sed ad conscienciam
spectantibus."

Auf der konzeptionellen Ebene ist damit eine Beraterfunktion in politischen Sachen
für Argenti (und in seinem Gefolge für Negroni) nicht nur faktisch nicht vorhanden,
sondern auch grundsätzlich unmöglich und abgelehnt. Die Sphäre des Politischen ist
prinzipiell unterschieden und abgesondert, ein Übergreifen theologischer Aktivität wäre
eine unzulässige Grenzüberschreitung. Wo eine politische Einmischung vorläge, könnte
man angesichts der von Argenti gezogenen strikten Grenzen tatsächlich von ,intellektu-
ellem Handeln' betreffender Jesuiten sprechen. Doch Argenti lässt diesen Fall weder
konzeptionell zu noch möchte er praktisch in jesuitischem Handeln in Europa solche
Übergriffe erkennen. Freilich steht er damit in einer apologetischen Situation und
Schreibabsicht, die nicht nur seine Präsentation des empirischen Materials über die
Hofbeichtväter in Europa steuert, sondern aus der durchaus auch die besondere Schärfe
der Grenzziehung zwischen Politik und Theologie resultieren dürfte. Diese Unterscheidung, durch den Verweis auf die Beschlüsse der fünften Generalkongregation der Jesuiten (1593/94) noch weiter abgesichert[122], dient letztlich dazu, den Orden auch auf einer
grundsätzlichen, jenseits der historischen Fakten angesiedelten Ebene von den Vorwür-
fen der Kritiker rein zu waschen.

Bei Negroni hatte dieses Versatzstück eine etwas andere Funktion. Ging es Argenti
um die Explikation nach außen, so dominierte bei Negroni der Blick nach innen, auf die
Kontrolle des höfischen Einsatzes innerhalb des Ordens. Bei ihm stand der Passus im
Zusammenhang seiner Analyse der alltäglichen Schädlichkeit politischer Involviertheit,
die das Argenti-Zitat konzeptionell absichern sollte. Sein Publikum ist wohl in erster
Linie der Orden selbst, die Abtrennung der Sphären diente bei ihm nicht der Selbstverteidigung nach außen, sondern untermauerte nach innen hin die Warnungen an seine
Mitbrüder. Diese Perspektive auf den Orden und seine Mitglieder hin macht, im Vergleich zu den herangezogenen Vergleichstexten, das Besondere an Negronis Text aus.
Diese Schreibintention, die auf eine Beeinflussung der Ordensmitglieder (bei Hofe)
abzielte, teilt Negronis Text am ehesten mit den offiziellen Normen und Instruktionen
der Gesellschaft Jesu. Auch diese richteten sich nach innen. Ein vergleichender Blick
auf die Konzeption des Hofbeichtvaters bzw. –predigers in diesen normativen Ausführungen soll unseren Überblick zur jesuitischen Konzeptionalisierung des Hofes und des
eigenen Engagements bei Hof deshalb abschließen.[123]

Wichtigste normative Regulierung zur Zeit Negronis war neben einem einschlägigen
Dekret der fünften Generalkongregation von 1593/94 eine allgemeine Instruktion für
Hofbeichtväter, die der fünfte Jesuitengeneral Claudio Acquaviva 1602 im Nachgang
zur Generalkongregation erließ. Der Entstehungskontext dieser Normen kann hier nicht
im Einzelnen dargestellt werden. Es muss der Hinweis genügen, dass diese Regulie-

---

122 Vgl. Argenti, Apologeticus (wie Anm 111), 33, wo er betont, dass er keine „natio", „ordo" oder sonstige
Einrichtung kennt, die ähnlich scharf wie fünfte Generalkongregation die Einmischung verboten habe.
123 Hier und im Folgenden alle (italienischsprachigen) Zitate nach Rurale, Il confessore (wie Anm. 5), 362f.
Zu den Instruktionen etwa Bireley, Hofbeichtväter und Politik (wie Anm. 4), 386–389.

rungsbemühungen um 1600 im Zusammenhang einer umfassenden organisatorischen und spirituellen Krise der Gesellschaft Jesu standen, die zu zahlreichen aufreibenden internen Diskussionen über die Ausrichtung des Ordens führte. Zur Einhegung der Krise forderten Acquaviva und viele andere führende Ordensmitglieder immer wieder eine neue geistliche Konzentration. Gleichzeitig diagnostizierte man die Gefahr einer ,Verweltlichung' des Ordens und seiner Spiritualität. In diesem Zusammenhang steht dann auch die kritische und normative Reflexion auf die Hofbeichtväter, die damals zweifellos einen Höhepunkt erreichte. In diesem Sinne aufschlussreich ist bereits die erste Bestimmung der Instruktion, in der Acquaviva den Gestus des Dokuments und damit die offizielle Selbstpositionierung des Ordens gegenüber den Höfen *en passant* auf den Punkt bringt: Keineswegs strebe der Orden danach, sich bei Hof zu etablieren, dies sei vielmehr nur etwas, „das die Gesellschaft [Jesu] in bestimmten Fällen um der größeren Ehre Gottes willen nicht ablehnen könne".[124] Dieser Gestus des latenten Unbehagens über das Engagement bei Hofe prägte auch viele der damals entstandenen Texte. Es folgen dann ganz konkrete Anweisungen, die sicherstellen sollen, dass der betreffende Jesuit bei Hof weiterhin in das Alltagsleben des Ordens eingebunden bleibt und sich somit keine Distanz der Lebensstile und Verhaltensideale entwickelt.[125] Es schließt sich die obligatorische Anordnung an, sich nicht in „äußere oder politische Angelegenheiten zu mischen, sondern sich allein mit dem zu beschäftigen, was das Gewissen des Fürsten betrifft sowie mit allem, was aus Gewissensfragen folgt".[126] Allerdings gehöre es doch in die Verantwortung des Beichtvaters, dass er mit „religiöser Freiheit" auch über Dinge spreche, die der Aufmerksamkeit des Fürsten bedürfen und andernfalls für Unruhe im Land sorgen könnten.[127] Contzen und Menochius mit ihrer „libertas loquendi" nahmen diese Vorstellung später auf.

Negroni stimmt grundsätzlich mit dieser Instruktion überein. Wie Acquaviva unterstützt auch er das generelle Nein zu politischem Engagement und beide raten von ungebührlicher Nähe zum Hof ab. Signifikant ist dann insbesondere eine Reihe von Detailparallelen, die Negronis Übereinstimmung mit den offiziellen Texten noch konkreter

---

124 „quando la Compagnia non potrà declinar simil officio, perché per varie circostanze così richiederà la maggior gloria di Dio Signore Nostro".

125 „Il tal confessore doverà sempre star in casa o collegio nostro [...] e servar la solita disciplina e regole come tutti gli altri [...]." „Non potrà alloggiar o pernottar in palazzo [...] anzi, quando occorresse che ne i viaggi o mutationi di luoghi il Prencipe lo volesse seco, sarà più edificatione che procuri d'alloggiare in qualche convento di religiosi [...]."

126 „Avertisca di non intromettersi in cose esteriori e politiche, attendendo solo a quel che tocca alla coscienza del Prencipe, o a cose ch'a quella si riferiscano, o ad opere pie".

127 „Conviene che il padre possa con religiosa libertà dire quel che sentirà [...] e non solo delle cose che saprà da lui come penitente, m'ancora di quelle che per diverse vie si sentono, le quali hanno bisogno di rimedio per togliere l'aggravii e levar gli scandali quali molte volte accadono contro ogni volontà del Prencipe per difetto di ministri, e non di meno la colpa et obligo di remediare tutto cade sopra la conscienza del Prencipe."

belegen. Entsprechend der Instruktion von 1602 fordert auch Negroni beispielsweise, dass der Fürst schriftlich (!) erklären solle, dass er niemals eine politische Stellungnahme des Jesuiten erbitten werde.[128] Parallelen zeigen sich auch in der auffällig prominenten Rolle, die die Kritik des Geschenketausches einnimmt[129], sowie in der jeweils stark betonten Position des Oberen.[130]

Trotz dieser Parallelen konzeptionalisieren Acquaviva und Negroni den Kontakt der Ordensmitglieder mit dem Hof auf unterschiedliche Weise. Zweifellos ist auch dies eine Folge des jeweiligen Textgenres und der spezifischen Aussageabsicht. Gerade deshalb darf man davon ausgehen, dass Negroni mittels der Traktatform und durch die Neuadaption der topischen hofkritischen Versatzstücke eine zusätzliche Perspektive und Dimension in den jesuitischen Diskurs über den Hof und die Hofbeichtväter einbringen wollte. Während die Normen versuchen, Probleme zu vermeiden und das Verhalten zu kontrollieren, ist Negroni viel ‚realistischer' an den alltäglichen Zwängen, ihrer Unvermeidbarkeit und der daher rührenden Unmöglichkeit richtigen Verhaltens interessiert. Acquaviva schlug etwa eine intensivierte Frömmigkeit des Jesuiten bei Hof vor, um Probleme zu vermeiden;[131] Negroni hielt dies bei Hof gerade für unmöglich. Während es dem General in seiner Instruktion darauf ankam, von der Annahme fürstlicher Almosen abzuraten[132], sah Negroni die Verstrickung der Jesuiten in solche Transfers als unvermeidbar an. Während also Acquaviva und die Perspektive der Normen immer wieder an eine Reglementier- und Kontrollierbarkeit glaubten, war Negroni kontinuierlich skeptisch gegenüber der Durchsetzbarkeit solch idealer Verhaltensnormen. In der normativen Perspektive erschien der Hof als ein unbeliebtes und gefährliches Betätigungsfeld, das aber durch Disziplin der betroffenen Jesuiten gemeistert und deshalb als Tummelplatz jesuitischer Aktivität auch grundsätzlich verteidigt werden konnte (Argenti). In Negronis Perspektive dominierte demgegenüber die kategoriale Unvereinbarkeit von „Hof" und „Kloster". Während Acquaviva die Normierung des Verhaltens bei Hof als Lösung ansah, erwiesen sich in Negronis Blick die internen Strukturen des Hoflebens als unkontrollierbar. Während Acquaviva Wert auf die Annahme legte, die Gunst des Fürsten könne gepflegt und erhalten – und damit eben kontrolliert – werden, sah Negroni darin ein unstetiges und veränderliches Phänomen. Noch etwas anderes kommt hinzu: Während Acquaviva (und ganz analog die Apologetik Argentis und anderer) insbesondere die Wahrnehmung des Ordens bei den Fürsten und der breiteren Öf-

---

128 Negroni, De Aulicismi Fuga (wie Anm. 2), 179f.

129 Vgl. CG VI, d. 21 (226) zur Problematik unzulässigen Reichtums bei den Hofbeichtvätern.

130 Negroni, De Aulicismi Fuga, 145 (wie Anm. 2), 162. Das gesamte letzte Kapitel (193ff.) behandelt dieses Thema ausführlich. Paulus Hoffaeus in ARSI Hist Soc 137, 245v gibt etwa eine deutliche Formulierung für den Versuch der Höflinge, sich der Kontrolle zu entziehen.

131 ARSI Inst 117, 541r (#13).

132 ARSI Inst 117, 535r.

fentlichkeit kontrollieren wollte[133], machte sich Negroni eher die Perspektive des jeweils betroffenen Einzelnen bei Hof zu Eigen. Er übersah die Reputation des Ordens zwar nicht[134], doch sein Interesse galt dem Schicksal und den Verhaltensspielräumen des Einzelnen vor Ort.

Eher deckte sich der oben bereits erwähnte Abschnitt aus Acquavivas *Industriae*, der ebenfalls den Begriff ‚Aulicismus‘ benutzte, mit Negronis Perspektive. Scharf war der General mit dem eigenen Orden ins Gericht gegangen. Diese „Krankheit" sei weit verbreitet und sehr gefährlich.[135] Anschließend werden die typischen Erkennungszeichen und schädlichen Folgen genau beschrieben und die Entfernung gefährdeter Jesuiten von den Höfen wird angemahnt. Ähnlich wie Negroni kannte auch Acquaviva die „Ausreden" der Jesuiten bei Hof, die er freilich nicht gelten ließ. Wieder war der Schaden für die Gesellschaft Jesu die entscheidende Bewertungsgrundlage für den General. Auch hier blieb der Blick Acquavivas vor allem auf den Orden als ganzes gerichtet, doch stärker als in den rechtsverbindlichen Normen kamen in diesem Text die Gefahren für den Einzelnen zur Sprache. Zudem gab der Begriff ‚Aulicismus‘ diesen Ausführungen, ganz wie bei Negroni, einen selbstdiagnostischen Gestus, der neben die ordnend-regulierenden Bemühungen durch die Normen trat. Zweifellos hatte Negroni in diesem kurzen Abschnitt aus Acquavivas *Industriae* ein wichtiges Vorbild und einen prägenden Bezugspunkt, wenngleich er diesen um zahlreiche neue Dimensionen und Perspektiven bereicherte.

Am Ende dieses exemplarischen Überblicks zeigt sich, dass Negronis Text zwar nicht direkt auf bestimmte vorhergehende Werke reagierte, aber doch in einem vergleichsweise dichten Diskussionskontext stand. Die Rolle der Höfe allgemein und die Rolle der Jesuiten an den Höfen im Besonderen wurde immer wieder von Ordensangehörigen thematisiert. Dabei ist es zunächst unverzichtbar, verschiedene Texttypen und Schreibesituationen klar zu unterscheiden. Normative Texte wie Acquavivas Instruktionen oder die Dekrete der Generalkongregation folgen anderen Vorgaben und Zielsetzungen als apologetische Texte (Argenti), ein moralisierender Text wie Contzens ‚Daniel‘ bediente offensichtlich andere Bedürfnisse als die späthumanistisch-gelehrte Abhandlung Raders, Hofdidaxe und Hofkritik waren verwandte und doch verschiedene Genres. Es ist gerade in der Beichtväterfrage davon auszugehen, dass der oftmals unterschiedliche

---

133 ARSI Inst 117, 540: „[...] farlo [sc. die Auswahl des Beichtvaters] in guisa ch'il Prencipe resti aiutato et i popoli edificati e la Compagnia senza danno. poiche per varii accidenti occorrono cose in che oltre gli altri danni la Comp^a in diverse parti per occasione d'un luogo solo patisce grandimente pero racc^ta." Vgl. a. ARSI Med. 22 I, 107r-108v (an Antonio Marchese, 25.10.1597). Hier folgt er CG V, d 48 (201). Sehr deutlich auch die Bestimmungen in CG VII, d. 13 (252).

134 Vgl. z.B. die Äußerungen Negroni, De Aulicismi Fuga, (wie Anm. 2) 181 über die Notwendigkeit, jeden Eindruck zu vermeiden, die Theologen würden die Fürsten steuern und ihrer Gewalt unterwerfen. Vgl. a. ebd., 113–117.

135 Die Stellen alle aus dem oben zitierten Abschnitt, vgl. die Angaben in Anm. 37.

Blick auf die Dinge durch die Perspektivendifferenzen zwischen der Ordenszentrale mit ihrer global abwägenden Besorgnis und den lokalen Zwängen und Möglichkeiten entstand. Während die römische Zentrale in erster Linie Normen und Instruktionen für die Beichtväter produzierte, verteidigten sich die Betroffenen vor Ort sowohl gegenüber der Ordensspitze als auch der ‚Öffentlichkeit' außerhalb des Ordens in apologetischer Weise. Während manche Texte primär das zukünftige Verhalten der Jesuiten bei Hofe beeinflussen und steuern sollen, versuchen andere, dieses ex post zu legitimieren, während wieder andere Werke den Hof eher allgemein und ohne expliziten Bezug zum Orden traktieren. Mit den genannten Werken dürfte der jesuitische Diskurs über die europäischen Fürstenhöfe und ihre eigene Rolle an diesen keinesfalls bereits vermessen sein, doch die vorgestellten Positionen sollten ausreichen, um das Werk Negronis präzise zu verorten.

Zugleich sollte diese Aufstellung es ermöglichen, die Selbstwahrnehmung jesuitischen Handelns an den Höfen zu profilieren und damit auch die Frage zu beantworten, inwiefern eine nach Collini ‚intellektuelle Rolle' jesuitischer Höflinge vorgesehen und erwünscht war. Unübersehbar ist allein durch die beträchtliche Zahl an einschlägigen Schriften, dass sich Mitglieder des Ordens offensichtlich zu einer Kommentierung sozialer bzw. politischer Phänomene und zum Engagement bei Hofe aufgerufen fühlten. Entscheidend ist dabei allerdings, auf welcher Basis dieses Engagement erfolgte und welche Rolle man sich dabei selbst zuschrieb. Die Textstellen, die sich mit dem Thema explizit befassten, geben in unterschiedlichen Kontexten eine einheitliche Antwort: die Kompetenz des Geistlichen gegenüber den Herrschenden kann alleine aus der seelsorgerlichen Aufgabe der Gewissensleitung begründet werden. Der Zusammenhang zwischen theologischer Ermahnung und politischem Handeln ist also einzig in der geistlichen Verpflichtung der Seelsorger für den Fürsten als Christenmensch mit spirituellen Bedürfnissen zu sehen, nicht aber in einer wie auch immer konzipierten Verantwortung der Geistlichkeit für das Wohl des Gemeinwesens als solches. Das Individuum des Fürsten, nicht die kollektive Sozialordnung rechtfertigt die kritische Intervention der Theologen.[136] Diese Konstruktion bleibt gleich, unabhängig davon, ob die jeweiligen Argumentationen – in Abhängigkeit von ihren Schreibesituationen – die Trennung der Sphären von Politik und Religion forcieren oder nicht. Gerade dort, wo der Differenzierung beider Sphären das Wort geredet wird, bleibt die bewusste Überschreitung dieser Grenzen verboten. Die Konzeptionalisierung politischen Spezialistentums (Argenti, von Negroni aufgenommen) impliziert strikte Selbstbeschränkung theologischen Anspruchs.

---

136 Dieser ‚individuumsbezogene' Zugang zum Thema wird noch einmal sehr deutlich in einem Schreiben des Generals Claudio Acquaviva an den bayerischen Herzog vom 3.2.1596 in HStA M Jes 24, 1ʳ: die erlaubten Angelegenheiten „nullo modo ad res status et politias pertinere videantur nisi forte aliquid, quod cum conscientiam contingat, ad gubernationem etiam spectat. Quod decreto [sc. der fünften Generalkongregation] minime prohibetur, alioque nec principum confessiones audire nec ijs de rebus ad conscientiam pertinentibus liceret consulere, q absurdissima est, nemo non videt".

Jenseits der Frage, was einzelne Ordensmitglieder hier und dort getan und beeinflusst haben mögen, zeigen die vorgestellten Diskursivierungen des Hoflebens und des jesuitischen Engagements bei Hofe also ganz deutlich: den ‚Salto' des Intellektuellen, der auf der Basis seiner kulturellen Kompetenz die Verhältnisse einer Gesellschaft außerhalb seines Spezialgebietes kommentiert, der sich also – obwohl gerade *kein* Experte – auf die verschiedensten Felder gesellschaftlicher Erscheinungen begibt und diesen Übertritt als solchen in sein Selbstverständnis explizit integriert, diesen Salto haben die Jesuiten für den Fall der politischen Kritik gerade nicht konzeptionalisieren und legitimieren wollen. Im Selbstverständnis der Jesuiten galt: weder in ‚kultureller' noch (erst recht nicht) in ‚subjektiver' Hinsicht sollte ein theologischer Einfluss auf die politische Sphäre vorhanden sein. Keine dieser Kategorien Collinis würde dem Anliegen der Jesuiten gerecht. Kritik ja, aber gerade auf der Basis ihres ureigensten Kompetenzfeldes – der Individualseelsorge. Kritik der Politik, ja, aber nur insofern diese im individuellen Gewissen der Entscheidungsfinder gespiegelt ist. Kritik jenseits der eigenen Zuständigkeiten – davor warnten alle Jesuiten eindringlich. Gerade weil derartige Kompetenzüberschreitungen allerdings praktisch oft unumgänglich gewesen sein mochten, warnte Negroni seine Mitbrüder vor den Höfen. Nur schlaue Hunde könnten am Nil überleben.

Ortsregister

Personenregister

Verzeichnis der Beiträger

Dr. phil. et habil. Luise Schorn-Schütte ist Professorin für neuere allgemeine Geschichte unter besonderer Berücksichtigung der Frühen Neuzeit an der Goethe Universität in Frankfurt am Main. Seit 2004 ist sie Sprecherin des Internationalen Graduiertenkollegs „Politische Kommunikation von der Antike bis in das 20. Jahrhundert", einer Kooperation der Universitäten Frankfurt am Main, Innsbruck, Bologna, Pavia und Trient, seit 2007 Mitglied des Leitungsgremiums des Exzellenzclusters 243 "Herausbildung Normativer Ordnungen". Forschungsschwerpunkte: Geschichte der politischen Ideen und Theorien (politische Kommunikation) im Europa der Frühen Neuzeit (16.-18. Jh.), die Sozial- und Konfessionsgeschichte des europäischen Bürgertums (16.-18. Jh.), Theorie der Geschichtswissenschaft und die Wissenschaftsgeschichte des 19. und 20. Jahrhunderts.

Ausgewählte Publikationen u.a.: *Historische Politikforschung. Eine Einführung*, München 2006; *Geschichte Europas in der Frühen Neuzeit. Studienhandbuch 1500-1789*, Paderborn 2009; *Konfessionskriege und europäische Expansion. Europa 1500-1648* (= Bd. 4 Geschichte Europas), München 2010.

Dr. Isabella v. Treskow habilitierte sich 2006 an der Universität Potsdam zum Thema „Judenverfolgung in Italien im italienischen Roman. Ästhetik und historische Sinnbildung von der Nachkriegszeit bis in die 1970er Jahre", sie ist seit 2009 Professorin für Romanische Philologie (Französische und italienische Literatur- und Kulturwissenschaft) am Institut für Romanistik der Universität Regensburg.

Forschungsschwerpunkte: Krieg und innergesellschaftliche Gewalt in Literatur und Medien; Wissens- und Intellektuellengeschichte seit der Renaissance; deutsch-französische Kulturbeziehungen; französische Literatur des 17. und 18. Jahrhunderts.
Ausgewählte Publikationen: *Bürgerkrieg – Erfahrung und Repräsentation* (Hg. zus. mit Anja Bandau, Albrecht Buschmann), Berlin 2005; *Literaturen des Bürgerkriegs* (Hg. zus. mit Anja Bandau, Albrecht Buschmann), Berlin 2008; *Intellektuelle avant la lettre – Kritisches Denken und Interventionsformen in der Frühen Neuzeit* (Hg. zus. mit Rainer Bayreuther, Meinrad v. Engelberg, Sina Rauschenbach), Wiesbaden 2010.

Anja Kürbis (geb. Moritz) wurde 2009 in Frankfurt am Main mit einer Arbeit zum Thema „Interim und Apokalypse" promoviert. Seit April 2009 ist sie Wissenschaftliche Mitarbeiterin in der Forschungsbibliothek Gotha.

Aktuelle Publikation: *Interim und Apokalypse : die religiösen Vereinheitlichungsversuche Karls V. im Spiegel der magdeburgischen Publizistik 1548 - 1551/52*, München 2009.

Elisabeth Natour wurde 2009 an der Universität Heidelberg mit einer Arbeit zum Thema „Vivat Regina? Die Debatte um ein Widerstandsrecht im frühen elisabethanischen England, 1558 – c. 1587" promoviert; seit Juli 2008 ist sie wissenschaftliche Mitarbeiterin an der Universität Heidelberg und arbeitet zu Freiheitsvorstellungen in Reichsstädten des späten 17. und 18. Jahrhunderts.

Maciej Ptaszyński wurde 2007 an der Universität Warschau mit einer Arbeit zum Thema „Die evangelische Geistlichkeit in den Herzogtümern Pommern, 1560-1618. Die Professionalisierung des Pfarrstandes" promoviert, seit 2008 ist er Wissenschaftlicher Assistent an der Universität Warschau.

Forschungsschwerpunkte: Reformation und Konfessionsbildung in den pommerschen Herzogtümern, die Reformation in der polnisch-litauischen Republik.

Ausgewählte Publikationen: *Ein Kommunionsverweigerungsfall im Herzogtum Pommern-Wolgast im 17. Jahrhundert*, in: Barock. Deutsch-polnische Kulturkontakte im 16.-18. Jahrhundert, 2006, 33-54; *„...was für große sorge und mühe ein heiliger ehestandt wehre (Pfarrwitwe 1599)". Zur Lebenssituation der Pfarrwitwen am Ende des 16. und Anfang des 17. Jahrhunderts,* in: *Frühneuzeitliche Konfessionskulturen,* hrsg. von Thomas Kaufmann und Kaspar von Greyerz, Gütersloh 2008, 319-346.

Dr. Margit Kern lehrt seit 2009 als Juniorprofessorin für Kunstgeschichte der Frühen Neuzeit unter Berücksichtigung der Theologiegeschichte an der Theologischen Fakultät der Humboldt-Universität zu Berlin. Sie hat über Hybridisierungsprozesse, Doppelcodierung und Neusemantisierung von Zeichen in visuellen Kulturen gearbeitet. Ihre Habilitation trägt den Titel „Transkulturelle Imaginationen des Opfers in der Frühen Neuzeit. Übersetzungsprozesse zwischen Mexiko und Europa" und wird in Kürze abgeschlossen.

Ausgewählte Publikationen: *Tugend versus Gnade. Protestantische Bildprogramme in Nürnberg, Pirna, Regensburg und Ulm* (= Berliner Schriften zur Kunst, Bd. 16), Berlin 2002; *„España a través de la cámara". Das Spanienbild im Fotobuch*, hrsg. von Margit Kern, Leipzig 2008; *Grenzüberschreitungen: Die Einheit der Gattungen in den kirchlichen Innenräumen und die Altarbaukunst des 17. und 18. Jahrhunderts,* in: Geschichte der bildenden Kunst in Deutschland, Bd. 5, Barock und Rokoko, hrsg. von Frank Büttner, Meinrad von Engelberg, Stephan Hoppe und Eckhard Hollmann, München u.a. 2008, 288-294.

Patrizio Foresta wurde im Mai 2009 an der Johann-Wolfgang-Goethe Universität Frankfurt am Main mit einer Arbeit zum Thema »Veluti Apostolo Germaniae«. Apostolat, Obrigkeit und jesuitisches Selbstverständnis am Beispiel des Petrus Canisius (1543-1570) promoviert. Zur Zeit ist er wissenschaftlicher Mitarbeiter an der Fondazione per le scienze religiose Giovanni XXIII in Bologna und bereitet eine Edition der wichtigsten Synoden der Reformationskirchen von ihrem Anfang bis zur Gegenwart vor, die voraussichtlich 2013 in der Reihe Corpus Christianorum – Concilia Oecumenicorum Generaliumque Decreta erscheinen wird.

Dr. Sabine Holtz ist apl. Professorin am Institut für Geschichtliche Landeskunde und Historische Hilfswissenschaften der Universität Tübingen / Landesarchiv Baden-Württemberg.

Ausgewählte Publikationen: *Bildung und Herrschaft. Zur Verwissenschaftlichung politischer Führungsschichten im 17. Jahrhundert.* Leinfelden-Echterdingen 2002 (Schriften zur südwestdeutschen Landeskunde, 32); *Gelehrte Bildung, soziale Bindung, erfolgreiche Integration. Die Karrieren der Neu-Tübinger Juristen Thomas Lansius (1577–1657) und Wolfgang Adam Lauterbach (1618–1678)*, in: Tubingensia. Impulse zur Stadt- und Universitätsgeschichte (Tübinger Bausteine zur Landesgeschichte, 10), hrsg. von Sönke Lorenz und Volker Schäfer, Ostfildern 2008, 293-312.

Dr. Markus Friedrich habilitierte sich 2010 in Frankfurt am Main mit der Arbeit „Herrschaft aus der Ferne. Administratives Selbstbild, Regierungsalltag und Informationssystem der Gesellschaft Jesu (1540-1773)". Er ist wissenschaftlicher Assistent am Lehrstuhl Neuere Allgemeine Geschichte unter besonderer Berücksichtigung der Frühen Neuzeit an der Goethe Universität.

Ausgewählte Publikationen: *Archive und Verwaltung im frühneuzeitlichen Europa. Das Beispiel der Gesellschaft Jesu*, in: Zeitschrift für historische Forschung 35, 2008, 369-403; *"Delegierter Augenschein" als Strukturprinzip administrativer Informationsgewinnung. Zu einem Konflikt im Jesuitenorden (Claudio Acquaviva vs. memorialistas)*, in: Information in der Frühen Neuzeit, hrsg. von Arndt Brendecke, Susanne Friedrich, Markus Friedrich, Münster, 109-136; *Circulating and Compiling the Litterae Annuae. Towards a History of the Jesuit System of Communication*, in: Archivum Historicum Societatis Iesu 77, 2008, 3-39.